80개 쇼츠로 배우는

**쇼츠
일본어**
초급회화

**80개 쇼츠로 배우는**
# 쇼츠 일본어 초급회화

| | |
|---|---|
| 발행인 | 권오찬 |
| 펴낸곳 | 와이비엠홀딩스 |
| 저자 | 나카가와 쇼타, YBM 일본어연구소 |
| 동영상강의 | 나카가와 쇼타 |
| 기획 | 고성희 |
| 마케팅 | 김동진, 박찬경, 하재희, 문근호, 고은 |
| 디자인 | 이지현, 박성희 |
| 초판 인쇄 | 2025년 10월 1일 |
| 초판 발행 | 2025년 10월 13일 |
| 신고일자 | 2012년 4월 12일 |
| 신고번호 | 제2012-000060호 |
| 주소 | 서울시 종로구 종로 104 |
| 전화 | (02)2000-0154 |
| 팩스 | (02)2271-0172 |
| 홈페이지 | www.ybmbooks.com |

ISBN 978-89-6348-203-3

저작권자 ⓒ 2025 와이비엠홀딩스
서면에 의한 와이비엠홀딩스의 허락 없이 내용의 일부 혹은 전부를 인용 및 복제하거나 발췌하는 것을 금합니다.
낙장 및 파본은 교환해 드립니다. 구입 철회는 구매처 규정에 따라 교환 및 환불 처리됩니다.

사진 제공 @shota_ssaem

## 히라가나 (ひらがな)

| あ[a]<br>아[a] | い[i]<br>이[i] | う[u]<br>우[u] | え[e]<br>에[e] | お[o]<br>오[o] |
|---|---|---|---|---|
| か[ka]<br>카[ka] | き[ki]<br>키[ki] | く[ku]<br>쿠[ku] | け[ke]<br>케[ke] | こ[ko]<br>코[ko] |
| さ[sa]<br>사[sa] | し[shi]<br>시[shi] | す[su]<br>스[su] | せ[se]<br>세[se] | そ[so]<br>소[so] |
| た[ta]<br>타[ta] | ち[chi]<br>치[chi] | つ[tsu]<br>츠[tsu] | て[te]<br>테[te] | と[to]<br>토[to] |
| な[na]<br>나[na] | に[ni]<br>니[ni] | ぬ[nu]<br>누[nu] | ね[ne]<br>네[ne] | の[no]<br>노[no] |
| は[ha]<br>하[ha] | ひ[hi]<br>히[hi] | ふ[hu/fu]<br>후[hu/fu] | へ[he]<br>헤[he] | ほ[ho]<br>호[ho] |
| ま[ma]<br>마[ma] | み[mi]<br>미[mi] | む[mu]<br>무[mu] | め[me]<br>메[me] | も[mo]<br>모[mo] |
| や[ya]<br>야[ya] | | ゆ[yu]<br>유[yu] | | よ[yo]<br>요[yo] |
| ら[ra]<br>라[ra] | り[ri]<br>리[ri] | る[ru]<br>루[ru] | れ[re]<br>레[re] | ろ[ro]<br>로[ro] |
| わ[wa]<br>와[wa] | | ん[n]<br>응[n] | | を[wo]<br>오[wo] |

# 가타카나 (カタカナ) 표

| | ア[a] | イ[i] | ウ[u] | エ[e] | オ[o] |
|---|---|---|---|---|---|
| 카[ka] | カ[ka] | キ[ki] | ク[ku] | ケ[ke] | コ[ko] |
| 사[sa] | サ[sa] | シ[shi] | ス[su] | セ[se] | ソ[so] |
| 타[ta] | タ[ta] | チ[chi] | ツ[tsu] | テ[te] | ト[to] |
| 나[na] | ナ[na] | ニ[ni] | ヌ[nu] | ネ[ne] | ノ[no] |
| 하[ha] | ハ[ha] | ヒ[hi] | フ[hu/fu] | ヘ[he] | ホ[ho] |
| 마[ma] | マ[ma] | ミ[mi] | ム[mu] | メ[me] | モ[mo] |
| 야[ya] | ヤ[ya] | | ユ[yu] | | ヨ[yo] |
| 라[ra] | ラ[ra] | リ[ri] | ル[ru] | レ[re] | ロ[ro] |
| 와[wa] | ワ[wa] | | | | ヲ[wo] |
| 응[n] | ン[n] | | | | |

## 머리말

이 책은 일본어를 처음 시작하는 분들을 위한 초급회화 교재입니다.
딱딱한 문법 위주가 아닌 실생활에서 바로 쓸 수 있는 표현들로 구성하여 자연스럽게 일본어를 익힐 수 있습니다.

이 책의 특징은 다음과 같습니다.
**첫째**, 유튜브 쇼츠와 함께 학습할 수 있도록 구성했습니다. 짧은 영상으로 언제든 반복해서 볼 수 있어, 혼자서도 부담 없이 회화를 익힐 수 있습니다.

**둘째**, 일본 원어민 강사인 쇼타쌤이 직접 집필하여 불필요한 문법 설명은 최소화하고 실생활에서 쓰이는 표현만 엄선해 담았습니다.

**셋째**, 여행 중에 자주 마주치는 상황들을 중심으로 구성했습니다. 음식점, 호텔, 쇼핑, 교통, 현지인과의 교류 등 꼭 필요한 표현을 상황별로 정리했으니, 실제 여행에서 큰 도움이 될 것입니다.

일본어를 처음 시작하는 분들이 이 교재를 통해 즐겁고 알차게 일본어를 배워 나가기를 바랍니다. 단순히 문장을 외우는 것을 넘어, 직접 말하고 활용하는 생생한 경험을 얻을 수 있을 것입니다.

끝으로 이 책이 나오기까지 애써 주신 출판사의 모든 분들과 소중한 제자들, 그리고 늘 응원해 주는 사랑하는 가족에게 깊은 감사를 전합니다.

나카가와 쇼타, YBM 일본어연구소 드림

# 무료 제공 학습자료 사용 방법

## 1 | '일본어 쓰기노트'로 문자 익히기

- 책 속의 책으로 제공되는 쓰기노트를 통해 히라가나와 가타카나를 완벽하게 익혀 보세요.

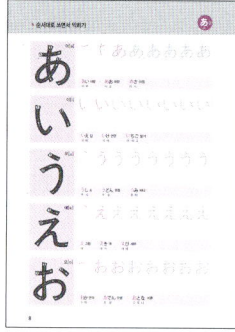
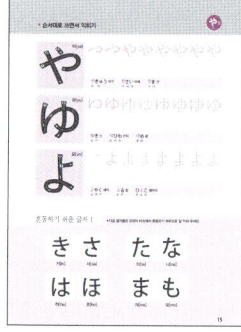
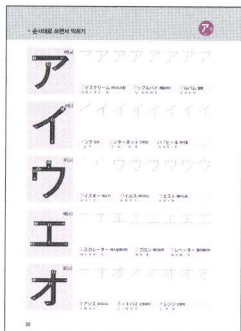

## 2 | '하루 1분! 쇼츠 영상'으로 일본어 기초 떼기

쇼츠 1

- 일본 원어민 강사인 쇼타쌤이 직접 강의하여 각 과의 내용을 알기 쉽게 설명해 드립니다.
- 교재 속 QR코드를 스캔하면 쇼츠 영상으로 바로 연결됩니다.
- 쇼츠 영상은 YBM 홈페이지(www.ybmbooks.com) 혹은 유튜브(YBM Books)에서 '80개 쇼츠로 배우는 쇼츠 일본어 초급회화' 검색 후 시청할 수도 있습니다.

## 3 | QR코드로 원어민의 생생한 발음 바로 듣기
⬇ 음원 무료 다운로드 www.ybmbooks.com

 음원 2   음원 10   음원 30

- 일본어 문자, 인사말, 각 과의 패턴 문형, 패턴 회화, 연습문제를 원어민 성우의 생생한 목소리로 들을 수 있습니다. 교재의 QR코드를 스캔하면 음원을 바로 들을 수 있으며, 홈페이지에서 다운로드하여 반복 학습할 수 있습니다.

 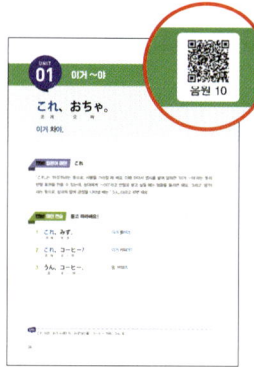 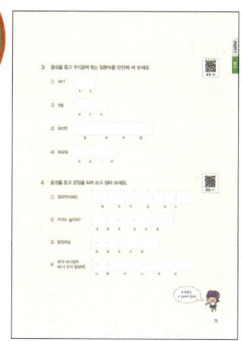

## 4 | 휴대용 미니 문자표&PART별 패턴 노트로 언제 어디서나 복습하기
⬇ PDF 무료 다운로드 www.ybmbooks.com

- 언제 어디서나 복습할 수 있도록 휴대용 미니 문자표와 PART별 패턴 노트를 PDF로 제공합니다. 홈페이지에서 자료를 다운로드하여 학습에 적극 활용해 보세요.

  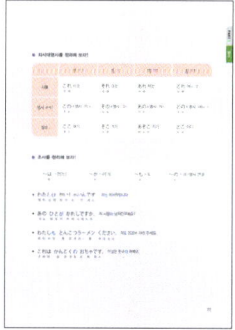

# 목차

머리말·3 | 무료 제공 학습자료 사용 방법·4
일본어 문자와 발음·12 음원 1~8
인사말·30 음원 9

## PART 1 | 명사

| UNIT | 만능! 일본어 패턴 | 페이지 | 음원 | 쇼츠 |
|---|---|---|---|---|
| 01 | **이거 ~야** \| これ<br>これ、おちゃ。이거 차야. | 34 | 10 | 1 |
| 02 | **~이 아니야** \| 명사+じゃない<br>かれしじゃない。남자친구가 아니야. | 36 | 11 | 2 |
| 03 | **~이에요** \| 명사+です<br>かんこくじんです。한국인이에요. | 38 | 12 | 3 |
| 04 | **~이 아니에요** \| 명사+じゃありません<br>ワインじゃありません。와인이 아니에요. | 40 | 13 | 4 |
| 05 | **그것도 ~야** \| それも<br>それも プリン。그것도 푸딩이야. | 42 | 14 | 5 |
| 06 | **이/그/저/어느** \| この/その/あの/どの+명사<br>この バス? 이 버스야? | 44 | 15 | 6 |
| 07 | **~은 뭐예요?** \| 명사+は なんですか<br>あれは なんですか。저건 뭐예요? | 46 | 16 | 7 |
| 08 | **~은 누구예요?** \| 명사+は だれですか<br>この ひとは だれですか。이 사람은 누구예요? | 48 | 17 | 8 |
| 09 | **어제/오늘/내일/언제** \| きのう/きょう/あした/いつ<br>あしたも くもり? 내일도 흐려? | 50 | 18 | 9 |
| 10 | **여기/거기/저기/어디** \| ここ/そこ/あそこ/どこ<br>ここの おすすめ メニュー。여기의 추천 메뉴야. | 52 | 19 | 10 |
| 11 | **~명** \| ひとり/ふたり/숫자+にん(人)<br>ふたりです。두 명이에요. | 54 | 20 | 11 |
| 12 | **~시 ~분** \| 숫자+じ(時), 숫자+ふん·ぷん(分)<br>ろくじです。6시예요. | 56 | 21 | 12 |

| UNIT | 만능! 일본어 패턴 | 페이지 | 음원 | 쇼츠 |
|---|---|---|---|---|
| 13 | **~이었어** \| 명사+だった<br>🎵 この ラーメンやだった。 이 라멘집이었어. | 58 | 22 | 13 |
| 14 | **~이 아니었어** \| 명사+じゃなかった<br>🎵 とんこつラーメンじゃなかった。 돈코쓰 라멘이 아니었어. | 60 | 23 | 14 |
| 15 | **~이었어요** \| 명사+でした<br>🎵 やすみでした。 쉬는 날이었어요. | 62 | 24 | 15 |
| 16 | **~이 아니었어요** \| 명사+じゃありませんでした<br>🎵 あめじゃありませんでした。 비가 아니었어요[비가 오지 않았어요]. | 64 | 25 | 16 |
| 17 | **~부터 ~까지** \| ~から ~まで<br>🎵 きんようびからは ひろしまだね。 금요일부터는 히로시마네. | 66 | 26 | 17 |
| 18 | **~월 ~일** \| 숫자+がつ(月), 숫자+にち(日)<br>🎵 ごがつ みっかだよ。 5월 3일이야. | 68 | 27 | 18 |
| 19 | **~개 주세요** \| 개수+ください<br>🎵 よっつ ください。 네 개 주세요. | 70 | 28 | 19 |
| 20 | **엔** \| 숫자+えん(円)<br>🎵 はっぴゃくえんです。 800엔이에요. | 72 | 29 | 20 |

PART 1 연습문제 · 74　음원 30, 31 ｜ 패턴 노트(명사) · 76

# PART 2 ｜ 형용사

| UNIT | 만능! 일본어 패턴 | 페이지 | 음원 | 쇼츠 |
|---|---|---|---|---|
| 21 | **~어** \| い형용사의 기본형<br>🎵 これも おいしい。 이것도 맛있어. | 80 | 32 | 21 |
| 22 | **~지 않아** \| い형용사의 어간+くない<br>🎵 あまり 辛くない。 별로 맵지 않아. | 82 | 33 | 22 |
| 23 | **~어요** \| い형용사의 기본형+です<br>🎵 とても 暑いです。 매우 더워요. | 84 | 34 | 23 |
| 24 | **~지 않아요** \| い형용사의 어간+くありません<br>🎵 神戸まで 遠くありません。 고베까지 멀지 않아요. | 86 | 35 | 24 |
| 25 | **~았어** \| い형용사의 어간+かった<br>🎵 昨日は 本当に 楽しかった。 어제는 정말로 즐거웠어. | 88 | 36 | 25 |
| 26 | **~지 않았어** \| い형용사의 어간+くなかった<br>🎵 あまり 高くなかった。 그다지 비싸지 않았어. | 90 | 37 | 26 |

| # | 패턴 | 본책 | 쓰기노트 | 음원 |
|---|---|---|---|---|
| 27 | **~았어요** ｜ い형용사의 어간+かったです<br>少し 寒かったです。 조금 추웠어요. | 92 | 38 | 27 |
| 28 | **~지 않았어요** ｜ い형용사의 어간+くありませんでした<br>そんなに 多くありませんでした。 그렇게 많지 않았어요. | 94 | 39 | 28 |
| 29 | **~한 ~** ｜ い형용사의 기본형+명사<br>おいしい ケーキだね。 맛있는 케이크네. | 96 | 40 | 29 |
| 30 | **~고, ~아서** ｜ い형용사의 어간+くて<br>夜景が 美しくて お勧めです。 야경이 아름다워서 추천이에요.. | 98 | 41 | 30 |
| 31 | **~해** ｜ な형용사의 기본형<br>寿司、好き。 초밥 좋아해. | 100 | 42 | 31 |
| 32 | **~하지 않아** ｜ な형용사의 어간+じゃない<br>まだ 有名じゃない。 아직 유명하지 않아. | 102 | 43 | 32 |
| 33 | **~해요** ｜ な형용사의 어간+です<br>いつも にぎやかです。 언제나 북적여요. | 104 | 44 | 33 |
| 34 | **~하지 않아요** ｜ な형용사의 어간+じゃありません<br>歌は 得意じゃありません。 노래는 잘하지 않아요. | 106 | 45 | 34 |
| 35 | **~했어** ｜ な형용사의 어간+だった<br>私は 大丈夫だった。 나는 괜찮았어. | 108 | 46 | 35 |
| 36 | **~하지 않았어** ｜ な형용사의 어간+じゃなかった<br>昔は 好きじゃなかった。 옛날에는 좋아하지 않았어. | 110 | 47 | 36 |
| 37 | **~했어요** ｜ な형용사의 어간+でした<br>少し 退屈でした。 조금 지루했어요. | 112 | 48 | 37 |
| 38 | **~하지 않았어요** ｜ な형용사의 어간+じゃありませんでした<br>便利じゃありませんでした。 편리하지 않았어요. | 114 | 49 | 38 |
| 39 | **~한 ~** ｜ な형용사의 어간+な+명사<br>親切な 人たちだった。 친절한 사람들이었어. | 116 | 50 | 39 |
| 40 | **~하고, ~해서** ｜ な형용사의 어간+で<br>とても 静かで きれいでした。 매우 조용하고 깨끗했어요. | 118 | 51 | 40 |

PART 2 연습문제 • 120  음원 52, 53 ｜ 패턴 노트(형용사) • 122

# PART 3 | 동사 1

| UNIT | 만능! 일본어 패턴 | 페이지 | 음원 | 쇼츠 |
|---|---|---|---|---|
| 41 | **(사물·식물 등이) 있어** \| ある<br>コンビニは 駅前に あるよ。 편의점은 역 앞에 있어. | 126 | 54 | 41 |
| 42 | **(사물·식물 등이) 있어요** \| あります<br>トイレは 2階に あります。 화장실은 2층에 있어요. | 128 | 55 | 42 |
| 43 | **(사람·동물 등이) 있어** \| いる<br>フクロウも いる。 부엉이도 있어. | 130 | 56 | 43 |
| 44 | **(사람·동물 등이) 있어요** \| います<br>兄が 一人 います。 오빠가 한 명 있어요. | 132 | 57 | 44 |
| 45 | **~해, ~할래, ~할 거야** \| 1그룹 동사의 기본형<br>今日は 地下鉄に 乗る? 오늘은 지하철을 탈래? | 134 | 58 | 45 |
| 46 | **~하지 않아** \| 1그룹 동사의 ない형<br>私の 友達に 会わない? 내 친구를 만나지 않을래[안 만날래]? | 136 | 59 | 46 |
| 47 | **~해, ~할래, ~할 거야** \| 2그룹 동사의 기본형<br>私も それ 食べる。 나도 그거 먹을래. | 138 | 60 | 47 |
| 48 | **~하지 않아** \| 2그룹 동사의 ない형<br>鍋料理を 食べない? 냄비요리를 먹지 않을래[안 먹을래]? | 140 | 61 | 48 |
| 49 | **~해, ~할래, ~할 거야** \| 3그룹 동사의 기본형<br>これから 買い物する。 이제부터 쇼핑할 거야. | 142 | 62 | 49 |
| 50 | **~하지 않아** \| 3그룹 동사의 ない형<br>ちょっと 散歩しない? 잠깐 산책하지 않을래[산책 안 할래]? | 144 | 63 | 50 |
| 51 | **~해요/~하지 않아요** \| 1그룹 동사의 ます형(긍정/부정)<br>私も 飲みます。 저도 마실래요. | 146 | 64 | 51 |
| 52 | **~해요/~하지 않아요** \| 2그룹 동사의 ます형(긍정/부정)<br>あまり 見ません。 그다지 보지 않아요[안 봐요]. | 148 | 65 | 52 |
| 53 | **~해요/~하지 않아요** \| 3그룹 동사의 ます형(긍정/부정)<br>タクシーが なかなか 来ませんね。 택시가 좀처럼 오지 않네요[안 오네요]. | 150 | 66 | 53 |
| 54 | **~했어요** \| 동사의 ます형+ました<br>ネットで 予約しました。 인터넷으로 예약했어요. | 152 | 67 | 54 |
| 55 | **~하러** \| 동사의 ます형·동작성 명사+に<br>花火を 見に 行かない? 불꽃놀이를 보러 가지 않을래[안 갈래]? | 154 | 68 | 55 |
| 56 | **~하지 않을래요?** \| 동사의 ます형+ませんか<br>ごま味も 食べませんか。 참깨맛도 먹지 않을래요[안 먹을래요]? | 156 | 69 | 56 |

| UNIT | 만능! 일본어 패턴 | 페이지 | 음원 | 쇼츠 |
|---|---|---|---|---|
| 57 | **~하고 싶어** \| 동사의 ます형+たい<br>ラーメン博物館に 行きたい。 라멘 박물관에 가고 싶어. | 158 | 70 | 57 |
| 58 | **~합시다** \| 동사의 ます형+ましょう<br>ハンバーグを 食べに 行きましょう。 햄버그를 먹으러 갑시다. | 160 | 71 | 58 |
| 59 | **~할 생각/~할 예정** \| 동사의 기본형+つもり・予定(よてい)<br>弟に あげる つもり。 남동생에게 줄 생각이야. | 162 | 72 | 59 |
| 60 | **~할까요?** \| 동사의 ます형+ましょうか<br>駅まで ちょっと 歩きましょうか。 역까지 좀 걸을까요? | 164 | 73 | 60 |

PART 3 연습문제・166　음원 74, 75 ｜ 패턴 노트(동사❶)・168

# PART 4 ｜ 동사 2

| UNIT | 만능! 일본어 패턴 | 페이지 | 음원 | 쇼츠 |
|---|---|---|---|---|
| 61 | **~하고, ~해서** \| 1그룹 동사의 て형<br>動物園に 行って パンダを 見ない? 동물원에 가서 팬더를 보지 않을래[안 볼래]? | 172 | 76 | 61 |
| 62 | **~하고, ~해서** \| 2그룹 동사의 て형<br>他の 店も 見て 来ます。 다른 가게도 보고 올게요. | 174 | 77 | 62 |
| 63 | **~하고, ~해서** \| 3그룹 동사의 て형<br>たくさんの 人が 参加して すごいね。 많은 사람이 참가해서 대단하네. | 176 | 78 | 63 |
| 64 | **~해 주세요** \| 동사의 て형+て ください<br>この 住所まで 行って ください。 이 주소까지 가 주세요. | 178 | 79 | 64 |
| 65 | **~하지 마세요** \| 동사의 ない형+ないで ください<br>無理しないで ください。 무리하지 마세요. | 180 | 80 | 65 |
| 66 | **~하고 있어** 진행 \| 동사의 て형+て いる①<br>ユーチューブを 見て いる。 유튜브를 보고 있어. | 182 | 81 | 66 |
| 67 | **~(해)져 있어** 상태 \| 동사의 て형+て いる②<br>まだ 電気が ついて いますよ。 아직 불이 켜져 있어요. | 184 | 82 | 67 |
| 68 | **~해도 돼** \| 동사의 て형+ても いい<br>ちょっと 食べても いい? 좀 먹어도 돼? | 186 | 83 | 68 |
| 69 | **~해서는 안 돼** \| 동사의 て형+ては いけない<br>ここに 止めては いけません。 여기에 세워서는 안 돼요. | 188 | 84 | 69 |
| 70 | **~하고 나서** \| 동사의 て형+てから<br>ご飯を 食べてから、見ない? 밥을 먹고 나서 보지 않을래[안 볼래]? | 190 | 85 | 70 |

| | | | | |
|---|---|---|---|---|
| 71 | **~해 볼래** \| 동사의 て형+て みる<br>この 浴衣、着て みますか。이 유카타 입어 볼래요? | 192 | 86 | 71 |
| 72 | **~해 버려, ~하고 말아** \| 동사의 て형+て しまう<br>道に 迷って しまいました。길을 잃어버렸어요. | 194 | 87 | 72 |
| 73 | **~해 주었으면 좋겠어** \| 동사의 て형+て ほしい<br>追加して ほしいです。추가해 주었으면 좋겠어요. | 196 | 88 | 73 |
| 74 | **~했어** \| 1그룹 동사의 た형<br>電車に 間に合った? 전철 시간에 맞췄어? | 198 | 89 | 74 |
| 75 | **~했어** \| 2그룹 동사의 た형<br>晩ご飯は もう 食べた? 저녁은 벌써 먹었어? | 200 | 90 | 75 |
| 76 | **~했어** \| 3그룹 동사의 た형<br>博物館も 見学した。박물관도 견학했어. | 202 | 91 | 76 |
| 77 | **~한 적이 있어** \| 동사의 た형+た ことが ある<br>雪祭りに 行った ことが ありますか。눈축제에 간 적이 있어요? | 204 | 92 | 77 |
| 78 | **~한 후에** \| 동사의 た형+た 後(あと)で/명사+の+後(あと)で<br>観光した 後で 雑貨屋に 寄らない? 관광한 후에 잡화점에 들르지 않을래[안 들를래]? | 206 | 93 | 78 |
| 79 | **~하는 편이 좋아** \| 동사의 た형+た 方(ほう)が いい<br>借りた 方が いいと 思う。빌리는 편이 좋다고 생각해. | 208 | 94 | 79 |
| 80 | **~하지 않는 편이 좋아** \| 동사의 ない형+ない 方(ほう)が いい<br>無理しない 方が いいですよ。무리하지 않는 편이 좋아요. | 210 | 95 | 80 |

PART 4 연습문제 · 212   음원 96, 97  \| 패턴 노트(동사❷) · 214

**부록**   1. 품사별 주요 어휘 · 218~221

2. 기타 표현 · 222~229

3. 연습문제 정답 · 230

# 일본어 문자와 발음
## 인사말

### 문자
우리나라의 고유 문자는 '한글'이죠. 그럼, 일본어는 어떤 문자를 쓸까요? 바로 '가나'(かな)인데요, '가나'(かな)는 '히라가나'(ひらがな), '가타카나'(カタカナ)라는 두 종류의 문자로 구성되어 있습니다. 그리고 여기에 '한자'(漢字)를 섞어서 씁니다.

1. **히라가나(ひらがな)**
   모든 인쇄와 필기에 사용되는 기본적인 문자입니다.

2. **가타카나(カタカナ)**
   주로 외래어나 의성어, 의태어를 표기하거나 강조하고자 할 때 씁니다. 지금은 방송이나 신문, 잡지 등에서 그 사용 빈도가 점점 증가하고 있습니다.

3. **한자(漢字)**
   중국이나 우리나라에서는 한자를 음(소리)으로만 읽지만, 일본에서는 한자를 음(소리)뿐만 아니라 훈(의미)으로도 읽습니다. 한자를 음(소리)으로 읽는 것을 '음독', 훈(의미)으로 읽는 것을 '훈독'이라고 합니다. 또한 음과 훈이 한 글자에 2개 이상인 경우도 있습니다.

### 인사말
일상생활에서 가장 많이 쓰는 것이 인사말이죠. 평소에 자주 사용해서 자연스럽게 말할 수 있도록 합시다.

# 오십음도

- 히라가나와 가타카나를 5단('세로줄'을 '단'이라고 부름) 10행('가로줄'을 '행'이라고 부름)으로 배열한 것을 '오십음도'(五十音図)라고 합니다.

음원 1

## 히라가나(ひらがな)

| | あ단 | い단 | う단 | え단 | お단 |
|---|---|---|---|---|---|
| あ행 | あ 아[a] | い 이[i] | う 우[u] | え 에[e] | お 오[o] |
| か행 | か 카[ka] | き 키[ki] | く 쿠[ku] | け 케[ke] | こ 코[ko] |
| さ행 | さ 사[sa] | し 시[shi] | す 스[su] | せ 세[se] | そ 소[so] |
| た행 | た 타[ta] | ち 치[chi] | つ 츠[tsu] | て 테[te] | と 토[to] |
| な행 | な 나[na] | に 니[ni] | ぬ 누[nu] | ね 네[ne] | の 노[no] |
| は행 | は 하[ha] | ひ 히[hi] | ふ 후[hu/fu] | へ 헤[he] | ほ 호[ho] |
| ま행 | ま 마[ma] | み 미[mi] | む 무[mu] | め 메[me] | も 모[mo] |
| や행 | や 야[ya] | | ゆ 유[yu] | | よ 요[yo] |
| ら행 | ら 라[ra] | り 리[ri] | る 루[ru] | れ 레[re] | ろ 로[ro] |
| わ행 | わ 와[wa] | | | | を 오[wo] |

ん 응[n]

## 가타카나(カタカナ)

|  | ア단 | イ단 | ウ단 | エ단 | オ단 |
|---|---|---|---|---|---|
| ア행 | ア<br>아[a] | イ<br>이[i] | ウ<br>우[u] | エ<br>에[e] | オ<br>오[o] |
| カ행 | カ<br>카[ka] | キ<br>키[ki] | ク<br>쿠[ku] | ケ<br>케[ke] | コ<br>코[ko] |
| サ행 | サ<br>사[sa] | シ<br>시[shi] | ス<br>스[su] | セ<br>세[se] | ソ<br>소[so] |
| タ행 | タ<br>타[ta] | チ<br>치[chi] | ツ<br>츠[tsu] | テ<br>테[te] | ト<br>토[to] |
| ナ행 | ナ<br>나[na] | ニ<br>니[ni] | ヌ<br>누[nu] | ネ<br>네[ne] | ノ<br>노[no] |
| ハ행 | ハ<br>하[ha] | ヒ<br>히[hi] | フ<br>후[hu/fu] | ヘ<br>헤[he] | ホ<br>호[ho] |
| マ행 | マ<br>마[ma] | ミ<br>미[mi] | ム<br>무[mu] | メ<br>메[me] | モ<br>모[mo] |
| ヤ행 | ヤ<br>야[ya] |  | ユ<br>유[yu] |  | ヨ<br>요[yo] |
| ラ행 | ラ<br>라[ra] | リ<br>리[ri] | ル<br>루[ru] | レ<br>레[re] | ロ<br>로[ro] |
| ワ행 | ワ<br>와[wa] |  |  |  | ヲ<br>오[wo] |
|  |  |  | ン<br>응[n] |  |  |

## 청음

- 청음이란 가나(かな)에 탁점이나 반탁점이 없어 맑은 소리가 나는 글자로, 오십음도에 있는 글자를 그대로 읽습니다.

음원 2

### あ행

| あ 아[a] | い 이[i] | う 우[u] | え 에[e] | お 오[o] |
|---|---|---|---|---|
| あい<br>아 이<br>사랑 | いえ<br>이 에<br>집 | うどん<br>우 동<br>우동 | え<br>에<br>그림 | おでん<br>오 뎅<br>오뎅 |

### ア행

| ア 아[a] | イ 이[i] | ウ 우[u] | エ 에[e] | オ 오[o] |
|---|---|---|---|---|
| アイスクリーム<br>아 이 스 쿠 리 - 무<br>아이스크림 | インク<br>잉 쿠<br>잉크 | ウイスキー<br>우 이 스 키 -<br>위스키 | エレベーター<br>에 레 베 - 타 -<br>엘리베이터 | オレンジ<br>오 렌 지<br>오렌지 |

★ 「あ」(아)행은 우리말의 '아, 이, 우, 에, 오'와 발음이 비슷합니다.
★ 「う」(우)는 입술을 내밀어 둥글게 만들지 말고, 평평하게 만든 상태에서 우리말의 '우'와 '으'의 중간음으로 발음합니다.

★ 「か」(카)행은 우리말의 '카, 키, 쿠, 케, 코'와 '가, 기, 구, 게, 고'의 중간 발음에 가깝습니다.
★ 「か」(카)행이 단어의 중간이나 끝머리에 오면 우리말의 '까, 끼, 꾸, 께, 꼬'에 가까운 발음이 됩니다.

## さ행

| さ | し | す | せ | そ |
|---|---|---|---|---|
| 사[sa] | 시[shi] | 스[su] | 세[se] | 소[so] |
| さくら<br>사꾸라<br>벚꽃 | しか<br>시까<br>사슴 | すし<br>스시<br>초밥 | せんぷうき<br>셈뿌ー끼<br>선풍기 | そら<br>소라<br>하늘 |

## サ행

| サ | シ | ス | セ | ソ |
|---|---|---|---|---|
| 사[sa] | 시[shi] | 스[su] | 세[se] | 소[so] |
| サラダ<br>사 라 다<br>샐러드 | シーソー<br>시 ー 소 ー<br>시소 | スキー<br>스 키 ー<br>스키 | セーター<br>세 ー 타 ー<br>스웨터 | ソファー<br>소 화 ー<br>소파 |

★ 「さ」(사)행은 우리말의 '사, 시, 스, 세, 소'와 발음이 비슷합니다.
★ 주의할 발음은 「す」(스)로, '수'와 '스'의 중간 발음에 해당하며, 단어 끝머리에 오면 '스'에 가깝게 발음합니다.

## た행

| た | ち | つ | て | と |
|---|---|---|---|---|
| 타[ta] | 치[chi] | 츠[tsu] | 테[te] | 토[to] |
| たいよう<br>타이요-<br>태양 | ちきゅう<br>치큐-<br>지구 | つき<br>츠끼<br>달 | てがみ<br>테가미<br>편지 | とけい<br>토께-<br>시계 |

## タ행

| タ | チ | ツ | テ | ト |
|---|---|---|---|---|
| 타[ta] | 치[chi] | 츠[tsu] | 테[te] | 토[to] |
| タクシー<br>타쿠시-<br>택시 | チーズ<br>치-즈<br>치즈 | ツナ<br>츠나<br>참치 | テレビ<br>테레비<br>텔레비전, TV | トマト<br>토마토<br>토마토 |

★ 「た」(타)행은 우리말의 'ㄷ'과 'ㅌ'의 중간 발음입니다. 단어의 첫머리에 올 때는 '타, 치, 츠, 테, 토'에 가깝게, 단어의 중간이나 끝머리에 올 때는 '따, 찌, 쯔, 떼, 또'에 가깝게 발음합니다.

★ 주의할 발음은 「ち」(치)와 「つ」(츠)로, 「ち」(치)는 「い」(이) 발음과 같은 입모양을 하고, 우리말의 '치'보다 약하게 발음합니다. 「つ」(츠)는 「う」(우) 발음과 같은 입모양을 하고, 혀를 앞니 뒤쪽 윗잇몸에 붙였다 떼면서 발음합니다.

## な행

| な<br>나[na] | に<br>니[ni] | ぬ<br>누[nu] | ね<br>네[ne] | の<br>노[no] |
|---|---|---|---|---|
| なつ<br>나쯔<br>여름 | にじ<br>니지<br>무지개 | いぬ<br>이누<br>개 | ねこ<br>네꼬<br>고양이 | のり<br>노리<br>김 |

## ナ행

| ナ<br>나[na] | ニ<br>니[ni] | ヌ<br>누[nu] | ネ<br>네[ne] | ノ<br>노[no] |
|---|---|---|---|---|
| ナイフ<br>나이후<br>나이프 | テニス<br>테니스<br>테니스 | カヌー<br>카누ー<br>카누 | ネクタイ<br>네쿠타이<br>넥타이 | ノート<br>노ー토<br>노트 |

★ 「な」(나)행은 우리말의 '나, 니, 누, 네, 노'와 발음이 비슷합니다.
★ 주의할 발음은 「ぬ」(누)로, '누'와 '느'의 중간음으로 발음합니다.

★ 「は」(하)행은 우리말의 '하, 히, 후, 헤, 호'와 발음이 비슷합니다.
★ 주의할 발음은 「ふ」(후)로, 아랫입술을 물고 발음해서는 안 되며 「う」(우) 발음의 입모양으로 발음합니다.

# ま행

| ま<br>마[ma] | み<br>미[mi] | む<br>무[mu] | め<br>메[me] | も<br>모[mo] |
|---|---|---|---|---|
| まど<br>마 도<br>창문 | みみ<br>미 미<br>귀 | むし<br>무 시<br>벌레 | め<br>메<br>눈 | もも<br>모 모<br>복숭아 |

# マ행

| マ<br>마[ma] | ミ<br>미[mi] | ム<br>무[mu] | メ<br>메[me] | モ<br>모[mo] |
|---|---|---|---|---|
| マヨネーズ<br>마 요 네 ― 즈<br>마요네즈 | ミルク<br>미 루 쿠<br>우유 | ムービー<br>무 ― 비 ―<br>영화 | メロン<br>메 롱<br>멜론 | モニター<br>모 니 타 ―<br>모니터 |

★ 「ま」(마)행은 우리말의 '마, 미, 무, 메, 모'와 발음이 비슷합니다.
★ 주의할 발음은 「む」(무)로, '무'와 '므'의 중간음으로 발음합니다.

## や행

| や<br>야[ya] | ゆ<br>유[yu] | よ<br>요[yo] |
|---|---|---|
| やま<br>야 마<br>산 | ゆびわ<br>유 비 와<br>반지 | よる<br>요 루<br>밤 |

## ヤ행

| ヤ<br>야[ya] | ユ<br>유[yu] | ヨ<br>요[yo] |
|---|---|---|
| イヤリング<br>이 야 링 구<br>귀걸이 | ユニホーム<br>유 니 호 - 무<br>유니폼 | ヨット<br>욧 토<br>요트 |

★ 「や」(야)행은 우리말의 '야, 유, 요'와 발음이 비슷합니다.
★ 주의할 발음은 「ゆ」(유)와 「よ」(요)로, 발음할 때 입술을 너무 둥글게 오므리지 않도록 합니다.

## ら행

| ら | り | る | れ | ろ |
|---|---|---|---|---|
| 라[ra] | 리[ri] | 루[ru] | 레[re] | 로[ro] |
| らっぱ<br>랍빠<br>나팔 | りんご<br>링고<br>사과 | ひるね<br>히루네<br>낮잠 | れいぞうこ<br>레-조-꼬<br>냉장고 | ろうそく<br>로-소꾸<br>양초 |

## ラ행

| ラ | リ | ル | レ | ロ |
|---|---|---|---|---|
| 라[ra] | 리[ri] | 루[ru] | 레[re] | 로[ro] |
| ライター<br>라이타-<br>라이터 | リボン<br>리봉<br>리본 | ルビー<br>루비-<br>루비 | レモン<br>레몽<br>레몬 | ロールケーキ<br>로-루케-키<br>롤케이크 |

★ 「ら」(라)행은 우리말의 '라, 리, 루, 레, 로'와 발음이 비슷합니다.
★ 영어의 [r] 발음처럼 혀를 안쪽으로 말아 올리지 않고 혀끝으로 입천장을 치면서 발음합니다.

## わ행・ん

| わ 와[wa] | を 오[wo] | ん 응[n] |
|---|---|---|
| わに<br>와 니<br>악어 |  | かびん<br>카 빙<br>꽃병 |

## ワ행・ン

| ワ 와[wa] | ヲ 오[wo] | ン 응[n] |
|---|---|---|
| ワイン<br>와 잉<br>와인 |  | アイロン<br>아 이 롱<br>다리미 |

★ 「わ」(와)는 우리말의 '와'와 발음이 비슷합니다.
★ 「を」(오)는 조사로만 쓰이며, 발음은 「お」(오)와 같습니다.
★ 「ん」(응)은 우리말의 받침과 같은 역할을 하며, 단어의 첫머리에는 오지 않습니다. (p.27 발음 참조)

## 탁음

- 탁음이란 「か、さ、た、は」(카, 사, 타, 하)행 글자의 오른쪽 위에 탁점( ˝ )을 붙인 글자로, 성대를 울려서 발음합니다.
- 「が」(가)행은 영어의 [g] 발음과 동일하고, 「ざ」(자)행은 「さ、し、す、せ、そ」 (사, 시, 스, 세, 소) 발음의 입모양 그대로 성대를 울려서 발음합니다.
- 「だ」(다)행의 「だ、で、ど」(다, 데, 도)는 영어의 [d] 발음과 동일하고, 「ぢ、づ」(지, 즈)는 「じ、ず」(지, 즈)에 합류되어 현재는 특별한 경우 외에는 쓰이지 않습니다.
- 「ば」(바)행은 우리말의 '바, 비, 부, 베, 보'와 비슷한 발음이지만, 영어의 [b] 발음과 같이 성대를 울려서 발음합니다.

음원 3

| | | | | | |
|---|---|---|---|---|---|
| が행 | が 가[ga] | ぎ 기[gi] | ぐ 구[gu] | げ 게[ge] | ご 고[go] |
| ざ행 | ざ 자[za] | じ 지[zi] | ず 즈[zu] | ぜ 제[ze] | ぞ 조[zo] |
| だ행 | だ 다[da] | ぢ 지[zi] | づ 즈[zu] | で 데[de] | ど 도[do] |
| ば행 | ば 바[ba] | び 비[bi] | ぶ 부[bu] | べ 베[be] | ぼ 보[bo] |
| ガ행 | ガ 가[ga] | ギ 기[gi] | グ 구[gu] | ゲ 게[ge] | ゴ 고[go] |
| ザ행 | ザ 자[za] | ジ 지[zi] | ズ 즈[zu] | ゼ 제[ze] | ゾ 조[zo] |
| ダ행 | ダ 다[da] | ヂ 지[zi] | ヅ 즈[zu] | デ 데[de] | ド 도[do] |
| バ행 | バ 바[ba] | ビ 비[bi] | ブ 부[bu] | ベ 베[be] | ボ 보[bo] |

예)
- がいこく 외국 / 가이꼬꾸
- ぎむ 의무 / 기 무
- かぐ 가구 / 카 구
- じこ 사고 / 지 꼬
- からだ 몸 / 카 라 다
- はなぢ 코피 / 하 나 지
- ばら 장미 / 바 라
- ゆび 손가락 / 유 비
- ガス 가스 / 가 스
- ジーンズ 청바지 / 지 - 인 즈
- ダンス 댄스, 춤 / 단 스
- ビニール 비닐 / 비 니 - 루

## 반탁음

- 반탁음이란 「は」(하)행 글자의 오른쪽 위에 반탁점( ˚ )을 붙인 글자입니다.
- 「ぱ」(파)행은 단어의 첫머리에서는 '파, 피, 푸, 페, 포'에 가까운 발음이 되며, 단어의 중간이나 끝머리에서는 '빠, 삐, 뿌, 뻬, 뽀'에 가까운 발음이 됩니다.

| ぱ행 | ぱ 파[pa] | ぴ 피[pi] | ぷ 푸[pu] | ぺ 페[pe] | ぽ 포[po] |
|---|---|---|---|---|---|
| パ행 | パ 파[pa] | ピ 피[pi] | プ 푸[pu] | ペ 페[pe] | ポ 포[po] |

예)
- いっぱい 한 잔 — 입빠이
- えんぴつ 연필 — 엠삐쯔
- きっぷ 표 — 킵뿌
- いっぽ 한 걸음 — 입뽀
- パン 빵 — 팡
- ピザ 피자 — 피자
- プレゼント 선물 — 푸레젠토
- ポスト 우체통 — 포스토

## 발음

- 「ん」(응)은 뒤에 오는 음에 따라 [ㅁ, ㄴ, ㅇ] 또는 [ㄴ과 ㅇ의 중간음]으로 발음이 달라집니다. 우리말의 받침과 같은 역할을 하는데, 우리말 받침과는 달리 한 박자로 발음해 줍니다.

1. 「ま、ば、ぱ」(마, 바, 파)행 앞에서는 [ㅁ]으로 발음됩니다.
   예) あんま 안마 — 암마   しんぶん 신문 — 심붕   かんぱい 건배 — 캄빠이

2. 「さ、ざ、た、だ、な、ら」(사, 자, 타, 다, 나, 라)행 앞에서는 [ㄴ]으로 발음됩니다.
   예) かんじ 한자 — 칸지   みんな 모두 — 민나   べんり 편리 — 벤리

3. 「か、が」(카, 가)행 앞에서는 [ㅇ]으로 발음됩니다.
   예) さんか 참가 — 상까   にほんご 일본어 — 니홍고   たんご 단어 — 탕고

4. 「あ、は、や、わ」(아, 하, 야, 와)행 앞과 「ん」(응)으로 끝날 때는 [ㄴ과 ㅇ의 중간음]으로 발음됩니다.
   예) れんあい 연애 — 렝아이   でんわ 전화 — 뎅와   ほん 책 — 홍

## 요음

- 「き、ぎ、し、じ、ち、に、ひ、び、ぴ、み、り」(키, 기, 시, 지, 치, 니, 히, 비, 피, 미, 리) 뒤에 「や、ゆ、よ」(야, 유, 요)를 작게 써서 표기한 것으로, 한 글자처럼 한 음절로 발음합니다.

음원 6

| きゃ 캬[kya] | きゅ 큐[kyu] | きょ 쿄[kyo] | キャ 캬[kya] | キュ 큐[kyu] | キョ 쿄[kyo] |
|---|---|---|---|---|---|
| ぎゃ 갸[gya] | ぎゅ 규[gyu] | ぎょ 교[gyo] | ギャ 갸[gya] | ギュ 규[gyu] | ギョ 교[gyo] |
| しゃ 샤[sha] | しゅ 슈[shu] | しょ 쇼[sho] | シャ 샤[sha] | シュ 슈[shu] | ショ 쇼[sho] |
| じゃ 쟈[zya] | じゅ 쥬[zyu] | じょ 죠[zyo] | ジャ 쟈[zya] | ジュ 쥬[zyu] | ジョ 죠[zyo] |
| ちゃ 챠[cha] | ちゅ 츄[chu] | ちょ 쵸[cho] | チャ 챠[cha] | チュ 츄[chu] | チョ 쵸[cho] |
| にゃ 냐[nya] | にゅ 뉴[nyu] | にょ 뇨[nyo] | ニャ 냐[nya] | ニュ 뉴[nyu] | ニョ 뇨[nyo] |
| ひゃ 햐[hya] | ひゅ 휴[hyu] | ひょ 효[hyo] | ヒャ 햐[hya] | ヒュ 휴[hyu] | ヒョ 효[hyo] |
| びゃ 뱌[bya] | びゅ 뷰[byu] | びょ 뵤[byo] | ビャ 뱌[bya] | ビュ 뷰[byu] | ビョ 뵤[byo] |
| ぴゃ 퍄[pya] | ぴゅ 퓨[pyu] | ぴょ 표[pyo] | ピャ 퍄[pya] | ピュ 퓨[pyu] | ピョ 표[pyo] |
| みゃ 먀[mya] | みゅ 뮤[myu] | みょ 묘[myo] | ミャ 먀[mya] | ミュ 뮤[myu] | ミョ 묘[myo] |
| りゃ 랴[rya] | りゅ 류[ryu] | りょ 료[ryo] | リャ 랴[rya] | リュ 류[ryu] | リョ 료[ryo] |

예
- きゃく 손님 캬꾸
- いしゃ 의사 이 샤
- しゅみ 취미 슈미
- ひゃく 100, 백 햐꾸
- りょこう 여행 료꼬-
- キャラメル 캐러멜 캬 라메 루
- シャープ 샤프(펜슬) 샤 - 푸
- ニュース 뉴스 뉴 - 스

## 촉음

- 「か、さ、た、ぱ」(카, 사, 타, 파)행 앞에 작게 쓰는 촉음 「っ」(츠)는 우리말의 받침과 같은 역할을 합니다. 하지만 우리말 받침과 달리 한 박자로 발음해야 합니다. 또한 촉음은 바로 뒤에 오는 글자의 영향을 받아 발음이 바뀝니다.

1. 「か」(카)행 앞에서는 [k]로 발음됩니다.   예 がっこう 학교
   각 꼬-

2. 「さ」(사)행 앞에서는 [s]로 발음됩니다.   예 けっせき 결석
   켓 세 끼

3. 「た」(타)행 앞에서는 [t]로 발음됩니다.   예 きって 우표
   킷 떼

4. 「ぱ」(파)행 앞에서는 [p]로 발음됩니다.   예 きっぷ 표
   킵 뿌


## 장음

- 앞 글자의 발음을 길게 끌어서 발음하는 것을 장음이라고 합니다. 장음은 한 음절의 길이를 가지고 있으며, 장음이 있고 없음에 따라 뜻이 달라집니다. 가타카나의 장음은 「ー」로 나타냅니다.

1. 「あ」(아)단 뒤에 「あ」(아)가 올 때   예 おかあさん 어머니
   오 까 - 상

2. 「い」(이)단 뒤에 「い」(이)가 올 때   예 おにいさん 오빠, 형
   오 니 - 상

3. 「う」(우)단 뒤에 「う」(우)가 올 때   예 くうき 공기
   쿠 - 끼

4. 「え」(에)단 뒤에 「い」(이) 또는 「え」(에)가 올 때   예 せんせい 선생님   おねえさん 언니, 누나
   센 세 -                오 네 - 상

5. 「お」(오)단 뒤에 「う」(우) 또는 「お」(오)가 올 때   예 こうこう 고등학교   おおい 많다
   코 - 꼬 -              오 - 이

6. 요음 뒤에 「う」(우)가 올 때   예 きょう 오늘   じゅう 10, 열
   쿄 -          슈 -

7. 가타카나의 장음 「ー」   예 ビール 맥주
   비 - 루

# 인사말(あいさつ)
아이사쯔

음원 9

### 기본 인사

- **おはようございます。** 안녕하세요.(아침)
  오하요- 고자이마스
- **こんにちは。** 안녕하세요.(낮)
  콘 니찌와
- **こんばんは。** 안녕하세요.(저녁)
  콤 방 와
- **おやすみなさい。** 안녕히 주무세요.
  오야스미나사이

### 식사할 때

- **いただきます。** 잘 먹겠습니다.
  이따다끼마스
- **ごちそうさまでした。** 잘 먹었습니다.
  고찌소-사마데시따

### 외출 및 귀가할 때

- **いってきます。** 다녀오겠습니다.
  잇떼키마스
- **いってらっしゃい。** 다녀와, 다녀오세요.
  잇떼랏 샤 이
- **ただいま。** 다녀왔습니다.
  다다이마
- **おかえりなさい。** 어서 와요, 잘 다녀오셨어요.
  오까에리나사이

### 사과 및 감사할 때

- **すみません。** 죄송합니다, 미안합니다.
  스미마셍
- **いいえ、だいじょうぶです。** 아니요, 괜찮습니다.
  이-에 다이죠 -부데스
- **どうも ありがとうございます。** 대단히 감사합니다.
  도-모 아리가또-고자이마스
- **どういたしまして。** 천만에요.
  도- 이따시마시떼

## 헤어질 때

**1. 남의 집을 방문했을 때**

- ☑ **しつれいします。** 실례합니다.
  시 쯔 레 - 시 마 스

- ☑ **しつれいしました。** 실례했습니다.
  시 쯔 레 - 시 마 시 따

- ☑ **おきを つけて。** 조심히 가세요.
  오 끼오  츠 께 떼

**2. 직장에서 퇴근할 때**

- ☑ **おさきに しつれいします。** 먼저 실례하겠습니다.
  오 사 끼니   시 쯔 레 - 시 마 스

- ☑ **おつかれさまでした。** 수고하셨습니다.
  오 쯔 까 레 사 마 데 시 따

## 방문 인사

- ☑ **ごめんください。** 계세요?
  고  멩   꾸 다 사 이

- ☑ **どうぞ、おはいりください。** 어서 들어오세요.
  도 - 조   오 하 이 리 꾸 다 사 이

## 축하 인사

- ☑ **おめでとうございます。** 축하합니다.
  오 메 데 또 - 고 자 이 마 스

- ☑ **おめでとう。** 축하해.
  오 메 데 또 -

# PART
# 1

# 명사

명사만 알아도
일본어 회화가
만만해진다!

# UNIT 01 이거 ~야

음원 10

## これ、おちゃ。
코 레    오 쨔

이거 차야.

### 만능! 일본어 패턴    これ

「これ」는 '이것'이라는 뜻으로, 사물을 가리킬 때 써요. 이때 이어서 명사를 붙여 말하면 '이거 ~야'라는 뜻의 반말 표현을 만들 수 있는데, 상대에게 '~야?'라고 반말로 묻고 싶을 때는 말끝을 올리면 돼요. 그리고 '응'이라는 뜻으로, 상대의 말에 긍정을 나타낼 때는 「うん」이라고 하면 돼요.

### 만능! 패턴 연습    듣고 따라 해요!

1  これ、みず。        이거 물이야.
   코 레  미 즈

2  これ、コーヒー?      이거 커피야?
   코 레  코 - 히 -

3  うん、コーヒー。      응, 커피야.
   웅    코 - 히 -

---

**단어**  これ 이것 | おちゃ(茶) 차 | みず(水) 물 | コーヒー 커피 | うん 응

34

## 만능! 패턴 완성 | 쓰면서 익혀 봐요!

1. 이거 물이야.

   これ、みず。
   코 레　미 즈

2. 이거 커피야?

   これ、コーヒー?
   코 레　코 - 히 -

3. 응, 커피야.

   うん、コーヒー。
   응　　코 - 히 -

## 실전! 패턴 회화 | 쇼츠와 함께 연습해요!

쇼츠 1

#민수는 사쿠라에게 게스트 하우스의 웰컴 드링크가 차인지 묻는다.

これ、おちゃ?
코 레　오 쨔

이거 차야?

うん、おちゃ。
응　　오 쨔

응, 차야.

# UNIT 02 ～이 아니야

음원 11

## かれしじゃない。
카레시 쟈 나이

## 남자친구가 아니야.

### 만능! 일본어 패턴　명사 + じゃない

'～이[가] 아니다[아니야]'라고 명사를 부정할 때는 명사에 「じゃない」를 붙이면 돼요. 그리고 '아니'라는 뜻으로, 상대의 말에 부정을 나타낼 때는 「ううん」이라고 하면 돼요.

### 만능! 패턴 연습　듣고 따라 해요!

1　コーヒーじゃない。　　　커피가 아니야.
　　코 히 - 쟈 나이

2　かのじょじゃない。　　　여자친구가 아니야.
　　카 노 죠　쟈 나이

3　ううん、ともだちじゃない。　아니, 친구가 아니야.
　　우 - 웅　토모다찌 쟈 나이

---

**단어**　かれし(彼氏) 남자친구 | コーヒー 커피 | かのじょ(彼女) 여자친구 | ううん 아니 | ともだち(友達) 친구

## 만능! 패턴 완성 | 쓰면서 익혀 봐요!

1. 커피가 아니야.

   コーヒーじゃない。
   코 ― 히 ―  쟈 나 이

2. 여자친구가 아니야.

   かのじょじゃない。
   카 노 죠  쟈 나 이

3. 아니, 친구가 아니야.

   ううん、ともだちじゃない。
   우 ― 웅  토 모 다 찌  쟈 나 이

## 실전! 패턴 회화 | 쇼츠와 함께 연습해요!

쇼츠 2

#민수는 사쿠라에게 공유룸에 있는 사토시를 가리키며 남자친구인지 묻는다.

かれが かれし?
카 레 가  카 레 시

그가 남자친구야?

ううん、かれしじゃない。
우 ― 웅  카 레 시  쟈 나 이

아니, 남자친구가 아니야.

**단어** かれ(彼) 그, 그 사람 | ～が ～이[가]

# UNIT 03 ~이에요

## かんこくじんです。
캉 꼬꾸 진 데 스

한국인이에요.

### 만능! 일본어 패턴  명사+です

'~입니다[이에요]'라고 명사를 정중하게 긍정할 때는 명사에 「です」를 붙이면 돼요. 만약 의문문을 만들고 싶으면 「です」에 의문의 뜻을 나타내는 「か」(~까?)를 붙여서 「ですか」(~입니까[이에요]?)라고 하면 돼요. 그리고 '예'라는 뜻으로, 상대의 말에 정중하게 긍정을 나타낼 때는 「はい」라고 하면 돼요.

### 만능! 패턴 연습  듣고 따라 해요!

1 がくせいです。　　　　　　학생이에요.
　　각 세ー 데 스

2 はい、かいしゃいんです。　예, 회사원이에요.
　　하 이 카 이 샤 인 데 스

3 だいがくせいですか。　　　대학생이에요?
　　다 이 각 세ー 데 스 까

---

 かんこくじん(韓国人) 한국인 | がくせい(学生) 학생 | はい 예 | かいしゃいん(会社員) 회사원 | だいがくせい(大学生) 대학생

## 만능! 패턴 완성 | 쓰면서 익혀 봐요!

1 학생이에요.

✎ がくせいです。
　がく せい です

2 예, 회사원이에요.

✎ はい、かいしゃいんです。
　はい　かい しゃ いん です

3 대학생이에요?

✎ だいがくせいですか。
　だい がく せい です か

## 실전! 패턴 회화 | 쇼츠와 함께 연습해요!

쇼츠 3

#사토시는 민수에게 한국 사람인지 묻는다.

かんこくじんですか。
かん こく じん です か

한국인이에요?

はい、かんこくじんです。
はい　かん こく じん です

예, 한국인이에요.

# UNIT 04 ～이 아니에요

## ワインじゃありません。
와인 쟈 아리마셍

와인이 아니에요.

### 만능! 일본어 패턴   명사+じゃありません

'～이[가] 아닙니다[아니에요]'라고 명사를 정중하게 부정할 때는 명사에 「じゃありません」을 붙이면 돼요. 참고로 「じゃないです」라고 해도 같은 뜻이에요. 그리고 '아니요'라고 상대의 말에 정중하게 부정을 나타낼 때는 「いいえ」라고 하면 돼요.

### 만능! 패턴 연습   듣고 따라 해요!

1. コーヒーじゃありません。　　커피가 아니에요.
   코 - 히 - 쟈 아리마셍

2. ジュースじゃありません。　　주스가 아니에요.
   쥬 - 스 쟈 아리마셍

3. いいえ、おさけじゃないです。　　아니요, 술이 아니에요.
   이 - 에 오사께 쟈 나이데스

---

**단어** ワイン 와인 | コーヒー 커피 | ジュース 주스 | いいえ 아니요 | おさけ(酒) 술

## 만능! 패턴 완성 | 쓰면서 익혀 봐요!

1. 커피가 아니에요.

   ✎ コーヒーじゃありません。
   　 코 - 히 - 쟈 아 리 마 셍

2. 주스가 아니에요.

   ✎ ジュースじゃありません。
   　 쥬 - 스 쟈 아 리 마 셍

3. 아니요, 술이 아니에요.

   ✎ いいえ、おさけじゃないです。
   　 이 - 에 오 사 께 쟈 나 이 데 스

## 실전! 패턴 회화 | 쇼츠와 함께 연습해요!

쇼츠 4

#파티에서 민수는 사토시에게 마시고 있는 술이 와인인지 묻는다.

ワインですか。
와 인 데 스 까
와인이에요?

いいえ、ワインじゃありません。
이 - 에 와 인 쟈 아 리 마 셍
아니요, 와인이 아니에요.

# UNIT 05 그것도 ~야

そ れ も プリン。
소 레 모 푸 링

그것도 푸딩이야.

### 만능! 일본어 패턴  それも

「それ」는 '그것'이라는 뜻으로, 「これ」(이것)와 마찬가지로 사물을 가리킬 때 써요. 「も」는 '~도'라는 뜻이고, 이외에 사물을 가리키는 말로는 「あれ」(저것), 「どれ」(어느 것)가 있어요.

### 만능! 패턴 연습  듣고 따라 해요!

1  それも ピザ。  그것도 피자야.
   소 레 모 피 자

2  それも カレーパン。  그것도 카레빵이야.
   소 레 모 카 레 - 팡

3  あれも おさけ?  저것도 술이야?
   아 레 모 오 사 께

それ 그것 | ~も ~도 | プリン 푸딩 | ピザ 피자 | カレーパン 카레빵 | あれ 저것 | おさけ(酒) 술

## 만능! 패턴 완성 | 쓰면서 익혀 봐요!

1  그것도 피자야.

   ✎ それも ピザ。
   　　소 레 모　피 자

2  그것도 카레빵이야.

   ✎ それも カレーパン。
   　　소 레 모　카 레 - 팡

3  저것도 술이야?

   ✎ あれも おさけ?
   　　아 레 모　오 사 께

## 실전! 패턴 회화 | 쇼츠와 함께 연습해요!

쇼츠 5

#민수는 편의점에서 사쿠라에게 유제품을 가리키며 푸딩인지 묻는다.

これも プリン?
코 레 모 푸 링

이것도 푸딩이야?

うん、それも プリン。
웅　　소 레 모 푸 링

응, 그것도 푸딩이야.

# UNIT 06 이/그/저/어느

음원 15

## この バス?
코 노 바 스

이 버스야?

---

**만능! 일본어 패턴**　この/その/あの/どの＋명사

「この/その/あの/どの」는 '이/그/저/어느'라는 뜻으로, 명사를 수식할 때 써요.

---

**만능! 패턴 연습**　듣고 따라 해요!

1　**この えき。**　　　이 역이야.
　　코 노 에 끼

2　**あの でんしゃ。**　저 전철이야.
　　아 노 덴 샤

3　**どの でぐち?**　　어느 출구야?
　　도 노 데 구 찌

---

단어　この 이 | バス 버스 | えき(駅) 역 | あの 저 | でんしゃ(電車) 전철 | どの 어느 | でぐち(出口) 출구

## 만능! 패턴 완성 | 쓰면서 익혀 봐요!

1  이 역이야.
    ✎ この えき。
       코 노  에 끼

2  저 전철이야.
    ✎ あの でんしゃ。
       아 노  덴  샤

3  어느 출구야?
    ✎ どの でぐち?
       도 노  데 구 찌

## 실전! 패턴 회화 | 쇼츠와 함께 연습해요!

쇼츠 6

#버스 정류장에서 민수는 사쿠라에게 하카타역으로 가는 버스가 이 버스인지 묻는다.

この バス?
코 노  바 스
이 버스야?

うん、その バス。
웅    소 노 바 스
응, 그 버스야.

 その 그

# ~은 뭐예요?

## あれは なんですか。
아 레 와  난  데 스 까

저건 뭐예요?

---

**만능! 일본어 패턴**  명사+は なんですか

「は」는 '~은[는]'이라는 뜻의 조사로, 조사로 쓰일 경우에는 [와]로 발음해요. 그리고 묻고자 하는 사물이 무엇인지 모를 때는 '무엇'이라는 뜻의 「なに」를 쓰는데, 뒤에 '~입니까[이에요]?'라는 뜻의 「ですか」가 오면 「なん」으로 발음해서 「なんですか」(무엇입니까[뭐예요]?)라고 표현해요. 반말로 묻고 싶을 때는 「なに(╱)?」(뭐야?)라고 말끝을 올리면 돼요.

**만능! 패턴 연습**  듣고 따라 해요!

1  これは なんですか。　　　　이건 뭐예요?
　　코 레 와  난  데 스 까

2  それは なんですか。　　　　그건 뭐예요?
　　소 레 와  난  데 스 까

3  あの たてものは なに?　　　저 건물은 뭐야?
　　아 노  타떼모노 와  나 니

---

**단어** あれ 저것 | ~は ~은[는] | なに・なん(何) 무엇 | これ 이것 | それ 그것 | あの 저 | たてもの(建物) 건물

## 만능! 패턴 완성    쓰면서 익혀 봐요!

**1** 이건 뭐예요?

✎ これは なんですか。
코레와 난 데스까

**2** 그건 뭐예요?

✎ それは なんですか。
소레와 난 데스까

**3** 저 건물은 뭐야?

✎ あの たてものは なに?
아노 타떼모노와 나니

## 실전! 패턴 회화 | 쇼츠와 함께 연습해요!

쇼츠 7

#하카타역에 내린 민수는 사토시에게 멀리 보이는 건물이 무엇인지 묻는다.

あれは なんですか。
아레와 난 데스까

저건 뭐예요?

あ、あれは はかたシティです。
아 아레와 하까따시 티 데스

아, 저건 하카타 시티예요.

단어   はかた(博多)シティ 하카타 시티 *후쿠오카에 있는 JR 하카타역 건물이자 대형 상업 시설

# UNIT 08 ~은 누구예요?

## この ひとは だれですか。
코 노 히 또 와 다 레 데 스 까

**이 사람은 누구예요?**

### 만능! 일본어 패턴 — 명사+は だれですか

잘 모르는 사람에 대해 물을 때는 '누구'라는 뜻의 「だれ」를 써서 말하면 돼요. 정중하게 물어볼 때는 「だれ」 뒤에 「ですか」(~입니까[이에요]?)를 붙여서 「だれですか」(누구입니까[누구예요]?)라고 하면 돼요. 반말로 묻고 싶을 때는 「だれ(↗)?」(누구야?)라고 말끝을 올리면 돼요.

### 만능! 패턴 연습 — 듣고 따라 해요!

1 **その ひとは だれですか。** 그 사람은 누구예요?
　소 노 히 또 와 다 레 데 스 까

2 **あの ひとは だれですか。** 저 사람은 누구예요?
　아 노 히 또 와 다 레 데 스 까

3 **この ひとは だれ?** 이 사람은 누구야?
　코 노 히 또 와 다 레

---

**단어** この 이 | ひと(人) 사람 | ~は ~은[는] | だれ(誰) 누구 | その 그 | あの 저

## 만능! 패턴 완성  쓰면서 익혀 봐요!

1. 그 사람은 누구예요?

   そのひとはだれですか。
   소 노 히 또 와 다 레 데 스 까

2. 저 사람은 누구예요?

   あのひとはだれですか。
   아 노 히 또 와 다 레 데 스 까

3. 이 사람은 누구야?

   このひとはだれ?
   코 노 히 또 와 다 레

## 실전! 패턴 회화  쇼츠와 함께 연습해요!

#민수는 쇼핑몰의 포스터를 보며 사토시에게 포스터 속 인물이 누구인지 묻는다.

このひとはだれですか。
코 노 히 또 와 다 레 데 스 까
이 사람은 누구예요?

そのひとはかしゅです。
소 노 히 또 와 카 슈 데 스
그 사람은 가수예요.

 かしゅ(歌手) 가수

## UNIT 09 어제/오늘/내일/언제

음원 18

# あしたも くもり?
아시따모 쿠모리

내일도 흐려?

---

### 만능! 일본어 패턴  きのう/きょう/あした/いつ

「きのう/きょう/あした」는 '어제/오늘/내일'이라는 뜻으로, 때를 나타낼 때 쓰는 표현이에요. 언제인지 묻고 싶을 때는「いつ」(언제)라는 표현을 써요. 정중하게 묻고 싶을 때는 뒤에「ですか」(~입니까[이에요]?)를 붙여서「いつですか」(언제입니까[언제예요]?)라고 하면 되고, 반말로 묻고 싶을 때는「いつ(↗)?」(언제야?)라고 말끝을 올리면 돼요.

### 만능! 패턴 연습  듣고 따라 해요!

1 **きのうから あめです。**
　 키노-까라 아메데스
　어제부터 비예요[비가 와요].

2 **たんじょうびは いつですか。**
　 탄죠-비와 이쯔데스까
　생일은 언제예요?

3 **きょうは やすみ?**
　 코-와 야스미
　오늘은 쉬는 날이야?

---

**단어** あした(明日) 내일 | ～も ~도 | くも(曇)り 흐림 | きのう(昨日) 어제 | ～から ~부터 | あめ(雨) 비 | たんじょうび(誕生日) 생일 | いつ 언제 | きょう(今日) 오늘 | やす(休)み 휴일, 쉬는 날

## 만능! 패턴 완성 | 쓰면서 익혀 봐요!

1  어제부터 비예요[비가 와요].

✎ きのうから あめです。
   키노-까라 아메데스

2  생일은 언제예요?

✎ たんじょうびは いつですか。
   탄죠-비와 이쯔데스까

3  오늘은 쉬는 날이야?

✎ きょうは やすみ?
   쿄- 와 야스미

## 실전! 패턴 회화 | 쇼츠와 함께 연습해요!

쇼츠 9

#민수는 사쿠라에게 내일도 흐린지 묻는다.

あしたも くもり?
아시따모 쿠모리

내일도 흐려?

うん、くもりだよ。
웅    쿠모리다요

은, 흐려.

**단어**
~よ 문장 끝에 붙어 판단을 주장, 설명하거나 다짐을 나타냄. 또한 상대에게 '알려 준다'라는 뉘앙스가 있음

# UNIT 10 여기/거기/저기/어디

음원 19

## ここの おすすめ メニュー。
코꼬노 오스스메 메뉴-

여기의 추천 메뉴야.

### 만능! 일본어 패턴  ここ/そこ/あそこ/どこ

「ここ/そこ/あそこ/どこ」는 '여기/거기/저기/어디'라는 뜻으로, 장소를 가리킬 때 쓰는 표현이에요. 그리고 「の」는 '~의'라는 뜻인데요, 일본어에서는 명사와 명사를 연결할 때 중간에 「の」를 넣어요.

### 만능! 패턴 연습  듣고 따라 해요!

1 **ここは どこ?**
코꼬와 도꼬

여기는 어디야?

2 **あそこは てんじんえき。**
아소꼬와 텐징에끼

저기는 덴진역이야.

3 **そこは トイレだよ。**
소꼬와 토이레다요

거기는 화장실이야.

---

**단어** ここ 여기 | ~の ~의 | おすす(勧)め メニュー 추천 메뉴 | どこ 어디 | あそこ 저기 |
てんじんえき(天神駅) 덴진역 *일본 후쿠오카 지하철 공항선의 역 | そこ 거기 | トイレ 화장실 |
~よ 문장 끝에 붙어 판단을 주장, 설명하거나 다짐을 나타냄. 또한 상대에게 '알려 준다'라는 뉘앙스가 있음

## 만능! 패턴 완성 | 쓰면서 익혀 봐요!

1  여기는 어디야?

✎ ここは どこ?
코꼬와 도꼬

2  저기는 덴진역이야.

✎ あそこは てんじんえき。
아소꼬와 텐 징 에끼

3  거기는 화장실이야.

✎ そこは トイレだよ。
소꼬와 토이레다요

## 실전! 패턴 회화 | 쇼츠와 함께 연습해요!

쇼츠 10

#SNS 친구인 마리나는 민수를 로컬 맛집으로 데려간다.

これ、ここの おすすめ メニュー。
코레 코꼬노 오스스메 메뉴ー

이거 여기의 추천 메뉴야.

うわ、たのしみだな。
우와 타노시미다나

우와, 기대되는 걸.

 たの(楽)しみだ 기대되다 | ～な 약간 다짐하면서 영탄을 나타냄

# UNIT 11 ~명

## ふたりです。
후따리데스

두 명이에요.

---

**만능! 일본어 패턴**  ひとり/ふたり/숫자+にん(人)

사람 수를 말할 때는 '~명'이라는 뜻의「にん」을 숫자 뒤에 붙여서 말하면 돼요. 단, '한 명'은「ひとり」, '두 명'은「ふたり」라고 해요. (*숫자는 p.223, 사람 수 세는 법은 p.226 참고)

**만능! 패턴 연습**  듣고 따라 해요!

1  **ひとり**です。   한 명이에요.
　　히또리데스

2  **さんにん**です。   세 명이에요.
　　산　닌　데스

3  **ごにん**です。   다섯 명이에요.
　　고　닌　데스

---

**단어**
ふたり(二人) 두 명 | ひとり(一人) 한 명 | さん(三) 3, 셋 | ~にん(人) ~명 | ご(五) 5, 다섯

## 만능! 패턴 완성 | 쓰면서 익혀 봐요!

1. 한 명이에요.

   ひとりです。
   히 또 리 데 스

2. 세 명이에요.

   さんにんです。
   산    닌 데 스

3. 다섯 명이에요.

   ごにんです。
   고   닌 데 스

## 실전! 패턴 회화 | 쇼츠와 함께 연습해요!

쇼츠 11

#카페에 간 민수와 사쿠라에게 점원이 두 분이냐고 묻는다.

\*お ふたりですか。
오 후 따 리 데 스 까

두 분이세요?

\*「ひとり」(한 명), 「ふたり」(두 명) 앞에는 정중함을 나타내는 접두어 「お」를 붙여서 말하는 경우도 있어요.

はい、ふたりです。
하 이    후 따 리 데 스

예, 두 명이에요.

# UNIT 12 ~시 ~분

## ろくじです。
로꾸지데스

6시예요.

### 만능! 일본어 패턴  숫자+じ(時), 숫자+ふん・ぷん(分)

시간을 말할 때는 '시'라는 뜻의 「じ」를 숫자 뒤에 붙여서 말하면 돼요. 그리고 '분'을 말할 때는 숫자 뒤에 「ふん」을 붙여서 말하면 되는데, 앞에 오는 숫자에 따라 「ぷん」으로 바뀌기도 하니 주의해야 해요. 참고로 '몇 시'는 「なんじ」, '몇 분'은 「なんぷん」이라고 하면 돼요. (*시간 표현은 p.225 참고)

### 만능! 패턴 연습  듣고 따라 해요!

1 **よじ じゅっぷんです。**
   요지  쥽 뿐데스
   4시 10분이에요.

2 **いま はちじです。**
   이마 하찌지데스
   지금 8시예요.

3 **くじは どうですか。**
   쿠지와 도-데스까
   9시는 어때요?

**단어** ろく(六) 6, 여섯 | ~じ(時) ~시 | よじ(四時) 4시 *읽기에 주의 | ~ふん・ぷん(分) ~분 *10단위의 분은 「じゅっぷん」이라고 해도 되고 「じっぷん」이라고 해도 됨 | いま(今) 지금 | はち(八) 8, 여덟 | くじ(九時) 9시 *읽기에 주의 | どうですか 어떻습니까?

## 만능! 패턴 완성    쓰면서 익혀 봐요!

1. 4시 10분이에요.

   ✏️ よじ じゅっぷんです。
        요 지   줍    뿐 데 스

2. 지금 8시예요.

   ✏️ いま はちじです。
        이 마   하 찌 지 데 스

3. 9시는 어때요?

   ✏️ くじは どうですか。
        쿠 지 와   도 - 데 스 까

## 실전! 패턴 회화  |  쇼츠와 함께 연습해요!

쇼츠 12

\#세영은 사토시에게 초밥집 예약 시간을 묻는다.

よやくは なんじですか。
요 야 꾸 와    난   지 데 스 까

예약은 몇 시예요?

ろくじです。
로 꾸 지 데 스

6시예요.

---

**단어**   よやく(予約) 예약 | なんじ(何時) 몇 시

## UNIT 13 ～이었어

## この ラーメンやだった。
코노 라-멩 야 닷 따

이 라멘집이었어.

### 만능! 일본어 패턴   명사+だった

명사에 「だった」를 붙이면 '～이었다[이었어]'라는 뜻으로, 「명사+だ」(～이다[이야])의 과거형이 돼요. 반말로 묻고 싶을 때는 「だった(↗)?」(～이었어?)라고 말끝을 올리면 돼요.

### 만능! 패턴 연습   듣고 따라 해요!

1 かのじょだった。  여자친구였어.
  카 노 죠  닷 따

2 きのうは あめだった?  어제는 비였어[비가 왔어]?
  키 노-와 아 메 닷 따

3 この ぎゅうどんやだった。  이 소고기 덮밥집이었어.
  코 노 규 - 동 야 닷 따

---

**단어**  この 이 | ラーメンや 라멘집 *「명사+や(屋)」- ～가게 | かのじょ(彼女) 여자친구 | きのう(昨日) 어제 | あめ(雨) 비 | ぎゅうどんや(牛丼屋) 소고기 덮밥집

## 만능! 패턴 완성 | 쓰면서 익혀 봐요!

1  여자친구였어.
   ✎ かのじょだった.
      카노죠 닷따

2  어제는 비였어[비가 왔어]?
   ✎ きのうは あめだった?
      키노ー와 아메 닷따

3  이 소고기 덮밥집이었어.
   ✎ この ぎゅうどんやだった.
      코노 규ー동야 닷따

## 실전! 패턴 회화 | 쇼츠와 함께 연습해요!

쇼츠 13

#민수는 사쿠라에게 전에 추천한 라멘집이 어디였는지 묻는다.

どの ラーメンやだった?
도노 라ー멩 야 닷따
어느 라멘집이었어?

この ラーメンやだった.
코노 라ー멩 야 닷따
이 라멘집이었어.

**단어** どの 어느

# UNIT 14 ~이 아니었어

## とんこつラーメンじゃなかった。
톤 꼬 쯔 라 – 멘 쟈 나 깟 따

돈코쓰 라멘이 아니었어.

### 만능! 일본어 패턴 　명사+じゃなかった

'~이[가] 아니었다[아니었어]'라고 과거형으로 명사를 부정할 때는 명사에 「じゃなかった」를 붙이면 돼요. 반말로 묻고 싶을 때는 「じゃなかった(↗)?」(~이[가] 아니었어?)라고 말끝을 올리면 돼요.

### 만능! 패턴 연습　듣고 따라 해요!

1　やすみじゃなかった。　　　　쉬는 날이 아니었어.
　　야 스 미 쟈 나 깟 따

2　にほんじんじゃなかった?　　일본인이 아니었어?
　　니 혼 진 쟈 나 깟 따

3　みそラーメンじゃなかった。　미소 라멘이 아니었어.
　　미 소 라 – 멘 쟈 나 깟 따

**단어**　とんこつ(豚骨)ラーメン 돈코쓰 라멘 *돼지뼈를 우려낸 국물로 만든 라멘 | やす(休)み 휴일, 쉬는 날 | にほんじん(日本人) 일본인 | みそ(味噌)ラーメン 미소 라멘 *닭고기 또는 돼지고기 베이스의 국물에 된장을 사용하여 맛을 낸 라멘

## 만능! 패턴 완성   쓰면서 익혀 봐요!

1. 쉬는 날이 아니었어.

   やすみじゃなかった。
   야스미 쟈 나 깟 따

2. 일본인이 아니었어?

   にほんじんじゃなかった?
   니 혼 진 쟈 나 깟 따

3. 미소 라멘이 아니었어.

   みそラーメンじゃなかった。
   미 소 라 – 멘 쟈 나 깟 따

## 실전! 패턴 회화 | 쇼츠와 함께 연습해요!

쇼츠 14

#민수는 사쿠라에게 전에 맛있다고 한 것이 돈코쓰 라멘이었는지 묻는다.

とんこつラーメンだった?
톤 꼬 쯔 라 – 멘 닷 따

돈코쓰 라멘이었어?

ううん、
우 – 웅
とんこつラーメンじゃなかった。
톤 꼬 쯔 라 – 멘 쟈 나 깟 따

아니, 돈코쓰 라멘이 아니었어.

ううん 아니

# UNIT 15 ~이었어요

## やすみでした。
야 스 미 데 시 따

쉬는 날이었어요.

### 만능! 일본어 패턴    명사+でした

명사에 「でした」를 붙이면 '~이었습니다[이었어요]'라는 뜻으로, 「명사+です」(~입니다[이에요])의 과거형이 돼요. 만약 의문문을 만들고 싶으면 「でした」에 의문의 뜻을 나타내는 「か」(~까?)를 붙여서 「でしたか」(~이었습니까[이었어요]?)라고 하면 돼요.

### 만능! 패턴 연습    듣고 따라 해요!

1. **あめでした。**　　　비였어요[비가 왔어요].
   아 메 데 시 따

2. **はれでした。**　　　맑음이었어요[맑았어요].
   하 레 데 시 따

3. **かれしでした。**　남자친구였어요.
   카 레 시 데 시 따

---

단어   やす(休)み 휴일, 쉬는 날 | あめ(雨) 비 | は(晴)れ 맑음 | かれし(彼氏) 남자친구

## 만능! 패턴 완성 | 쓰면서 익혀 봐요!

1  비였어요[비가 왔어요].

　　あめでした。
　　아 메 데 시 따

2  맑음이었어요[맑았어요].

　　はれでした。
　　하 레 데 시 따

3  남자친구였어요.

　　かれしでした。
　　카 레 시 데 시 따

## 실전! 패턴 회화 | 쇼츠와 함께 연습해요!

쇼츠 15

#사토시는 세영에게 오늘 소고기 덮밥집이 쉬는 날이었는지 묻는다.

ぎゅうどんやは やすみでしたか。
규 - 동 야 와 야 스 미 데 시 따 까

소고기 덮밥집은 쉬는 날이었어요?

はい、やすみでした。
하 이  야 스 미 데 시 따

예, 쉬는 날이었어요.

**단어** ぎゅうどんや(牛丼屋) 소고기 덮밥집 | はい 예

## UNIT 16 ～이 아니었어요

음원 25

# あめじゃありませんでした。
아 메 쟈 아 리 마 센 데 시 따

### 비가 아니었어요[비가 오지 않았어요].

**만능! 일본어 패턴**   명사+じゃありませんでした

명사에 「じゃありませんでした」를 붙이면 '～이[가] 아니었습니다[아니었어요]'라는 뜻으로, 「명사+でした」(～이었습니다[이었어요])의 부정형이 돼요. 참고로 「じゃなかったです」라고 해도 같은 뜻이에요. 만약 의문문을 만들고 싶으면 「じゃありませんでした」에 의문을 나타내는 「か」(～까?)를 붙여서 「じゃありませんでしたか」(～이[가] 아니었습니까[아니었어요]?)라고 하면 돼요.

**만능! 패턴 연습**   듣고 따라 해요!

1. **はれじゃありませんでした。**
   하 레 쟈 아 리 마 센 데 시 따
   맑음이 아니었어요[맑지 않았어요].

2. **ジュースじゃありませんでした。**
   쥬 ー 스 쟈 아 리 마 센 데 시 따
   주스가 아니었어요.

3. **くもりじゃなかったですか。**
   쿠 모 리 쟈 나 깟 따 데 스 까
   흐림이 아니었어요[흐리지 않았어요]?

**단어**  あめ(雨) 비 | は(晴)れ 맑음 | ジュース 주스 | くも(曇)り 흐림

## 만능! 패턴 완성 | 쓰면서 익혀 봐요!

1 맑음이 아니었어요[맑지 않았어요].

   はれじゃありませんでした。
   하 레 쟈 아리마 센 데시따

2 주스가 아니었어요.

   ジュースじゃありませんでした。
   쥬 - 스 쟈 아리마 센 데시따

3 흐림이 아니었어요[흐리지 않았어요]?

   くもりじゃなかったですか。
   쿠 모 리 쟈 나 깟 따 데스 까

## 실전! 패턴 회화 | 쇼츠와 함께 연습해요!

쇼츠 16

#사토시는 세영에게 지난주 오사카 여행 때 비가 왔었는지 묻는다.

おおさかは あめでしたか。
오 - 사 까 와 아 메 데시따 까

오사카는 비였어요[비가 왔어요]?

いいえ、あめじゃありませんでした。
이 - 에 아 메 쟈 아리마 센 데시따

아니요, 비가 아니었어요[비가 오지 않았어요].

**단어** おおさか(大阪) 오사카 *일본의 지명 | いいえ 아니요

# UNIT 17 ~부터 ~까지

음원 26

## きんようびからは ひろしまだね。
킹 요ー비까라와 히로시마다네

금요일**부터**는 히로시마네.

### 만능! 일본어 패턴  ~から ~まで

「から」는 '~부터, ~에서'라는 뜻으로 시간이나 장소의 출발점, 시작점을 나타내요. 반대로 시간이나 장소의 도착점은 '~까지'라는 뜻의 「まで」를 쓰면 돼요.

### 만능! 패턴 연습  듣고 따라 해요!

1  しちじから くじまで  　　　 7시부터 9시까지
   시찌지까라 쿠지마데

2  げつようびから どようびまで  월요일부터 토요일까지
   게쯔요ー비까라 도요ー비마데

3  すいようびから まつりです。  수요일부터 축제예요.
   스이요ー비까라 마쯔리데스

---

**단어**
きんようび(金曜日) 금요일 | ひろしま(広島) 히로시마 *일본의 지명 | 명사+だ ~이다 |
~ね ~네, ~군, ~지 *확인·공감 등을 나타냄 | しち(七) 7, 일곱 | ~じ(時) ~시 | くじ(九時) 9시 *읽기에 주의 |
げつようび(月曜日) 월요일 | どようび(土曜日) 토요일 | すいようび(水曜日) 수요일 | まつ(祭)り 축제

## 만능! 패턴 완성 — 쓰면서 익혀 봐요!

1. 7시부터 9시까지

   しちじから くじまで
   시찌지까라 쿠지마데

2. 월요일부터 토요일까지

   げつようびから どようびまで
   게쯔요-비까라 도요-비마데

3. 수요일부터 축제예요.

   すいようびから まつりです。
   스이요-비까라 마쯔리데스

## 실전! 패턴 회화 | 쇼츠와 함께 연습해요!

쇼츠 17

#민수와 사쿠라는 다음 여행지인 히로시마에 대해 이야기한다.

きんようびからは ひろしまだね。
킹 요-비까라와 히로시마다네

금요일부터는 히로시마네.

うん、そうだね。
웅    소-다네

응, 그렇지.

 そうだ 그렇다 | ～ね ~네, ~군, ~지 *확인·공감을 나타냄

# UNIT 18 ~월 ~일

## ごがつ みっかだよ。
고 가 쯔  믹 까 다 요

**5월 3일이야.**

---

### 만능! 일본어 패턴 　숫자+がつ(月), 숫자+にち(日)

'월'은 「がつ」, '일'은 「にち」라고 해요. 숫자 뒤에 붙여 말하면 되는데, '월'에서는 '4월, 7월, 9월' 발음에 주의해야 하고, '일'에서는 '1~10일, 14일, 20일, 24일'은 특수하게 발음하니 따로 익혀야 해요. 참고로 '몇 월'은 「なんがつ」, '며칠'은 「なんにち」라고 하면 돼요. (*날짜 읽는 법은 p.224 참고)

### 만능! 패턴 연습 　듣고 따라 해요!

1  **いちがつ じゅうろくにち**　　　1월 16일
　 이 찌 가 쯔　쥬 ー 로 꾸 니 찌

2  **しがつ いつか**　　　　　　　　4월 5일
　 시 가 쯔　이 쯔 까

3  **じゅうにがつ にじゅうごにち**　12월 25일
　 쥬 ー 니 가 쯔 니 쥬 ー 고 니 찌

---

**단어** ご(五) 5, 오 | ~がつ(月) ~월 | みっか(三日) 3일 | いち(一) 1, 일 | じゅうろく(十六) 16, 십육 | ~日(にち) ~일 | しがつ(四月) 4월 *읽기에 주의 | いつか(五日) 5일 *읽기에 주의 | じゅうに(十二) 12, 십이 | にじゅうご(二十五) 25, 이십오

## 만능! 패턴 완성 | 쓰면서 익혀 봐요!

1. 1월 16일

   いちがつ じゅうろくにち
   이찌가쯔 쥬-로꾸니찌

2. 4월 5일

   しがつ いつか
   시가쯔 이쯔까

3. 12월 25일

   じゅうにがつ にじゅうごにち
   쥬-니가쯔 니쥬-고니찌

## 실전! 패턴 회화 | 쇼츠와 함께 연습해요!

쇼츠 18

#민수는 사쿠라에게 J·POP 이벤트가 몇 월 며칠인지 묻는다.

イベントは なんがつ なんにち?
이 벤 토와 낭가쯔 난니찌

이벤트는 몇 월 며칠이야?

ごがつ みっかだよ。
고가쯔 믹까다요

5월 3일이야.

**단어** イベント 이벤트 | なんがつ(何月) 몇 월 | なんにち(何日) 며칠

# UNIT 19 ~개 주세요

## よっつ ください。
욧 쯔 쿠 다 사 이

네 개 주세요.

### 만능! 일본어 패턴  개수+ください

일본어로 '하나[한 개], 둘[두 개], 셋[세 개], 넷[네 개]…'이라고 개수를 셀 때는 「ひとつ、ふたつ、みっつ、よっつ…」라고 해요. 그리고 몇 개 달라고 할 때는 개수 뒤에 '주세요'라는 뜻의 「ください」를 붙여서 말하면 돼요. (*개수 세는 법은 p.226 참고)

### 만능! 패턴 연습  듣고 따라 해요!

1 **ひとつ ください。**  한 개 주세요.
　히 또 쯔　쿠 다 사 이

2 **ふたつ ください。**  두 개 주세요.
　후 따 쯔　쿠 다 사 이

3 **みっつ ください。**  세 개 주세요.
　밋 쯔　쿠 다 사 이

---

**단어**
よっ(四)つ 넷, 네 개 | ください 주세요 | ひと(一)つ 하나, 한 개 | ふた(二)つ 둘, 두 개 | みっ(三)つ 셋, 세 개

## 만능! 패턴 완성 | 쓰면서 익혀 봐요!

1  한 개 주세요.

　　✎ ひとつ ください。
　　　　 히 또 쯔   쿠 다 사 이

2  두 개 주세요.

　　✎ ふたつ ください。
　　　　 후 따 쯔   쿠 다 사 이

3  세 개 주세요.

　　✎ みっつ ください。
　　　　 밋 쯔   쿠 다 사 이

## 실전! 패턴 회화 | 쇼츠와 함께 연습해요!

쇼츠 19

#민수는 점원에게 모미지 만주를 네 개 달라고 한다.

**もみじまんじゅう よっつ ください。**
모 미 지 만  쥬 -   욧 쯔 쿠 다 사 이

모미지 만주 네 개 주세요.

**はい、どうぞ。**
하 이   도 - 조

예, 여기요.

**단어**  もみじまんじゅう(紅葉饅頭) 모미지 만주 *단풍잎 모양을 한 만주의 일종으로 히로시마의 특산물 | はい 예 |
どうぞ 승낙·허가·권유를 나타내는 공손한 말씨

## UNIT 20 ～엔

# はっぴゃくえんです。
합  빠  꾸  엔  데스

800엔이에요.

**만능! 일본어 패턴**　숫자+えん(円)

금액을 말할 때는 '엔'이라는 뜻의「えん」을 숫자 뒤에 붙여서 말하면 돼요. 그리고 가격을 물을 때는 '얼마'라는 뜻의「いくら」에「ですか」(~입니까[이에요?])를 붙여서「いくらですか」(얼마입니까[얼마예요?])라고 하면 돼요. (*숫자 세는 법은 p.223 참고)

**만능! 패턴 연습**　듣고 따라 해요!

1　ひゃくえんです。　　　　　100엔이에요.
　　　햐　꾸　엔　데스

2　にせんえんです。　　　　　2,000엔이에요.
　　　니　셍　엔　데스

3　いちまん ごせんえんです。　15,000엔이에요.
　　　이찌망　고셍　엔　데스

**단어**　はっぴゃく(八百) 800, 팔백 *읽기에 주의 | えん(円) 엔 *일본의 화폐 단위 | ひゃく(百) 100, 백 | に(二) 2, 이 | せん(千) 1,000, 천 | いちまん(一万) 10,000, 만 *'10,000'은「まん(万)」이라고 하지 않고「いちまん(一万)」이라고 함 | ご(五) 5, 오

## 만능! 패턴 완성 | 쓰면서 익혀 봐요!

1. 100엔이에요.

   ✏️ ひゃくえんです。
   하 꾸 엔 데 스

2. 2,000엔이에요.

   ✏️ にせんえんです。
   니 셍 엔 데 스

3. 15,000엔이에요.

   ✏️ いちまん ごせんえんです。
   이 찌 망   고 셍 엔 데 스

## 실전! 패턴 회화 | 쇼츠와 함께 연습해요!

쇼츠 20

#민수는 점원에게 모미지 만주의 가격을 묻는다.

いくらですか。
이 꾸 라 데 스 까

얼마예요?

はっぴゃくえんです。
합 빠 꾸 엔 데 스

800엔이에요.

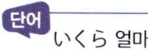
いくら 얼마

# PART 1 연습문제

**1** 우리말에 맞는 일본어를 빈칸에 써 보세요.

① 주스<u>가 아니에요</u>.　ジュース〔　　　　　　　〕。
　　　　　　　　　　　쥬 ー 스　　쟈　아　리　마　셍

② <u>그</u> 사람은 누구예요?　〔　　〕ひとは だれですか。
　　　　　　　　　　　　소　노　히또와 다레데스까

③ 이 라멘집<u>이었어</u>.　このラーメンや〔　　　〕。
　　　　　　　　　코노 라ー멩 야　닷　따

④ 3일<u>부터야</u>.　みっか〔　　〕だよ。
　　　　　　　믹까　　까 라　다요

**2** 밑줄 친 부분을 우리말로 옮겨 보세요.

① <u>がくせい</u>ですか。　_____ 이에요?
　　각 세ー데스까

② <u>きょうも</u> やすみ?　_____ 쉬는 날이야?
　　쿄ー 모 야스미

③ <u>きんようび</u>からです。　_____ 부터예요.
　　킹 요ー 비 까라데스

④ <u>ふたつ</u> ください。　_____ 주세요.
　　후 따쯔 쿠다사이

**3** 음성을 듣고 우리말에 맞는 일본어를 빈칸에 써 보세요.

① 여기 　코 꼬

② 6일 　무 이 까

③ 800엔 　합 빠 꾸 엥

④ 토요일 　도 요 - 비

**4** 음성을 듣고 문장을 따라 쓰고 읽어 보세요.

① 한국인이에요. 　かんこくじんです。 캉 꼬 꾸 진 데 스

② 이것도 술이야? 　これも おさけ？ 코 레 모 　오 사 께

③ 맑았어요. 　はれでした。 하 레 데 시 따

④ 비가 아니었어 [비가 오지 않았어]. 　あめじゃなかった。 아 메 자 나 깟 따

75

## PART 1 패턴 노트 · 명사

● 명사의 반말을 정리해 보자!

친구야.　　　　　　　ともだち。
　　　　　　　　　　　토 모 다 찌

친구가 아니야.　　　　ともだちじゃない。
　　　　　　　　　　　토 모 다 찌  쟈  나  이

친구였어.　　　　　　ともだちだった。
　　　　　　　　　　　토 모 다 찌  닷  따

친구가 아니었어.　　　ともだちじゃなかった。
　　　　　　　　　　　토 모 다 찌  쟈  나  깟  따


● 명사의 존댓말을 정리해 보자!

학생이에요.　　　　　がくせいです。
　　　　　　　　　　　각  세 - 데 스

학생이 아니에요.　　　がくせいじゃありません。
　　　　　　　　　　　각  세 -  쟈  아 리 마 셍

학생이었어요.　　　　がくせいでした。
　　　　　　　　　　　각  세 - 데 시 따

학생이 아니었어요.　　がくせいじゃありませんでした。
　　　　　　　　　　　각  세 -  쟈  아 리 마 셴  데 시 따

● 지시대명사를 정리해 보자!

|  | こ(이) | そ(그) | あ(저) | ど(어느) |
|---|---|---|---|---|
| 사물 | これ 이것<br>코 레 | それ 그것<br>소 레 | あれ 저것<br>아 레 | どれ 어느 것<br>도 레 |
| 명사 수식 | この+명사 이~<br>코 노 | その+명사 그~<br>소 노 | あの+명사 저~<br>아 노 | どの+명사 어느~<br>도 노 |
| 장소 | ここ 여기<br>코 꼬 | そこ 거기<br>소 꼬 | あそこ 저기<br>아 소 꼬 | どこ 어디<br>도 꼬 |

● 조사를 정리해 보자!

~は ~은[는]　　　~が ~이[가]　　　~も ~도　　　~の ~의 *명사 연결
　와　　　　　　　　가　　　　　　　　모　　　　　　노

- わたしは かいしゃいんです。　저는 회사원입니다.
  와따시와 카이샤 인 데 스

- あの ひとが かれしですか。　저 사람이 남자친구예요?
  아노 히또가 카레시데스까

- わたしも とんこつラーメン ください。　저도 돈코쓰 라멘 주세요.
  와따시모 톤꼬쯔라- 멩 쿠다사이

- これは かんこくの おちゃです。　이것은 한국의 차예요.
  코레와 캉꼬꾸노오쨔데스

77

# PART
# 2

# 형용사

사람의 감정이나 사물의 상태를 나타내는 형용사를 마스터해 보자!

# UNIT 21 ～い

## これも おいしい。
코 레 모   오 이 시 -

이것도 맛있어.

### 만능! 일본어 패턴 — い형용사의 기본형

일본어의 형용사는 형태에 따라 い형용사와 な형용사로 나눌 수 있어요. 이 중에서 기본형 어미가 「い」(~다)로 끝나는 형용사를 「い형용사」라고 하는데, 「おいしい」(맛있다), 「かわいい」(귀엽다) 등이 여기에 속해요. 기본형 자체가 반말이 되고, 반말로 묻고 싶을 때는 말끝을 올리면 돼요. 참고로 기본형을 활용할 때 변하지 않는 부분을 '어간', 변하는 부분을 '어미'라고 해요. (*い형용사 주요 어휘는 p.218 참고)

### 만능! 패턴 연습 — 듣고 따라 해요!

1  これ、かわいい。     이거 귀여워.
　　코 레　카 와 이 -
　(어간: かわい / 어미: い)

2  この ドラマ、面白い。     이 드라마 재미있어.
　　코 노 도 라 마　오모시로 이

3  それ、おいしい？     그거 맛있어?
　　소 레　오 이 시 -

これ 이것 | ～も ~도 | おいしい 맛있다 | かわいい 귀엽다 | この 이 | ドラマ 드라마 | 面白(おもしろ)い 재미있다 | それ 그것

## 만능! 패턴 완성 — 쓰면서 익혀 봐요!

1  이거 귀여워.

　✎ これ、かわいい。
　　　코 레　카 와 이 -

2  이 드라마 재미있어.

　✎ この ドラマ、面白い。
　　　코 노 도 라 마　오모시로 이

3  그거 맛있어?

　✎ それ、おいしい?
　　　소 레　오 이 시 -

## 실전! 패턴 회화 | 쇼츠와 함께 연습해요!

쇼츠 21

#민수와 사쿠라는 오코노미야키에 대해 이야기를 나눈다.

この お好み焼き おいしい。それは どう?
코 노 오꼬노미야끼 오 이 시 -　소 레 와 도 -

이 오코노미야키 맛있어. 그건 어때?

うん、これも おいしい。
웅　　코 레 모 오 이 시 -

응. 이것도 맛있어.

**단어**　お好(この)み焼(や)き 오코노미야키 *물에 갠 밀가루에 고기, 채소 등 좋아하는 재료를 넣어 철판에 부치면서 먹는 요리 | どう? 어때?

# UNIT 22 ～지 않아

あまり 辛(から)くない。
아 마 리 카 라 꾸 나 이

별로 맵지 않아.

### 만능! 일본어 패턴    い형용사의 어간+くない

い형용사를 '～지 않다[않아]'라고 반말로 부정하려면 い형용사의 어간에 「くない」를 붙이면 돼요. 반말로 묻고 싶으면 말끝을 올려 「い형용사의 어간+くない(↗)?」라고 하면 '～지 않아?'라는 의문문이 돼요.

### 만능! 패턴 연습    듣고 따라 해요!

1  おいし(어간)くない。            맛있지 않아.
   오 이 시 꾸 나 이

2  この お菓子(かし)は 甘(あま)くない。    이 과자는 달지 않아.
   코 노 오 까 시 와 아마 꾸 나 이

3  それ ちょっと 辛(から)くない?      그거 좀 맵지 않아?
   소 레    춋  또  카라 꾸 나 이

### 단어

あまり (부정어 수반) 그다지, 별로 | 辛(から)い 맵다 | おいしい 맛있다 | お菓子(かし) 과자 | 甘(あま)い 달다 | ちょっと 좀, 조금, 약간

## 만능! 패턴 완성 — 쓰면서 익혀 봐요!

1. 맛있지 않아.

    おいしくない。
    오 이 시 꾸 나 이

2. 이 과자는 달지 않아.

    この お菓子は 甘くない。
    코 노 오 까 시 와 아마 꾸 나 이

3. 그거 좀 맵지 않아?

    それ ちょっと 辛くない?
    소 레 촛 또 카라 꾸 나 이

## 실전! 패턴 회화 — 쇼츠와 함께 연습해요!

쇼츠 22

#민수는 사쿠라에게 매운맛 소스의 오코노미야키 맛이 어떠냐고 묻는다.

どう? 辛くない?
도 - 카라 꾸 나 이

어때? 맵지 않아?

うん、あまり 辛くない。
웅  아 마 리 카라 꾸 나 이

응, 별로 맵지 않아.

단어 | どう? 어때? | うん 응

# UNIT 23 ～어요

음원 34

## とても 暑いです。
토떼모 아쯔이데스

매우 더워요.

---

**만능! 일본어 패턴**　　い형용사의 기본형 + です

い형용사를 '~습니다[어요]'라고 정중하게 표현하려면 い형용사의 기본형에 「です」(~입니다[이에요])를 붙이면 돼요. 여기에 의문을 나타내는 「か」(~까?)를 붙여 「い형용사의 기본형+ですか」라고 하면 '~습니까[어요]?'라는 뜻이 돼요.

---

**만능! 패턴 연습**　　듣고 따라 해요!

1　気持ちが いいです。　　　기분이 좋아요.
　　키모찌가 이 - 데 스

2　空が 青いです。　　　하늘이 파래요.
　　소라가 아오이데 스

3　北海道は 寒いですか。　　훗카이도는 추워요?
　　혹 까이도- 와 사무 이 데 스 까

---

**단어**　とても 매우 | 暑(あつ)い 덥다 | 気持(きも)ち 기분 | いい 좋다 | 空(そら) 하늘 | 青(あお)い 파랗다 | 北海道(ほっかいどう) 훗카이도 *일본의 지명 | 寒(さむ)い 춥다

## 만능! 패턴 완성　쓰면서 익혀 봐요!

1　기분이 좋아요.
　　気持ちが いいです。
　　키 모 찌 가　이 - 데 스

2　하늘이 파래요.
　　空が 青いです。
　　소 라 가　아 오 이 데 스

3　홋카이도는 추워요?
　　北海道は 寒いですか。
　　혹 까이 도- 와 사 무 이 데 스 까

## 실전! 패턴 회화　｜　쇼츠와 함께 연습해요!

쇼츠 23

#사토시는 밖에 나갔다 온 세영에게 더운지 묻는다.

外は 暑いですか。
소 또 와 아쯔 이 데 스 까
밖은 더워요?

はい、とても 暑いです。
하 이　토 떼 모 아쯔 이 데 스
예, 매우 더워요.

단어　外(そと) 밖, 바깥 ｜ はい 예

# UNIT 24 ~지 않아요

음원 35

## 神戸<ruby>こうべ</ruby>まで 遠<ruby>とお</ruby>くありません。
코- 베 마 데  토- 꾸 아 리 마 셍

고베까지 멀지 않아요.

### 만능! 일본어 패턴   い형용사의 어간+くありません

い형용사를 '~지 않습니다[않아요]'라고 정중하게 부정하려면 い형용사의 어간에 「くありません」을 붙이면 돼요. 여기에 의문을 나타내는 「か」(~까?)를 붙여 「い형용사의 어간+くありませんか」라고 하면 '~지 않습니까[않아요]?'라는 뜻의 의문문이 돼요. 참고로 어간에 「くないです/くないですか」를 붙여도 같은 뜻이에요.

### 만능! 패턴 연습   듣고 따라 해요!

1  今日<ruby>きょう</ruby>は 暑<ruby>あつ</ruby>くありません。   오늘은 덥지 않아요.
   쿄- 와 아쯔꾸 아 리 마 셍

2  あまり 安<ruby>やす</ruby>くありません。   그다지 싸지 않아요.
   아 마 리 야스꾸 아 리 마 셍

3  駅<ruby>えき</ruby>まで 遠<ruby>とお</ruby>くないです。   역까지 멀지 않아요.
   에끼마 데 토- 꾸 나 이 데 스

**단어**  神戸(こうべ) 고베 *일본의 지명 | ~まで ~까지 | 遠(とお)い 멀다 | 今日(きょう) 오늘 | 暑(あつ)い 덥다 | あまり (부정어 수반) 그다지, 별로 | 安(やす)い (값이) 싸다 | 駅(えき) 역

## 만능! 패턴 완성    쓰면서 익혀 봐요!

**1** 오늘은 덥지 않아요.

今日は 暑くありません。
쿄- 와 아쯔꾸아리마셍

**2** 그다지 싸지 않아요.

あまり 安くありません。
아마리 야스꾸아리마셍

**3** 역까지 멀지 않아요.

駅まで 遠くないです。
에끼마데 토-꾸나이데스

## 실전! 패턴 회화    쇼츠와 함께 연습해요!

쇼츠 24

#히로시마역에서 민수는 역무원에게 고베까지 먼지 묻는다.

ここから 神戸は 遠いですか。
코꼬까라 코-베와 토-이데스까

여기에서 고베는 멀어요?

いいえ、神戸まで 遠くありません。
이-에 코-베마데 토-꾸아리마셍

아니요, 고베까지 멀지 않아요.

**단어** ここ 여기 | ～から ～부터, ～에서 | いいえ 아니요

## UNIT 25 ～았어

음원 36

### 昨日は 本当に 楽しかった。
키노- 와  혼 또-니  타노 시  깟  따

어제는 정말로 즐거웠어.

---

**만능! 일본어 패턴**  い형용사의 어간+かった

い형용사를 '~았다[았어]'라고 과거 반말로 표현하려면 い형용사의 어간에 「かった」를 붙이면 돼요. 그리고 반말로 묻고 싶으면 말끝을 올려 「い형용사의 어간+かった(↗)?」라고 하면 '~았어?'라는 뜻의 의문문이 돼요.

---

**만능! 패턴 연습**  듣고 따라 해요!

1  **楽し**かった。      즐거웠어.
   타노 시  깟  따

2  その 映画は 悲しかった。      그 영화는 슬펐어.
   소 노  에-가 와 카나 시  깟  따

3  実物は 本当に かわいかった。      실물은 정말로 귀여웠어.
   지쯔부쯔 와  혼 또- 니 카 와 이  깟  따

---

**단어**  昨日(きのう) 어제 | 本当(ほんとう)に 정말로 | 楽(たの)しい 즐겁다 | その 그 | 映画(えいが) 영화 | 悲(かな)しい 슬프다 | 実物(じつぶつ) 실물 | かわいい 귀엽다

## 만능! 패턴 완성 — 쓰면서 익혀 봐요!

**1** 즐거웠어.

✏️ 楽しかった。
타노시 깟 따

**2** 그 영화는 슬펐어.

✏️ その 映画は 悲しかった。
소 노 에-가 와 카나시 깟 따

**3** 실물은 정말로 귀여웠어.

✏️ 実物は 本当に かわいかった。
지쯔부쯔 와 혼 또-니 카 와 이 깟 따

## 실전! 패턴 회화 — 쇼츠와 함께 연습해요!

쇼츠 25

#민수와 사쿠라는 어제 여행에 대해 이야기를 나눈다.

昨日は 本当に 楽しかった。
키노- 와 혼 또-니 타노시 깟 따

어제는 정말로 즐거웠어.

うん、楽しかった。ご飯も おいしかった。
웅   타노시 깟 따   고함모 오 이 시 깟 따

응. 즐거웠어. 밥도 맛있었어.

**단어**  ご飯(はん) 밥 | ~も ~도 | おいしい 맛있다

## UNIT 26 ～지 않았어

あまり 高(たか)くなかった。
아 마 리 타까 꾸 나 깟 따

그다지 비싸지 않았어.

### 만능! 일본어 패턴   い형용사의 어간+くなかった

い형용사를 '～지 않았다[않았어]'라고 과거 부정 반말로 표현하려면 い형용사의 어간에 「くなかった」를 붙이면 돼요. 반말로 묻고 싶으면 말끝을 올려 「い형용사의 어간+くなかった(↗)?」라고 하면 '～지 않았어?'라는 의문문이 돼요.

### 만능! 패턴 연습   듣고 따라 해요!

1 安(やす)くなかった。  싸지 않았어.
  야스 꾸 나 깟 따

2 昨日(きのう)は 楽(たの)しくなかった。  어제는 즐겁지 않았어.
  키노- 와 타노시 꾸 나 깟 따

3 あまり おいしくなかった。  그다지 맛있지 않았어.
  아 마 리 오 이 시 꾸 나 깟 따

**단어** あまり (부정어 수반) 그다지, 별로 | 高(たか)い (값이) 비싸다 | 安(やす)い (값이) 싸다 | 昨日(きのう) 어제 | 楽(たの)しい 즐겁다 | おいしい 맛있다

## 만능! 패턴 완성 　쓰면서 익혀 봐요!

1  싸지 않았어.
   安くなかった。
   야스꾸나 깟 따

2  어제는 즐겁지 않았어.
   昨日は 楽しくなかった。
   키노- 와 타노시꾸나 깟 따

3  그다지 맛있지 않았어.
   あまり おいしくなかった。
   아 마 리 오 이 시 꾸 나 깟 따

## 실전! 패턴 회화 　쇼츠와 함께 연습해요!

쇼츠 26

#민수는 사쿠라에게 기념품 가격에 대해 이야기한다.

お土産、あまり 高くなかった。
오 미야게　 아 마 리 타까꾸나 깟 따

기념품, 그다지 비싸지 않았어.

うん、よかった。
웅　  요 깟 따

은, 다행이야.

**단어**　お土産(みやげ) (여행지 등에서 가족 등을 위해 사 가는) 선물, 기념품, 토산품 | よかった 다행이다, 잘됐다

# UNIT 27 〜았어요

## 少（すこ）し 寒（さむ）かったです。
스꼬 시 사무 깟 따 데 스

조금 추웠어요.

### 만능! 일본어 패턴    い형용사의 어간+かったです

い형용사를 '〜았습니다[았어요]'라는 과거 존댓말로 표현하려면 い형용사의 어간에 「かったです」를 붙이면 돼요. 여기에 의문을 나타내는 「か」(〜까?)를 붙여 「い형용사의 어간+かったですか」라고 하면 '〜았습니까[았어요]?'라는 의문문이 돼요.

### 만능! 패턴 연습    듣고 따라 해요!

1 九州（きゅうしゅう）は 暑（あつ）かったです。    규슈는 더웠어요.
   큐 슈- 와 아쯔 깟 따 데 스

2 外（そと）は 寒（さむ）かったです。    밖은 추웠어요.
   소또 와 사무 깟 따 데 스

3 料理（りょうり）が おいしかったです。    요리가 맛있었어요.
   료-리 가 오 이 시 깟 따 데 스

---

**단어** 少（すこ）し 조금 | 寒（さむ）い 춥다 | 九州（きゅうしゅう） 규슈 *일본의 지명 | 暑（あつ）い 덥다 | 外（そと） 밖 | 料理（りょうり） 요리 | おいしい 맛있다

## 만능! 패턴 완성  쓰면서 익혀 봐요!

1. 규슈는 더웠어요.
   ✏️ 九州は 暑かったです。
   큐-슈-와 아쯔 깟 따 데 스

2. 밖은 추웠어요.
   ✏️ 外は 寒かったです。
   소또 와 사무 깟 따 데 스

3. 요리가 맛있었어요.
   ✏️ 料理が おいしかったです。
   료-리 가 오 이 시 깟 따 데 스

## 실전! 패턴 회화  쇼츠와 함께 연습해요!

쇼츠 27

#민수는 호텔 직원에게 어젯밤 방이 좀 추웠다고 이야기한다.

昨夜、部屋が 少し 寒かったです。
유-베   헤 야 가 스꼬시 사무 깟 따 데 스

어젯밤 방이 조금 추웠어요.

そうでしたか。申し訳ありません。
소 - 데 시 따 까   모- 시 와께아 리 마 셍

그랬어요? 죄송합니다.

昨夜(ゆうべ) 어제저녁, 어젯밤 | 部屋(へや) 방 | そうでしたか 그랬습니까? | 申(もう)し訳(わけ)ありません 죄송합니다

## UNIT 28  ～지 않았어요

# そんなに 多くありませんでした。
손 나니 오-꾸아리마 센 데시 따

그렇게 많지 않았어요.

### 만능! 일본어 패턴    い형용사의 어간+くありませんでした

い형용사를 '~지 않았습니다[않았어요]'라고 과거 부정 존댓말로 만들려면 い형용사의 어간에 「くありませんでした」를 붙이면 돼요. 여기에 의문을 나타내는 「か」(~까?)를 붙여 「い형용사의 어간+くありませんでしたか」라고 하면 '~지 않았습니까[지 않았어요]?'라는 뜻의 의문문이 돼요. 참고로 어간에 「くなかったです/くなかったですか」를 붙여도 같은 뜻이에요.

### 만능! 패턴 연습    듣고 따라 해요!

1 昨日は 寒くありませんでした。    어제는 춥지 않았어요.
  키노- 와 사무꾸아리마 센 데시 따

2 そんなに 遠くありませんでした。    그렇게 멀지 않았어요.
  손 나니 토-꾸아리마 센 데시 따

3 人は あまり 多くなかったです。    사람은 그다지 많지 않았어요.
  히또 와 아마리 오-꾸나 깟 따데스

**단어**  そんなに 그렇게(까지), 그 정도로 | 多(おお)い 많다 | 昨日(きのう) 어제 | 寒(さむ)い 춥다 | 遠(とお)い 멀다 | 人(ひと) 사람 | あまり (부정어 수반) 그다지, 별로

## 만능! 패턴 완성 | 쓰면서 익혀 봐요!

1. 어제는 춥지 않았어요.

   ✎ 昨日は 寒くありませんでした。
   키노- 와 사무꾸아리마 셍 데시따

2. 그렇게 멀지 않았어요.

   ✎ そんなに 遠くありませんでした。
   손 나니 토-꾸아리마 셍 데시따

3. 사람은 그다지 많지 않았어요.

   ✎ 人は あまり 多くなかったです。
   히또와 아마리 오-꾸 나 깟 따데스

## 실전! 패턴 회화 | 쇼츠와 함께 연습해요!

쇼츠 28

#사토시는 백화점에 다녀온 세영에게 사람이 많았는지 묻는다.

デパートには 人が 多かったですか。
데 파 - 토니 와 히또가 오- 깟 따데스 까

백화점에는 사람이 많았어요?

いいえ、そんなに 多くありませんでした。
이 - 에 손 나니 오-꾸아리마 셍 데시따

아니요, 그렇게 많지 않았어요.

 デパート 백화점 *「デパートメントストア」의 준말 | ～には ～에는 | いいえ 아니요

## UNIT 29 ~한~

# おいしい ケーキだね。
오 이 시 - 케 - 키 다 네

**맛있는 케이크네.**

### 만능! 일본어 패턴    い형용사의 기본형＋명사

い형용사는 명사를 수식할 때 기본형인 「～い」 형태를 그대로 써요. 즉, 「～い＋명사」의 형태로 뒤에 명사만 이어 주면 돼요.

### 만능! 패턴 연습   듣고 따라 해요!

1  **優しい** 人だよ。   상냥한 사람이야.
   야사 시 - 히또 다 요

2  **いい** 天気ですね。   좋은 날씨네요[날씨가 좋네요].
   이 - 텡 끼 데 스 네

3  それ、**怖い** 映画?   그거, 무서운 영화야?
   소 레    코와 이 에- 가

---

**단어**  おいしい 맛있다 | ケーキ 케이크 | ～ね ~네, ~군, ~지 *확인·공감 등을 나타냄 | 優(やさ)しい 상냥하다 | 人(ひと) 사람 | ～よ 문장 끝에 붙어 판단을 주장, 설명하거나 다짐을 나타냄. 또한 상대에게 '알려 준다'라는 뉘앙스가 있음 | いい 좋다 | 天気(てんき) 날씨 | それ 그것 | 怖(こわ)い 무섭다 | 映画(えいが) 영화

## 만능! 패턴 완성    쓰면서 익혀 봐요!

1. 상냥한 사람이야.
   優しい 人だよ。
   야사시ー 히또 다 요

2. 좋은 날씨네요[날씨가 좋네요].
   いい 天気ですね。
   이ー 텡끼데스네

3. 그거, 무서운 영화야?
   それ、怖い 映画?
   소 레  코와 이  에ー 가

## 실전! 패턴 회화    쇼츠와 함께 연습해요!

쇼츠 29

#민수와 사쿠라는 고베의 유명 디저트 맛집에서 케이크를 먹는다.

おいしい ケーキだね。
오 이 시ー 케ー 키 다 네

맛있는 케이크네.

うん、本当に おいしい。
웅  혼 또ー니 오 이 시ー

응, 정말로 맛있어

**단어** 本当(ほんとう)に 정말로

# UNIT 30 ～고, ～아서

## 夜景が 美しくて お勧めです。
야 께― 가 우쯔꾸시 꾸 떼 오 스스메 데 스

야경이 아름다워서 추천이에요.

### 만능! 일본어 패턴 　 い형용사의 어간+くて

い형용사를 사물의 상태·성질을 열거하거나 뒤에 오는 말의 원인이나 이유를 나타내는 '～고, ～아서'의 형태로 만들려면 い형용사의 어간에 「くて」를 붙이면 돼요. 단, '좋다'라는 뜻의 い형용사로는 「いい·よい」가 있는데 활용을 할 때는 「よい」만 써요. 따라서 '좋고, 좋아서'는 「いくて」가 아닌 「よくて」라고 해야 해요.

### 만능! 패턴 연습 　 듣고 따라 해요!

1　この 店は 安くて おいしい。　　　이 가게는 싸고 맛있어.
　　코 노 미세 와 야스꾸 떼 오이시―

2　この スマホは 軽くて いい。　　　이 스마트폰은 가벼워서 좋아.
　　코 노 스마호 와 카루꾸 떼 이―

3　彼は 頭が よくて 面白い。　　　　그는 머리가 좋고 재미있어.
　　카레 와 아따마가 요 꾸 떼 오모시로 이

---

**단어** 夜景(やけい) 야경 | 美(うつく)しい 아름답다 | お (접두어) 정중함을 나타냄 | 勧(すす)め 추천 | この 이 | 店(みせ) 가게 | 安(やす)い (값이) 싸다 | おいしい 맛있다 | スマホ 스마트폰 *「スマートフォン」의 준말 | 軽(かる)い 가볍다 | いい·よい 좋다 | 彼(かれ) 그, 그 사람 | 頭(あたま) 머리 | 面白(おもしろ)い 재미있다

## 만능! 패턴 완성  쓰면서 익혀 봐요!

1. 이 가게는 싸고 맛있어.
   この 店は 安くて おいしい。
   코 노 미세 와 야스꾸 떼 오 이 시

2. 이 스마트폰은 가벼워서 좋아.
   この スマホは 軽くて いい。
   코 노 스 마 호 와 카루꾸 떼 이 -

3. 그는 머리가 좋고 재미있어.
   彼は 頭が よくて 面白い。
   카레 와 아따마가  요 꾸 떼 오모시로 이

## 실전! 패턴 회화  쇼츠와 함께 연습해요!

쇼츠 30

#민수와 사쿠라는 야경으로 유명한 레스토랑에서 종업원에게 자리를 안내받는다.

こちらの 席が 夜景が 美しくて お勧めです。
코 찌라노  세끼가  야께- 가  우쯔꾸시꾸 떼  오스스메데스

이쪽(의) 자리가 야경이 아름다워서 추천이에요.

はい、ありがとうございます。
하 이  아리가 또 - 고자 이마 스

예, 감사합니다.

**단어** こちら 이쪽 | 席(せき) 자리 | はい 예 | ありがとうございます 감사합니다

# UNIT 31 ~해

음원 42

## 寿司、好き。
스시 스끼

초밥 좋아해.

### 만능! 일본어 패턴 — な형용사의 기본형

일본어의 형용사는 형태에 따라 い형용사와 な형용사로 나눌 수 있어요. 이 중에서 기본형 어미가 「だ」(~하다)로 끝나는 형용사를 「な형용사」라고 하는데, 「好きだ」(좋아하다), 「嫌いだ」(싫어하다) 등이 여기에 속해요. 기본형 자체로도 반말이 되지만, 회화에서는 보통 어간으로만 묻고 답해요. 반말로 묻고 싶을 때는 말끝을 올리면 돼요. (*な형용사 주요 어휘는 p.219 참고)

### 만능! 패턴 연습 — 듣고 따라 해요!

1. 野菜、嫌い。 / 야사이 키라이 / 채소 싫어해.
2. この 歌手、有名? / 코노 카슈 유-메- / 이 가수 유명해?
3. 今日、暇? / 쿄- 히마 / 오늘 한가해?

**단어**
寿司(すし) 초밥 | 好(す)きだ 좋아하다 | 野菜(やさい) 야채, 채소 | 嫌(きら)いだ 싫어하다 | この 이 | 歌手(かしゅ) 가수 | 有名(ゆうめい)だ 유명하다 | 今日(きょう) 오늘 | 暇(ひま)だ 한가하다

## 만능! 패턴 완성    쓰면서 익혀 봐요!

1. 채소 싫어해.
   野菜、嫌い。
   야사이 키라이

2. 이 가수 유명해?
   この 歌手、有名?
   코노 카슈 유-메-

3. 오늘 한가해?
   今日、暇?
   쿄- 히마

## 실전! 패턴 회화    쇼츠와 함께 연습해요!

쇼츠 31

#사쿠라는 민수에게 초밥을 좋아하는지 묻는다.

寿司、好き?
스시 스끼

초밥 좋아해?

うん、寿司 本当に 好き。
웅 스시 혼또-니 스끼

응, 초밥 정말로 좋아해.

**단어** うん 응 | 本当(ほんとう)に 정말로

# UNIT 32 ～하지 않아

음원 43

## まだ 有名(ゆうめい)じゃない。
마다 유-메- 쟈 나이

아직 유명하지 않아.

### 만능! 일본어 패턴  な형용사의 어간+じゃない

な형용사를 '～하지 않다[않아]'라고 반말로 부정하려면 な형용사의 어간에 「じゃない」를 붙이면 돼요. 반말로 묻고 싶으면 말끝을 올려 「な형용사의 어간+じゃない(↗)?」라고 하면 '～하지 않아?'라는 의문문이 돼요.

### 만능! 패턴 연습  듣고 따라 해요!

1  あの 店員(てんいん)は 親切(しんせつ)じゃない。   저 점원은 친절하지 않아.
   아 노 텡 잉 와 신 세쯔 쟈 나 이

2  刺身(さしみ)が 新鮮(しんせん)じゃない。   생선회가 신선하지 않아.
   사시 미 가 신 센 쟈 나 이

3  交通(こうつう)は 便利(べんり)じゃない。   교통은 편리하지 않아.
   코- 쯔- 와 벤 리 쟈 나 이

**단어**  まだ 아직 | 有名(ゆうめい)だ 유명하다 | あの 저 | 店員(てんいん) 점원 | 親切(しんせつ)だ 친절하다 | 刺身(さしみ) 생선회 | ～が ~이[가] | 新鮮(しんせん)だ 신선하다 | 交通(こうつう) 교통 | 便利(べんり)だ 편리하다

## 만능! 패턴 완성　쓰면서 익혀 봐요!

1  저 점원은 친절하지 않아.

あの 店員は 親切じゃない。
아 노 텡잉와 신세쯔 쟈 나 이

2  생선회가 신선하지 않아.

刺身が 新鮮じゃない。
사시미가 신셍 쟈 나 이

3  교통은 편리하지 않아.

交通は 便利じゃない。
코─쯔─와 벤리 쟈 나 이

## 실전! 패턴 회화　쇼츠와 함께 연습해요!

쇼츠 32

#민수는 TV에 나오는 아이돌 가수를 보며 사쿠라에게 유명하냐고 묻는다.

あの アイドル、有名?
아 노 아 이 도 루　유─메─

저 아이돌 유명해?

ううん、まだ 有名じゃない。
우─웅　마다 유─메─ 쟈 나 이

아니, 아직 유명하지 않아.

ううん 아니

# UNIT 33 ~해요

음원 44

## いつも にぎやかです。
이 쯔 모   니 기 야 까   데 스

언제나 북적여요.

**만능! 일본어 패턴**　な형용사의 어간+です

な형용사를 '~합니다[해요]'라고 정중하게 표현하려면 な형용사의 어간에 「です」(~입니다[이에요])를 붙이면 돼요. 여기에 의문을 나타내는 「か」(~까?)를 붙여 「な형용사의 어간+ですか」라고 하면 '~합니까[해요]?'라는 뜻이 돼요.

**만능! 패턴 연습**　듣고 따라 해요!

1　牛肉が 好きです。
　　규ー니꾸가 스끼데스
　　소고기를 좋아해요.

2　使い方は とても 簡単です。
　　츠까이까따와 토떼모 칸딴데스
　　사용법은 매우 간단해요.

3　その ホテルは きれいですか。
　　소노 호테루와 키레ー데스까
　　그 호텔은 깨끗해요?

**단어**　いつも 언제나, 늘 | にぎやかだ 북적이다 | 牛肉(ぎゅうにく) 소고기 | 好(す)きだ 좋아하다 *「好(す)きだ」(좋아하다), 「嫌(きら)いだ」(싫어하다), 「得意(とくい)だ」(잘하다, 자신 있다) 등 일부 な형용사의 경우 '~을[를]'이란 뜻으로 조사 「が」를 씀 | 使(つか)い方(かた) 사용법 | とても 매우 | 簡単(かんたん)だ 간단하다 | その 그 | ホテル 호텔 | きれいだ 깨끗하다, 예쁘다

## 만능! 패턴 완성 | 쓰면서 익혀 봐요!

1. 소고기를 좋아해요.

   牛肉が 好きです。
   규-니꾸가 스끼데스

2. 사용법은 매우 간단해요.

   使い方は とても 簡単です。
   츠까이까따와 토떼모 칸딴데스

3. 그 호텔은 깨끗해요?

   その ホテルは きれいですか。
   소노 호테루와 키레-데스까

## 실전! 패턴 회화 | 쇼츠와 함께 연습해요!

쇼츠 33

#오사카 여행을 앞둔 민수는 사토시에게 도톤보리에 대해 묻는다.

道頓堀は にぎやかですか。
도-똔보리와 니기야까데스까

도톤보리는 북적여요?

はい、いつも にぎやかです。
하이 이쯔모 니기야까데스

예, 언제나 북적여요.

**단어** 道頓堀(どうとんぼり) 도톤보리 *일본 오사카의 번화가 | はい 예

## UNIT 34 ～하지 않아요

음원 45

# 歌(うた)は 得意(とくい)じゃありません。
우따 와 토꾸이 쟈 아리마셍

노래는 잘하지 않아요.

**만능! 일본어 패턴**  な형용사의 어간 + じゃありません

な형용사를 '~하지 않습니다[않아요]'라고 정중하게 부정하려면 な형용사의 어간에 「じゃありません」을 붙이면 돼요. 여기에 의문을 나타내는 「か」(~까?)를 붙여 「な형용사의 어간+じゃありませんか」라고 하면 '~하지 않습니까[않아요]?'라는 뜻의 의문문이 돼요. 참고로 어간에 「じゃないです/じゃないですか」를 붙여도 같은 뜻이에요.

**만능! 패턴 연습**  듣고 따라 해요!

1 お酒(さけ)は 好(す)きじゃありません。
  오사께와 스끼 쟈 아리마셍
  술은 좋아하지 않아요.

2 その アプリは 便利(べんり)じゃありません。
  소노 아푸리와 벤리 쟈 아리마셍
  그 앱은 편리하지 않아요.

3 この かばんは 丈夫(じょうぶ)じゃないです。
  코노 카방 와 죠-부 쟈 나이데스
  이 가방은 튼튼하지 않아요.

**단어** 歌(うた) 노래 | 得意(とくい)だ 잘하다, 자신 있다 | お酒(さけ) 술 | 好(す)きだ 좋아하다 | その 그 | アプリ 앱 *「アプリケーション」의 준말 | 便利(べんり)だ 편리하다 | この 이 | かばん 가방 | 丈夫(じょうぶ)だ 튼튼하다

## 만능! 패턴 완성 　쓰면서 익혀 봐요!

1  술은 좋아하지 않아요.

   お酒は 好きじゃありません。
   오사께와 스끼 쟈 아리마셍

2  그 앱은 편리하지 않아요.

   そのアプリは 便利じゃありません。
   소노 아푸리와 벤리 쟈 아리마셍

3  이 가방은 튼튼하지 않아요.

   このかばんは 丈夫じゃないです。
   코노 카방와 죠-부 쟈 나이데스

## 실전! 패턴 회화 　쇼츠와 함께 연습해요!

쇼츠 34

#사토시는 세영에게 노래방을 좋아하는지 묻는다.

カラオケは 好きですか。
카라오케 와 스끼데스까
노래방은 좋아해요?

はい、でも 歌は 得意じゃありません。
하이 데모 우따와 토꾸이 쟈 아리마셍
예, 하지만 노래는 잘하지 않아요.

단어　カラオケ 노래방 | はい 예 | でも 하지만

## UNIT 35 ~했어

# 私(わたし)は 大丈夫(だいじょうぶ)だった。
와따시 와 다이죠ー부 닷 따

### 나는 괜찮았어.

---

**만능! 일본어 패턴**  な형용사의 어간+だった

な형용사를 '~했다[했어]'라고 과거 반말로 표현하려면 な형용사의 어간에 「だった」를 붙이면 돼요. 그리고 반말로 묻고 싶으면 말끝을 올려 「な형용사의 어간+だった(↗)?」라고 하면 '~했어?'라는 뜻의 의문문이 돼요.

---

**만능! 패턴 연습**  듣고 따라 해요!

1  富士山(ふじさん)は **きれい**だった。  후지산은 예뻤어.
   후 지 상 와   키 레ー   닷 따

2  居酒屋(いざかや)は にぎやかだった。  이자카야는 북적였어.
   이 자까 야 와  니 기 야 까  닷 따

3  神戸(こうべ)の 夜景(やけい)は 素敵(すてき)だった。  고베의 야경은 멋졌어.
   코ー 베 노  야 께ー 와  스 떼끼 닷 따

---

**단어**  私(わたし) 나, 저 | 大丈夫(だいじょうぶ)だ 괜찮다 | 富士山(ふじさん) 후지산 | きれいだ 깨끗하다, 예쁘다 | 居酒屋(いざかや) 이자카야, 선술집 | にぎやかだ 북적이다 | 神戸(こうべ) 고베 *일본의 지명 | 夜景(やけい) 야경 | 素敵(すてき)だ 멋지다

## 만능! 패턴 완성 — 쓰면서 익혀 봐요!

1. 후지산은 예뻤어.
   富士山は きれいだった。
   후지상와 키레- 닷 따

2. 이자카야는 북적였어.
   居酒屋は にぎやかだった。
   이자까야 와 니기야까 닷 따

3. 고베의 야경은 멋졌어.
   神戸の 夜景は 素敵だった。
   코- 베 노 야께- 와 스떼끼 닷 따

## 실전! 패턴 회화 — 쇼츠와 함께 연습해요!

쇼츠 35

#민수는 어제 태풍에 피해는 없었는지 마리나에게 안부 전화를 한다.

昨日の 台風、大丈夫だった?
키노- 노 타이후- 다이죠-부 닷 따

어제(의) 태풍, 괜찮았어?

うん、私は 大丈夫だった。
웅  와따시와 다이죠-부 닷 따

응, 나는 괜찮았어.

**단어** 昨日(きのう) 어제 | 台風(たいふう) 태풍 | うん 응

## UNIT 36 ～하지 않았어

음원 47

# 昔は 好きじゃなかった。
무까시 와 스끼 쟈 나 깟 따

옛날에는 좋아하지 않았어.

**만능! 일본어 패턴**　な형용사의 어간+じゃなかった

な형용사를 '～하지 않다[않았어]'라고 과거 부정 반말로 표현하려면 な형용사의 어간에 「じゃなかった」를 붙이면 돼요. 반말로 묻고 싶으면 말끝을 올려 「な형용사의 어간+じゃなかった(↗)?」라고 하면 '～하지 않았어?'라는 의문문이 돼요.

**만능! 패턴 연습**　듣고 따라 해요!

1　**暇**じゃなかった。　　　　　　　　　한가하지 않았어.
　히마 쟈 나 깟 따

2　乗り換えは 便利じゃなかった。　　환승은 편리하지 않았어.
　노리 까에 와 벤리 쟈 나 깟 따

3　登山は そんなに 大変じゃなかった。　등산은 그렇게 힘들지 않았어.
　토장 와 손 나니 타이헨 쟈 나 깟 따

**단어**　昔(むかし) 옛날, 예전 | 好(す)きだ 좋아하다 | 暇(ひま)だ 한가하다 | 乗(の)り換(か)え 갈아탐, 환승 | 便利(べんり)だ 편리하다 | 登山(とざん) 등산 | そんなに 그렇게(까지), 그 정도로 | 大変(たいへん)だ 힘들다

## 만능! 패턴 완성    쓰면서 익혀 봐요!

**1** 한가하지 않았어.

    暇じゃなかった。
    히마 쟈 나 깟 따

**2** 환승은 편리하지 않았어.

    乗り換えは 便利じゃなかった。
    노리 까에와 벤리 쟈 나 깟 따

**3** 등산은 그렇게 힘들지 않았어.

    登山は そんなに 大変じゃなかった。
    토장와 손 나니 타이헨 쟈 나 깟 따

## 실전! 패턴 회화    쇼츠와 함께 연습해요!

쇼츠 36

\#민수는 사쿠라와 저녁을 먹으면서 채소를 좋아하는지 묻는다.

野菜、好き?
야 사이　스 끼

채소 좋아해?

うん、でも 昔は 好きじゃなかった。
웅　　데 모 무까시와 스 끼 쟈 나 깟 따

응, 하지만 옛날에는 좋아하지 않았어.

---

**단어**   野菜(やさい) 야채, 채소 | うん 응 | でも 하지만

# UNIT 37 ~했어요

음원 48

## 少<sup>すこ</sup>し 退屈<sup>たいくつ</sup>でした。
스꼬 시  타이 꾸쯔 데 시 따

조금 지루했어요.

---

**만능! 일본어 패턴**   な형용사의 어간 + でした

な형용사를 '~했습니다[했어요]'라는 과거 존댓말로 표현하려면 な형용사의 어간에 「でした」를 붙이면 돼요. 여기에 의문을 나타내는 「か」(~까?)를 붙여 「な형용사의 어간+でしたか」라고 하면 '~했습니까[했어요]?'라는 의문문이 돼요.

---

**만능! 패턴 연습**   듣고 따라 해요!

1  美術館<sup>びじゅつかん</sup>は 静<sup>しず</sup>か(어간)でした。
   비 쥬쯔 깡 와  시즈 까 데 시 따
   미술관은 조용했어요.

2  新<sup>あたら</sup>しい アプリは 便利<sup>べんり</sup>でした。
   아따라시 - 아 푸 리 와  벤 리 데 시 따
   새로운 앱은 편리했어요.

3  ホテルの スタッフは 親切<sup>しんせつ</sup>でした。
   호 테 루 노  스 탑  후 와  신세쯔 데 시 따
   호텔 직원은 친절했어요.

---

 少(すこ)し 조금 | 退屈(たいくつ)だ 지루하다 | 美術館(びじゅつかん) 미술관 | 静(しず)かだ 조용하다 | 新(あたら)しい 새롭다 | アプリ 앱 *「アプリケーション」의 준말 | 便利(べんり)だ 편리하다 | ホテル 호텔 | スタッフ 스태프, 직원 | 親切(しんせつ)だ 친절하다

## 만능! 패턴 완성 | 쓰면서 익혀 봐요!

1  미술관은 조용했어요.

✎ 美術館は 静かでした。
비쥬쯔깡 와 시즈까 데 시 따

2  새로운 앱은 편리했어요.

✎ 新しい アプリは 便利でした。
아따라시 - 아 푸 리 와 벤 리 데 시 따

3  호텔 직원은 친절했어요.

✎ ホテルの スタッフは 親切でした。
호테루노 스 탑 후 와 신세쯔 데 시 따

## 실전! 패턴 회화 | 쇼츠와 함께 연습해요!

쇼츠 37

#사토시는 세영에게 어제 본 영화가 어땠는지 묻는다.

昨日の 映画は どうでしたか。
키노- 노 에-가 와 도 - 데 시 따 까

어제(의) 영화는 어땠어요?

うーん、少し 退屈でした。
우 - 웅   스꼬시  타이꾸쯔 데 시 따

음…, 조금 지루했어요.

 昨日(きのう) 어제 | 映画(えいが) 영화 | どうでしたか 어땠습니까? | うーん 음… *불안하거나 의문스러울 때 내는 소리

# UNIT 38 ～하지 않았어요

## 便利じゃありませんでした。
벤리 쟈 아리마 센 데시따

편리하지 않았어요.

---

**만능! 일본어 패턴**　な형용사의 어간 + じゃありませんでした

な형용사를 '~하지 않습니다[않았어요]'라고 과거 부정 존댓말로 만들려면 な형용사의 어간에 「じゃありませんでした」를 붙이면 돼요. 여기에 의문을 나타내는 「か」(~까?)를 붙여 「な형용사의 어간+じゃありませんでしたか」라고 하면 '~하지 않습니까[않았어요]?'라는 뜻의 의문문이 돼요. 참고로 어간에 「じゃなかったです/じゃなかったですか」를 붙여도 같은 뜻이에요.

---

**만능! 패턴 연습**　듣고 따라 해요!

1　手続きは 簡単じゃありませんでした。　　수속은 간단하지 않았어요.
　　테쯔즈끼와 칸딴 쟈 아리마 센 데시따

2　全然 丈夫じゃありませんでした。　　전혀 튼튼하지 않았어요.
　　젠젱 죠-부 쟈 아리마 센 데시따

3　刺身が あまり 新鮮じゃなかったです。　　생선회가 그다지 신선하지 않았어요.
　　사시미 가 아마리 신셍 쟈 나 깟 따데스

---

**단어**　便利(べんり)だ 편리하다 | 手続(てつづ)き 수속 | 簡単(かんたん)だ 간단하다 | 全然(ぜんぜん) (부정어 수반) 전혀 | 丈夫(じょうぶ)だ 튼튼하다 | 刺身(さしみ) 생선회 | あまり (부정어 수반) 그다지, 별로 | 新鮮(しんせん)だ 신선하다

## 만능! 패턴 완성    쓰면서 익혀 봐요!

1. 수속은 간단하지 않았어요.

   手続きは 簡単じゃありませんでした。
   테쯔즈끼 와 칸 딴 쟈 아리마 센 데시따

2. 전혀 튼튼하지 않았어요.

   全然 丈夫じゃありませんでした。
   젠젱 죠-부 쟈 아리마 센 데시따

3. 생선회가 그다지 신선하지 않았어요.

   刺身が あまり 新鮮じゃなかったです。
   사시미 가 아마리 신센 쟈 나 깟 따데스

## 실전! 패턴 회화 | 쇼츠와 함께 연습해요!

쇼츠 38

#사토시는 세영에게 최근에 다운로드 받은 앱이 편리했는지 묻는다.

新しい アプリは 便利でしたか。
아따라시- 아푸리 와 벤리 데시따 까

새로운 앱은 편리했어요?

いいえ、あまり 便利じゃありませんでした。
이-에 아마리 벤리 쟈 아리마 센 데시따

아니요, 그다지 편리하지 않았어요.

**단어** 新(あたら)しい 새롭다 | アプリ 앱 *「アプリケーション」의 준말 | いいえ 아니요

# UNIT 39 ～한～

## 親切な 人たちだった。
신 세쯔 나 히또 따 찌 닷 따

친절한 사람들이었어.

### 만능! 일본어 패턴  な형용사의 어간＋な＋명사

い형용사가 명사를 수식할 때는 기본형 다음에 바로 명사를 이어 주기만 하면 되는데, な형용사는 어미「だ」를「な」로 바꾸고 명사를 이어 줘야 돼요. 그래서 な형용사라고 부르는 거예요.

### 만능! 패턴 연습  듣고 따라 해요!

1  ここは にぎやかな 街だね。  
   코꼬와 니기야까나 마찌다 네  
   여기는 북적이는 거리네.

2  少し 不便な 場所ですね。  
   스꼬시 후벤나 바쇼데스 네  
   조금 불편한 장소네요.

3  好きな 食べ物は 何？  
   스끼나 타베모노와 나니  
   좋아하는 음식은 뭐야?

---

**단어** 親切(しんせつ)だ 친절하다 ｜人(ひと) 사람 ｜～たち (사람이나 생물을 나타내는 말에 붙어) ～들 ｜명사＋だった ～이었다 ｜ここ 여기 ｜にぎやかだ 북적이다 ｜街(まち) 거리 ｜～ね ～네, ～군, ～지 *확인·공감 등을 나타냄 ｜少(すこ)し 조금 ｜不便(ふべん)だ 불편하다 ｜場所(ばしょ) 장소 ｜好(す)きだ 좋아하다 ｜食(た)べ物(もの) 음식 ｜何(なに) 무엇

## 만능! 패턴 완성 　쓰면서 익혀 봐요!

1. 여기는 북적이는 거리네.

   ここは にぎやかな 街だね。
   코꼬와 니기야까나 마찌다네

2. 조금 불편한 장소네요.

   少し 不便な 場所ですね。
   스꼬시 후벤나 바쇼데스네

3. 좋아하는 음식은 뭐야?

   好きな 食べ物は 何？
   스끼나 타베모노와 나니

## 실전! 패턴 회화 　쇼츠와 함께 연습해요!

쇼츠 39

#사쿠라와 민수는 자신들을 도와준 사람들에 대해 이야기한다.

さっきの 人たち、いい 人たちだったね。
삭끼노 히또따찌 이- 히또따찌 닷따네

조금 전 사람들, 좋은 사람들이었지.

うん、親切な 人たちだった。
웅　신세쯔나 히또따찌 닷따

응, 친절한 사람들이었어.

さっき 조금 전, 아까 | いい 좋다 | うん 응

# UNIT 40 ～하고, ～해서

## とても 静かで きれいでした。
토떼모 시즈까데 키레-데시따

매우 조용하고 깨끗했어요.

**만능! 일본어 패턴**　な형용사의 어간+で

な형용사를 사물의 상태·성질을 열거하거나 뒤에 오는 말의 원인이나 이유를 나타내는 '～하고, ～해서'의 형태로 만들려면 な형용사의 어간에 「で」를 붙이면 돼요.

**만능! 패턴 연습**　듣고 따라 해요!

1　真面目で 元気な 人です。
　　마지메데 겡끼나 히또데스

　성실하고 건강한 사람이에요.

2　この 店は 親切で おいしいです。
　　코노 미세와 신세쯔데 오이시-데스

　이 가게는 친절하고 맛있어요.

3　電車は 便利で いいです。
　　덴샤와 벤리데 이-데스

　전철은 편리해서 좋아요.

**단어**　とても 매우 ｜ 静(しず)かだ 조용하다 ｜ きれいだ 깨끗하다, 예쁘다 ｜ 真面目(まじめ)だ 성실하다 ｜ 元気(げんき)だ 건강하다 ｜ 人(ひと) 사람 ｜ この 이 ｜ 店(みせ) 가게 ｜ 親切(しんせつ)だ 친절하다 ｜ おいしい 맛있다 ｜ 電車(でんしゃ) 전철 ｜ 便利(べんり)だ 편리하다 ｜ いい 좋다

## 만능! 패턴 완성 — 쓰면서 익혀 봐요!

1. 성실하고 건강한 사람이에요.
   - 真面目で 元気な 人です。
   마지메데 겡끼나 히또데스

2. 이 가게는 친절하고 맛있어요.
   - この 店は 親切で おいしいです。
   코노 미세와 신세쯔데 오이시-데스

3. 전철은 편리해서 좋아요.
   - 電車は 便利で いいです。
   덴샤와 벤리데 이-데스

## 실전! 패턴 회화 — 쇼츠와 함께 연습해요!

쇼츠 40

#사토시는 일본 여관에 처음 묵어 본 세영에게 소감을 묻는다.

日本の 旅館は どうでしたか。
니혼노 료깡와 도-데시따까
일본(의) 여관은 어땠어요?

とても 静かで きれいでした。
토떼모 시즈까데 키레-데시따
매우 조용하고 깨끗했어요.

**단어** 日本(にほん) 일본 | 旅館(りょかん) 료칸, 여관 *일본의 전통적인 숙소 | どうでしたか 어땠습니까?

# PART 2 연습문제

**1** 우리말에 맞는 일본어를 빈칸에 써 보세요.

① 이거 <u>귀여워</u>.

これ、　　　　　。
코 레　カ　ワ　イ　ー

② 오늘은 <u>덥지 않아요</u>.

今日は　　　　　　　　。
쿄ー 와　ア　ツ　ク　ア　リ　マ　セン

③ 이자카야는 <u>북적였어</u>.

居酒屋は　　　　　　。
이 자까 야 와　ニ　ギ　ヤ　カ　ダッ　タ

④ <u>친절한</u> 사람들이었어요.

　　　　　人たちでした。
신 세 쯔 나　히또 따 찌 데 시 따

**2** 밑줄 친 부분을 우리말로 옮겨 보세요.

① 北海道は <u>寒いです</u>。
혹 까이도ー 와 사무 이 데 스

홋카이도는 _____.

② <u>安くて</u> おいしい。
야스 꾸 떼 오 이 시 -

_____ 맛있어.

③ そんなに <u>大変じゃなかった</u>。
손 나니 타이헨 쟈 나 깟 따

그렇게 _____.

④ <u>便利で</u> いいです。
벤 리 데 이 - 데 스

_____ 좋아요.

**3** 음성을 듣고 우리말에 맞는 일본어를 빈칸에 써 보세요.

① 멀다

② 즐겁다
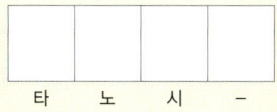

③ 유명하다

④ 깨끗하다, 예쁘다
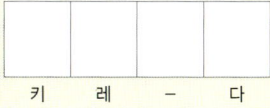

**4** 음성을 듣고 문장을 따라 쓰고 읽어 보세요.

① 비싸지 않아.
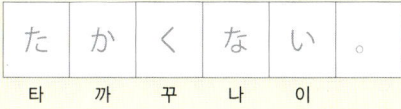

② 가벼워서 좋아.
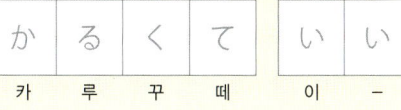

③ 채소 싫어해?
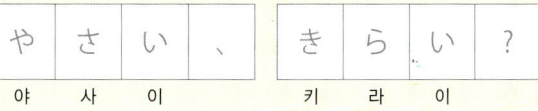

④ 튼튼하지 않아.
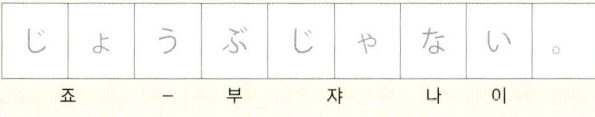

※ 정답은 p.230에 있어요.

# PART 2 패턴 노트 · 형용사

● い형용사의 반말을 정리해 보자!

| 맛있어. | おいしい。<br>오 이 시 - |
|---|---|
| 맛있지 않아. | おいしくない。<br>오 이 시 꾸 나 이 |
| 맛있었어. | おいしかった。<br>오 이 시 깟 따 |
| 맛있지 않았어. | おいしくなかった。<br>오 이 시 꾸 나 깟 따 |

● い형용사의 존댓말을 정리해 보자!

| 즐거워요. | 楽しいです。<br>타노시 - 데 스 |
|---|---|
| 즐겁지 않아요. | 楽しくありません。<br>타노시 꾸 아 리 마 셍 |
| 즐거웠어요. | 楽しかったです。<br>타노시 깟 따데 스 |
| 즐겁지 않았어요. | 楽しくありませんでした。<br>타노시 꾸 아 리 마 셴 데시따 |

● い형용사 「いい・よい」를 정리해 보자!

'좋다'라는 뜻으로는「いい」와「よい」둘 다 쓰는데, 어미「い」를 떼고 다른 형태로 활용할 때는「よい」만 써요.

- 좋지 않다    いい → いくない (×)    よい → よくない (○)
  이 -       이꾸나이          요이    요꾸 나 이

- 좋았다    いい → いかった (×)    よい → よかった (○)
  이 -       이 깟 따          요이    요 깟 따

- 좋지 않습니다    いい → いくありません (×)    よい → よくありません (○)
  이 -       이꾸아리마 셍          요이    요꾸아리마 셍

- 좋고, 좋아서    いい → いくて (×)    よい → よくて (○)
  이 -       이 꾸 떼          요이    요꾸 떼

- 좋은 ~    いい+명사 (○)    よい+명사 (○)
  이 -              요이

- **な형용사의 반말을 정리해 보자!**

  좋아해.　　　　　好き(だ)。
  　　　　　　　　스 끼 다

  좋아하지 않아.　　好きじゃない。
  　　　　　　　　스 끼 쟈 나 이

  좋아했어.　　　　好きだった。
  　　　　　　　　스 끼 닷 따

  좋아하지 않았어.　好きじゃなかった。
  　　　　　　　　스 끼 쟈 나 깟 따

- **な형용사의 존댓말을 정리해 보자!**

  신선해요.　　　　　新鮮です。
  　　　　　　　　　신 센 데 스

  신선하지 않아요.　　新鮮じゃありません。
  　　　　　　　　　신 센 쟈 아 리 마 셍

  신선했어요.　　　　新鮮でした。
  　　　　　　　　　신 센 데 시 따

  신선하지 않았어요.　新鮮じゃありませんでした。
  　　　　　　　　　신 센 쟈 아 리 마 셍 데 시 따

# PART 3

# 동사 1

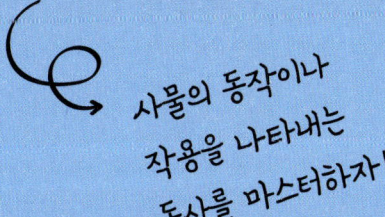
사물의 동작이나
작용을 나타내는
동사를 마스터하자!

# UNIT 41 (사물·식물 등이) 있어

## コンビニは 駅前<small>えきまえ</small>に あるよ。
콤 비니 와 에끼 마에니 아 루 요

편의점은 역 앞에 있어.

### 만능! 일본어 패턴  ある

「ある」는 '(사물·식물 등이) 있다'라는 뜻을 나타내는 동사로, 사물(무생물)과 식물 등의 존재를 나타내요. '~에 있다[있어]'와 같이 존재의 위치를 나타낼 때는 명사 뒤에 조사 「に」(~에)를 붙여 「~にある」(~에 있다[있어])와 같이 표현하면 돼요. '없다'라고 부정할 때는 い형용사 「ない」(없다)를 쓰면 되고, 반말로 묻고 싶을 때는 말끝을 올리면 돼요.

### 만능! 패턴 연습  듣고 따라 해요!

1 USJは 大阪<small>おおさか</small>に ある。  USJ는 오사카에 있어.
유-에스제- 와 오-사까 니 아 루

2 メニューは テーブルの 上<small>うえ</small>に ある。  메뉴는 테이블 위에 있어.
메 뉴 - 와 테-부루 노 우에니 아 루

3 明日<small>あした</small>は 約束<small>やくそく</small>が ない。  내일은 약속이 없어.
아시따 와 약소꾸 가 나 이

**단어** コンビニ 편의점 | 駅前(えきまえ) 역 앞 | USJ(ユーエスジェー) 유니버설 스튜디오 재팬 *오사카에 있는 세계적인 테마파크 | 大阪(おおさか) 오사카 | メニュー 메뉴 | テーブル 테이블 | ~の ~의 | 上(うえ) 위 | 明日(あした) 내일 | 約束(やくそく) 약속 | ない 없다

## 만능! 패턴 완성 | 쓰면서 익혀 봐요!

1. USJ는 오사카에 있어.

   USJは 大阪に ある。
   유-에스제- 와 오-사까니  아 루

2. 메뉴는 테이블 위에 있어.

   メニューは テーブルの 上に ある。
   메 뉴 - 와 테 - 부 루 노 우에니  아 루

3. 내일은 약속이 없어.

   明日は 約束が ない。
   아시따 와  약 소꾸 가   나 이

## 실전! 패턴 회화 | 쇼츠와 함께 연습해요!

쇼츠 41

#민수는 사쿠라에게 다른 편의점이 어디에 있는지 묻는다.

他の コンビニは どこに ある?
호까노  콤  비니와 도꼬니 아루

다른 편의점은 어디에 있어?

駅前に あるよ。
에끼마에니 아 루 요

역 앞에 있어.

 他(ほか) 다른 (것) | どこ 어디

# UNIT 42 (사물·식물 등이) 있어요

## トイレは 2階に あります。
토 이 레 와   니 까이 니   아 리 마 스

화장실은 2층에 있어요.

### 만능! 일본어 패턴  あります

「あります」는 '(사물·식물 등이) 있습니다[있어요]'라고 사물(무생물)과 식물 등의 존재를 정중하게 나타내는 표현이에요. '없습니다[없어요]'라고 정중하게 부정할 때는 い형용사 「ない」(없다)를 사용해 「ないです」(없습니다[없어요])라고 하거나 「ありません」(없습니다[없어요])이라는 표현을 사용하면 돼요. 의문을 나타내는 「か」(~까?)를 붙여 「ありますか」라고 하면 '있습니까[있어요]?', 「ないですか/ありませんか」라고 하면 '없습니까[없어요]?'라는 의문문이 돼요. (층수 읽는 법은 p.226 참고)

### 만능! 패턴 연습  듣고 따라 해요!

1 受付は 1階に あります。
  우께쯔께 와   익 까이 니  아 리 마 스
  
  접수처는 1층에 있어요.

2 この 近くに カフェは ありません。
  코 노  치까꾸니  카 훼 와 아리마 셍
  
  이 근처에 카페는 없어요.

3 ATMは コンビニの 中に あります。
  에-티-에무 와   콤 비 니 노 나까니 아리 마 스
  
  ATM은 편의점 안에 있어요.

**단어** トイレ 화장실 | 2(に) 2, 이 | ~階(かい) ~층 | ~に ~에 | 受付(うけつけ) 접수(처) | 1階(いっかい) 1층 | この 이 | 近(ちか)く 근처 | カフェ 카페 | ATM(エーティーエム) ATM, 현금인출기 | コンビニ 편의점 | 中(なか) 안, 속

## 만능! 패턴 완성 　쓰면서 익혀 봐요!

1  접수처는 1층에 있어요.
　　受付は 1階に あります。
　　우께쯔께 와　익 까이니　아 리 마 스

2  이 근처에 카페는 없어요.
　　この 近くに カフェは ありません。
　　코 노 치까꾸니 카　훼　와 아 리 마 셍

3  ATM은 편의점 안에 있어요.
　　ATMは コンビニの 中に あります。
　　에-티-에무 와　콤 비 니 노 나까니　아 리 마 스

## 실전! 패턴 회화 ｜ 쇼츠와 함께 연습해요!

쇼츠 42

#민수는 음식점에서 종업원에게 화장실이 어디에 있는지 묻는다.

トイレは どこに ありますか。
토 이 레 와 도 꼬 니 아 리 마 스 까

화장실은 어디에 있어요?

2階に あります。
니까이니　아 리 마 스

2층에 있어요.

　どこ 어디

# UNIT 43 (사람·동물 등이) 있어

음원 56

## フクロウも いる。
후꾸로ー모 이루

부엉이도 있어.

### 만능! 일본어 패턴 　いる

「いる」는 '(사람·동물 등이) 있다'라는 뜻을 나타내는 동사로, 사람과 동물 등의 존재를 나타내요. '~에 있다[있어]'와 같이 존재의 위치를 나타낼 때는 명사 뒤에 조사 「に」(~에)를 붙여 「~にいる」(~에 있다[있어])와 같이 표현하면 돼요. '(사람·동물 등이) 없다[없어]'라고 부정할 때는 「いない」라고 하면 되고, 반말로 묻고 싶을 때는 말끝을 올리면 돼요.

### 만능! 패턴 연습　듣고 따라 해요!

1　犬が いる。
　이누가　이루
　개가 있어.

2　今 お客さんが いない。
　이마 오꺄꾸상가　이나이
　지금 손님이 없어.

3　全部で 何人 いる?
　젬부데 난닝　이루
　전부 해서 몇 명 있어?

### 단어
フクロウ 부엉이 | ~も ~도 | 犬(いぬ) 개 | 今(いま) 지금 | お客(きゃく)さん 손님 | 全部(ぜんぶ)で 전부 해서 | 何人(なんにん) 몇 명

## 만능! 패턴 완성 　쓰면서 익혀 봐요!

**1**　개가 있어.

✏️ 犬が いる。
　　이누가　이루

**2**　지금 손님이 없어.

✏️ 今 お客さんが いない。
　　이마 오꺄꾸상가　이나이

**3**　전부 해서 몇 명 있어?

✏️ 全部で 何人 いる?
　　젬부데　난닝　이루

## 실전! 패턴 회화 　쇼츠와 함께 연습해요!

쇼츠 43

#사쿠라와 민수는 카페에 부엉이가 있는 것을 보고 놀란다.

わあ、この カフェ、フクロウも いる。
와-　코노 카훼　후꾸로-모 이루

와-, 이 카페, 부엉이도 있어.

おお、すごいね。
오-　스고이네

오-, 굉장하네.

---

 わあ 와- *뜻밖의 경우 또는 기쁘거나 놀란 경우에 내는 소리 | カフェ 카페 | おお 오- *감동하거나 놀랐을 때 내는 소리 | すごい 굉장하다, 대단하다

## UNIT 44 (사람·동물 등이) 있어요

음원 57

あに　　　ひとり
兄が 一人 います。
아니 가　　히또리　이 마 스

오빠가 한 명 있어요.

### 만능! 일본어 패턴   います

「います」는 '(사람·동물 등이) 있습니다[있어요]'라고 사람과 동물 등의 존재를 정중하게 나타내는 표현이에요. '없습니다[없어요]'라고 정중하게 부정할 때는 「いないです/いません」(없습니다[없어요])이라고 하면 돼요. 의문을 나타내는 「か」(~까?)를 붙여 「いますか」라고 하면 '있습니까[있어요]?', 「いないですか/いませんか」라고 하면 '없습니까[없어요]?'라는 의문문이 돼요.

### 만능! 패턴 연습   듣고 따라 해요!

1　猫が 3匹 います。
　　네꼬 가　삼비끼 이 마 스

　고양이가 세 마리 있어요.

2　この コンビニには 店員が いません。
　　코 노　콤 비 니 니 와 텡잉가　이 마 셍

　이 편의점에는 점원이 없어요.

3　今 どこに いますか。
　　이마 도꼬니 이 마 스 까

　지금 어디에 있어요?

**단어** 兄(あに) 오빠, 형 | 一人(ひとり) 한 명 | 猫(ねこ) 고양이 | 3匹(さんびき) 세 마리 *「~匹(ひき)」- ~마리 | この 이 | コンビニ 편의점 | 店員(てんいん) 점원 | 今(いま) 지금 | どこ 어디

## 만능! 패턴 완성 　쓰면서 익혀 봐요!

1. 고양이가 세 마리 있어요.
   ✎ 猫が 3匹 います。
   　네꼬 가 　삼 비끼 　이 마 스

2. 이 편의점에는 점원이 없어요.
   ✎ この コンビニには 店員が いません。
   　코 노 　콤 　비 니 니 와 　텡 잉 가 　이 마 셍

3. 지금 어디에 있어요?
   ✎ 今 どこに いますか。
   　이마 　도 꼬 니 　이 마 스 까

## 실전! 패턴 회화 　쇼츠와 함께 연습해요!

쇼츠 44

#사토시는 세영에게 형제가 있는지 묻는다.

セヨンさんは 兄弟が いますか。
세 용　 상 와 쿄-다이가 　이 마 스 까
세영 씨는 형제가 있어요?

兄が 一人 います。
아니 가 　히또리 　이 마 스
오빠가 한 명 있어요.

　~さん ~씨 | 兄弟(きょうだい) 형제

# UNIT 45 ～해, ～할래, ～할 거야 (1그룹 동사)

## 今日は 地下鉄に 乗る?
쿄- 와 치까떼쯔니 노루

오늘은 지하철을 탈래?

### 만능! 일본어 패턴 — 1그룹 동사의 기본형

일본어의 동사는 모두 어미가 「う」단(う、く、ぐ、す、つ、ぬ、ぶ、む、る)으로 끝나고, 어미에 따라 1그룹, 2그룹, 3그룹의 세 종류로 나눠져요. 이 중 1그룹 동사는 두 가지 유형으로 나눌 수 있어요. (*1그룹 동사의 주요 어휘는 p.220 참고)

① 어미가 「る」로 끝나지 않는 동사

| 会う 만나다 | 行く 가다 | 泳ぐ 수영하다 | 話す 이야기하다 |
| 待つ 기다리다 | 死ぬ 죽다 | 遊ぶ 놀다 | 飲む 마시다 |

② 어미가 「る」로 끝나고, 「る」 바로 앞이 [a], [u], [o] 모음인 동사

| ある (사물·식물 등이) 있다 | 作る 만들다 | 乗る (탈것에) 타다 |

기본형 자체로 반말 표현이 되고, 반말로 묻고 싶을 때는 말끝을 올리면 돼요. 또한 일본어의 동사는 대부분 현재 외에 미래나 화자의 의지를 나타낼 수 있어, 문맥에 따라 '～해, ～할래, ～할 거야' 등으로 해석할 수 있어요.

### 만능! 패턴 연습 — 듣고 따라 해요!

1. この かばん、買う。
   코 노 카 방    카 우
   이 가방 살래.

2. 雨が たくさん 降る。
   아메가  탁 상   후 루
   비가 많이 와.

3. 明日は カラオケに 行く。
   아시따 와 카 라 오 케 니 이 꾸
   내일은 노래방에 갈 거야.

## 만능! 패턴 완성   쓰면서 익혀 봐요!

1  이 가방 살래.

   ✎ この かばん、買う。
      코 노 카 방     카 우

2  비가 많이 와.

   ✎ 雨が たくさん 降る。
      아메가   탁 상    후루

3  내일은 노래방에 갈 거야.

   ✎ 明日は カラオケに 行く。
      아시따 와 카 라 오 케 니  이꾸

## 실전! 패턴 회화 | 쇼츠와 함께 연습해요!

쇼츠 45

#사쿠라는 민수에게 관광지까지 지하철을 탈 거냐고 묻는다.

今日は 地下鉄に 乗る?
쿄ー 와 치까떼쯔니 노루

오늘은 지하철을 탈래?

うん、乗る。
웅      노루

응, 탈래.

**단어**  今日(きょう) 오늘 | 地下鉄(ちかてつ) 지하철 | 乗(の)る (탈것에) 타다 *반드시 조사「に」와 함께 쓰이고 이때는 '~을[를]'로 해석됨 | この 이 | かばん 가방 | 買(か)う 사다 | 雨(あめ) 비 | たくさん 많이 | 降(ふ)る (비·눈 등이) 내리다, 오다 | 明日(あした) 내일 | カラオケ 노래방 | 行(い)く 가다

# UNIT 46 ～하지 않아 (1그룹 동사)

## 私の 友達に 会わない?
와따시 노 토모다찌니 아와 나 이

내 친구를 만나지 않을래[안 만날래]?

### 만능! 일본어 패턴 — 1그룹 동사의 ない형

동사를 '~하지 않다[않아], 안 ~해'라고 부정 반말로 표현하려면 뒤에 「ない」를 붙이면 돼요. 1그룹 동사의 ない형을 만드는 방법은 다음과 같아요.

| 어미 [u] 모음을 [a] 모음으로 바꾸고+「ない」 |
|---|
| 行く 가다 → 行かない 가지 않다 |
| 待つ 기다리다 → 待たない 기다리지 않다 |
| 乗る (탈것에) 타다 → 乗らない (탈것에) 타지 않다 |
| *会う 만나다 → 会わない 만나지 않다 |

이때 어미가 「う」로 끝나는 동사는 「あ」가 아니라 「わ」로 바꾸고 「ない」를 붙여요. 반말로 묻고 싶을 때는 말끝을 올리면 돼요. 또한 문맥에 따라 '~하지 않을래[안 ~할래]?'라는 권유 표현이 되기도 해요.

### 만능! 패턴 연습 — 듣고 따라 해요!

1 今日は 友達に 会わない。
  쿄- 와 토모다찌니 아와 나 이
  오늘은 친구를 만나지 않아[안 만나].

2 あの 店は あまり 待たない。
  아 노 미세와 아마리 마따나 이
  저 가게는 별로 기다리지 않아[안 기다려].

3 この バスは 駅前まで 行かない。
  코 노 바 스 와 에끼마에 마 데 이 까 나 이
  이 버스는 역 앞까지 가지 않아[안 가].

## 만능! 패턴 완성  쓰면서 익혀 봐요!

**1** 오늘은 친구를 만나지 않아[안 만나].

今日は 友達に 会わない。
코- 와 토모다찌니 아 와 나 이

**2** 저 가게는 별로 기다리지 않아[안 기다려].

あの 店は あまり 待たない。
아 노 미세와 아마리 마따나 이

**3** 이 버스는 역 앞까지 가지 않아[안 가].

この バスは 駅前まで 行かない。
코 노 바 스 와 에끼마에마 데 이 까 나 이

## 실전! 패턴 회화 | 쇼츠와 함께 연습해요!

쇼츠 46

#사쿠라는 민수에게 다음에 자신의 친구를 만나 보지 않겠냐고 묻는다.

今度 私の 友達に 会わない?
콘 도 와따시노 토모다찌니 아 와 나 이

이다음에 내 친구를 만나지 않을래[안 만날래]?

ありがとう。嬉しい。
아 리 가 또    우레 시 -

고마워. 기뻐.

**단어**  私(わたし) 나, 저 | ~の ~의 | 友達(ともだち) 친구 | 会(あ)う 만나다 *반드시 조사 「に」와 함께 쓰이고 이때는 '~을[를]'로 해석됨 | 今日(きょう) 오늘 | あの 저 | 店(みせ) 가게 | あまり (부정어 수반) 그다지, 별로 | 待(ま)つ 기다리다 | この 이 | バス 버스 | 駅前(えきまえ) 역 앞 | ~まで ~까지 | 行(い)く 가다 | 今度(こんど) 이다음 | ありがとう 고마워 | 嬉(うれ)しい 기쁘다

## UNIT 47  ～해, ～할래, ～할 거야 (2그룹 동사)

### 私も それ 食べる。
와따시 모 소레 타베루

나도 그거 먹을래.

---

**만능! 일본어 패턴**  2그룹 동사의 기본형

2그룹 동사는 어미가 「る」로 끝나고, 바로 앞이 [i], [e] 모음인 동사예요. (*2그룹 동사의 주요 어휘는 p.221 참고)

| | | |
|---|---|---|
| 見る 보다 | 食べる 먹다 | 起きる 일어나다, 기상하다 |
| 寝る 자다 | 着る (옷을) 입다 | 降りる (탈것에서) 내리다 |
| 閉める 닫다 | 教える 가르치다, 알려 주다 | 出かける (밖에) 나가다, 외출하다 |

1그룹 동사와 마찬가지로 기본형 자체로 반말 표현이 되고, 반말로 묻고 싶을 때는 말끝을 올리면 돼요. 또한 문맥에 따라 '～해, ～할래, ～할 거야' 등으로 해석할 수 있어요.

---

**만능! 패턴 연습**  듣고 따라 해요!

1. 明日は 10時に 出かける。
   아시따 와 쥬-지 니 데까께루
   내일은 10시에 나가.

2. この後 シャワーを 浴びる。
   코노아또 샤와-오 아비루
   이다음에 샤워를 할 거야.

3. 何 食べる?
   나니 타베루
   뭐 먹을래?

## 만능! 패턴 완성 | 쓰면서 익혀 봐요!

1. 내일은 10시에 나가.

   明日は 10時に 出かける。
   아시따 와 쥬-지니 데까께루

2. 이다음에 샤워를 할 거야.

   この後 シャワーを 浴びる。
   코노아또 샤 와-오 아비루

3. 뭐 먹을래?

   何 食べる?
   나니 타베루

## 실전! 패턴 회화 | 쇼츠와 함께 연습해요!

쇼츠 47

#사쿠라와 민수는 꼬치집에 와서 메뉴를 고른다.

どれが いいかな。この 焼き鳥、どう?
도레가 이-까나 코노 야끼또리 도-
어느 게 좋을까? 이 닭꼬치, 어때?

いいね。私も それ 食べる。
이-네 와따시모 소레 다베루
좋네. 나도 그거 먹을래.

**단어** 私(わたし) 나, 저 | ~も ~도 | それ 그것 | 食(た)べる 먹다 | 明日(あした) 내일 | 10(じゅう) 10, 열 | ~時(じ) ~시 | 出(で)かける (밖에) 나가다, 외출하다 | この後(あと) 이후, 이다음 | シャワー 샤워 | ~を ~을[를] | 浴(あ)びる (물을) 들쓰다 *シャワーを 浴(あ)びる - 샤워를 하다 | 何(なに) 무엇 | どれ 어느 것 | いい 좋다 | ~かな ~일까 *가벼운 의문을 나타냄 | 焼(や)き鳥(とり) 야키토리, 닭꼬치 | どう? 어때?

## UNIT 48 ～하지 않아 (2그룹 동사)

음원 61

### 鍋料理を 食べない?
나베 료- 리오 타 베 나 이

**냄비요리를 먹지 않을래[안 먹을래]?**

---

**만능! 일본어 패턴** — 2그룹 동사의 ない형

동사를 '～하지 않다[않아], 안 ～해'라고 부정 반말로 표현하려면 뒤에 「ない」를 붙이면 돼요. 2그룹 동사의 ない형을 만드는 방법은 다음과 같아요.

| 어미 「る」를 떼고 +「ない」 |
|---|
| 見る 보다　　　　　　　→　見ない 보지 않다 |
| 起きる 일어나다, 기상하다　→　起きない 일어나지 않다 |
| 寝る 자다　　　　　　　→　寝ない 자지 않다 |

반말로 묻고 싶을 때는 말끝을 올리면 돼요. 또한 문맥에 따라 '～하지 않을래[안 ～할래]?'라는 권유 표현이 되기도 해요.

---

**만능! 패턴 연습** — 듣고 따라 해요!

1. テレビを あまり 見ない。
   테 레 비오 아마리 미나 이
   TV를 별로 보지 않아[안 봐].

2. 地下鉄の 中では 電話を かけない。
   치 까떼쯔 노 나까데 와 뎅 와오 카 께 나 이
   지하철 안에서는 전화를 걸지 않아[안 걸어].

3. 私は 納豆を あまり 食べない。
   와따시와 낫 또-오 아마리 타 베 나 이
   나는 낫토를 그다지 먹지 않아[안 먹어].

## 만능! 패턴 완성 — 쓰면서 익혀 봐요!

1 TV를 별로 보지 않아[안 봐].

   テレビを あまり 見ない。
   테레비오 아마리 미나이

2 지하철 안에서는 전화를 걸지 않아[안 걸어].

   地下鉄の 中では 電話を かけない。
   치까떼쯔노 나까데와 뎅와오 카께나이

3 나는 낫토를 그다지 먹지 않아[안 먹어].

   私は 納豆を あまり 食べない。
   와따시와 낫또-오 아마리 타베나이

## 실전! 패턴 회화 — 쇼츠와 함께 연습해요!

쇼츠 48

#사쿠라는 민수에게 내일 냄비요리를 먹지 않겠냐고 권유한다.

明日は 鍋料理を 食べない?
아시따 와 나베료-리오 타베나이

내일은 냄비요리를 먹지 않을래[안 먹을래]?

お、それ いいね。楽しみ。
오  소레 이-네  타노시미

어, 그거 좋겠네. 기대돼.

---

**단어**  鍋料理(なべりょうり) 냄비요리 *(식탁에서) 냄비에 끓이면서 먹는 요리의 총칭 | ~を ~을[를] | 食(た)べる 먹다 | テレビ 텔레비전, TV *「テレビジョン」의 준말 | あまり (부정어 수반) 그다지, 별로 | 見(み)る 보다 | 地下鉄(ちかてつ) 지하철 | 中(なか) 안, 속 | ~では (장소) ~에서는 | 電話(でんわ) 전화 | かける 걸다 | 私(わたし) 나, 저 | 納豆(なっとう) 낫토 *푹 삶은 메주콩을 볏짚꾸러미 등에 넣고 띄운 식품 | お 응, 어 *승낙한다는 소리 | それ 그것 | いい 좋다 | 楽(たの)しみだ 기대되다

# UNIT 49

## ~해, ~할래, ~할 거야 (3그룹 동사)

### これから 買い物する。
코레까라 카이모노 스루

이제부터 쇼핑할 거야.

---

**만능! 일본어 패턴** — 3그룹 동사의 기본형

3그룹 동사는 불규칙적으로 활용하는 동사로, 「する」(하다), 「来る」(오다) 두 개밖에 없어요. 다른 동사와 마찬가지로 기본형 자체로 반말 표현이 되고, 반말로 묻고 싶을 때는 말끝을 올리면 돼요.

する 하다     来る 오다

특히 「する」(하다)는 동작성이 있는 한자어(買い物(물건을 삼, 쇼핑) 등)나 가타카나어(ドライブ(드라이브) 등)와 결합하여 '~하다'라는 동사를 만들 수 있는데, 이것도 3그룹 동사로 취급해요.

---

**만능! 패턴 연습** — 듣고 따라 해요!

1. 今から 運転する。
   이마 까라 운뗀 스루
   지금부터 운전해.

2. 何時に 来る?
   난 지 니 쿠 루
   몇 시에 와?

3. 明日 市内を 観光する。
   아시따 시나이 오 캉꼬- 스루
   내일 시내를 관광할래.

---

**단어**
これから 이제부터, 지금부터 | 買(か)い物(もの)する 물건을 사다, 쇼핑하다 | 今(いま) 지금 | ~から ~부터 | 運転(うんてん)する 운전하다 | 何時(なんじ) 몇 시 | ~に (시간) ~에 | 来(く)る 오다 | 明日(あした) 내일 | 市内(しない) 시내 | ~を ~을[를] | 観光(かんこう)する 관광하다

## 만능! 패턴 완성 | 쓰면서 익혀 봐요!

1  지금부터 운전해.
   今から 運転する。
   이마 까 라   운 뗀 스 루

2  몇 시에 와?
   何時に 来る?
   난 지 니   쿠 루

3  내일 시내를 관광할래.
   明日 市内を 観光する。
   아시따   시 나이 오   캉 꼬- 스 루

## 실전! 패턴 회화 | 쇼츠와 함께 연습해요!

쇼츠 49

#마리나는 민수에게 전화를 걸어 오늘 무엇을 하는지 묻는다.

今日は 何 する?
쿄-  와  나니 스 루

오늘은 뭐 해?

これから 買い物する。
코 레 까 라  카 이 모노 스 루

이제부터 쇼핑할 거야.

  今日(きょう) 오늘 | 何(なに) 무엇

# UNIT 50 ~하지 않아 (3그룹 동사)

음원 63

## ちょっと 散歩(さんぽ)しない?
촛 또 삼 뽀 시 나 이

잠깐 산책하지 않을래[산책 안 할래]?

### 만능! 일본어 패턴 — 3그룹 동사의 ない형

3그룹 동사는 불규칙적으로 활용하는 동사예요. 따라서 '~하지 않다[않아], 안 ~해'라는 뜻의 부정 반말 표현인 ない형도 각각 외워야 해요.

する 하다 → しない 하지 않다    来(く)る 오다 → 来(こ)ない 오지 않다

반말로 묻고 싶을 때는 말끝을 올리면 돼요. 또한 문맥에 따라 '~하지 않을래[안 ~할래]?'라는 권유 표현이 되기도 해요.

### 만능! 패턴 연습 — 듣고 따라 해요!

1 旅館(りょかん)では 食事(しょくじ)しない。
   료 깐 데 와 쇼꾸지 시 나 이
   여관에서는 식사하지 않아[식사 안 해].

2 電車(でんしゃ)が 全然(ぜんぜん) 来(こ)ない。
   덴 샤 가 젠 젱 코 나 이
   전철이 전혀 오지 않아[안 와].

3 一緒(いっしょ)に 買(か)い物(もの)でも しない?
   잇 쇼 니 카 이 모노 데 모 시 나 이
   같이 쇼핑이라도 하지 않을래[안 할래]?

**단어** ちょっと 잠깐, 잠시 | 散歩(さんぽ)する 산책하다 | 旅館(りょかん) 료칸, 여관 *일본의 전통적인 숙소 | ~では (장소) ~에서는 | 食事(しょくじ)する 식사하다 | 電車(でんしゃ) 전철 | ~が ~이[가] | 全然(ぜんぜん) (부정어 수반) 전혀 | 来(く)る 오다 | 一緒(いっしょ)に 함께, 같이 | 買(か)い物(もの) 물건을 삼, 쇼핑 | ~でも ~라도 | する 하다

## 만능! 패턴 완성    쓰면서 익혀 봐요!

**1** 여관에서는 식사하지 않아[식사 안 해].

✎ 旅館では 食事しない。
료깐데 와 쇼꾸지 시나이

**2** 전철이 전혀 오지 않아[안 와].

✎ 電車が 全然 来ない。
덴샤가 젠젱 코나이

**3** 같이 쇼핑이라도 하지 않을래[안 할래]?

✎ 一緒に 買い物でも しない?
잇쇼니 카이모노데모 시나이

## 실전! 패턴 회화  |  쇼츠와 함께 연습해요!

쇼츠 50

\# 사쿠라는 민수에게 근처 공원을 산책하지 않겠냐고 권유한다.

ねえ、ちょっと 散歩しない? 近くに 公園が ある。
네— 춋또 삼뽀시나이 치까꾸니 코—엥가 아루

저기, 잠깐 산책하지 않을래[산책 안 할래]? 근처에 공원이 있어.

うん、いいよ。
응 이—요

응, 좋아.

 ねえ 저기 \*다정하게 말을 걸거나 다짐할 때 하는 말 | 近(ちか)く 근처 | ～に (장소) ～에 | 公園(こうえん) 공원 | ある (사물·식물 등이) 있다 | うん 응 | いい 좋다

# UNIT 51 ～해요 / ～하지 않아요 (1그룹 동사)

음원 64

## 私も 飲みます。
와따시 모 노미마스

저도 마실래요.

### 만능! 일본어 패턴 — 1그룹 동사의 ます형(긍정/부정)

1그룹 동사를 '～합니다[해요]'라고 정중하게 표현하려면 뒤에 「ます」를 붙이면 돼요. 이때 「ます」에 연결되는 동사의 형태를 ます형이라고 하는데요, 1그룹 동사의 ます형을 만드는 방법은 다음과 같아요.

---

어미 [u] 모음을 [i] 모음으로 바꾸고+「ます」

行く 가다 → 行きます 갑니다    待つ 기다리다 → 待ちます 기다립니다

乗る (탈것에) 타다 → 乗ります (탈것에) 탑니다

---

「ます」에 의문을 나타내는 「か」(～까?)를 붙여 「ますか」라고 하면 '～합니까[해요]?'라는 의문문이 돼요. ます형도 현재뿐만 아니라 미래도 나타내기 때문에 문맥에 따라 '～하겠습니다, ～할 겁니다[할 거예요], ～할래요' 등으로 해석할 수 있어요. 그리고 「ます」 대신 「ません」을 붙이면 '～하지 않습니다[하지 않아요, 안 ～해요]'라는 뜻의 부정 존댓말이 돼요.

### 만능! 패턴 연습  듣고 따라 해요!

1 来週 東京に 行きます。  
　라이슈- 토-꾜-니 이끼마스  
　다음 주에 도쿄에 가요.

2 音楽を よく 聞きます。  
　옹가꾸오 요꾸 키끼마스  
　음악을 자주 들어요.

3 コーヒーは あまり 飲みません。  
　코-히-와 아마리 노미마셍  
　커피는 그다지 마시지 않아요[안 마셔요].

## 만능! 패턴 완성　쓰면서 익혀 봐요!

**1** 다음 주에 도쿄에 가요.

✎ 来週 東京に 行きます。
라이슈- 토-꾜- 니 이끼마스

**2** 음악을 자주 들어요.

✎ 音楽を よく 聞きます。
옹가꾸오 요꾸 키끼마스

**3** 커피는 그다지 마시지 않아요[안 마셔요].

✎ コーヒーは あまり 飲みません。
코-히-와 아마리 노미마셍

## 실전! 패턴 회화 ｜ 쇼츠와 함께 연습해요!

쇼츠 51

#사토시는 세영에게 자신이 마시고 있는 술을 마시겠냐고 묻는다.

この お酒、飲みますか。
코노 오사께 노미마스까

이 술 마실래요?

いいですね。私も 飲みます。
이-데스네 와따시모 노미마스

좋죠. 저도 마실래요.

**단어**　私(わたし) 나, 저 ｜ ～も ～도 ｜ 飲(の)む 마시다 ｜ 来週(らいしゅう) 다음 주 ｜ 東京(とうきょう) 도쿄 *일본의 지명 ｜
～に (장소) ～에 ｜ 行(い)く 가다 ｜ 音楽(おんがく) 음악 ｜ よく 잘, 자주 ｜ 聞(き)く 듣다 ｜ コーヒー 커피 ｜
あまり (부정어 수반) 그다지, 별로 ｜ この 이 ｜ お酒(さけ) 술 ｜ いい 좋다 ｜ ～ね ～네, ～군, ～지 *확인·공감 등을 나타냄

# UNIT 52 ～해요/～하지 않아요 (2그룹 동사)

## あまり 見ません。
아마리 미마셍

그다지 보지 않아요[안 봐요].

---

### 만능! 일본어 패턴 — 2그룹 동사의 ます형(긍정/부정)

동사를 '～합니다[해요]'라고 정중하게 표현하려면 뒤에 「ます」를 붙이면 돼요. 2그룹 동사의 ます형을 만드는 방법은 다음과 같아요.

**어미 「る」를 떼고+「ます」**

見る 보다 → 見ます 봅니다   　　起きる 일어나다, 기상하다 → 起きます 일어납니다
寝る 자다 → 寝ます 잡니다

「ます」에 의문을 나타내는 「か」(~까?)를 붙여 「ますか」라고 하면 '～합니까[해요]?'라는 의문문이 돼요. ます형도 현재뿐만 아니라 미래도 나타내기 때문에 문맥에 따라 '～하겠습니다, ～할 겁니다[할 거예요], ～할래요' 등으로 해석할 수 있어요. 그리고 「ます」 대신 「ません」을 붙이면 '～하지 않습니다[하지 않아요, 안 ～해요]'라는 뜻의 부정 존댓말이 돼요.

---

### 만능! 패턴 연습 — 듣고 따라 해요!

1 明日は 7時に 起きます。
아시따 와 시찌지니 오끼마스
내일은 7시에 일어나요.

2 最近、日本の ドラマを よく 見ます。
사이낑 니혼노 도라마오 요꾸 미마스
요즘 일본 드라마를 자주 봐요.

3 普段、何時に 寝ますか。
후당 난지니 네마스까
평소 몇 시에 자요?

## 만능! 패턴 완성  쓰면서 익혀 봐요!

**1** 내일은 7시에 일어나요.

✏️ 明日は 7時に 起きます。
　아시따 와 시찌지니 오끼마스

**2** 요즘 일본 드라마를 자주 봐요.

✏️ 最近、日本の ドラマを よく 見ます。
　사이낑　니혼노 도라마오 요꾸 미마스

**3** 평소 몇 시에 자요?

✏️ 普段、何時に 寝ますか。
　후당　난지니 네마스까

## 실전! 패턴 회화 | 쇼츠와 함께 연습해요!

쇼츠 52

#사토시는 세영에게 일본 애니메이션을 자주 보는지 묻는다.

日本の アニメ、よく 見ますか。
니혼노 아니메 요꾸 미마스까

일본(의) 애니메이션 자주 봐요?

いいえ、私は あまり 見ません。
이-에　와따시와 아마리 미마셍

아니요. 저는 그다지 보지 않아요[안 봐요].

**단어** あまり (부정어 수반) 그다지, 별로 | 見(み)る 보다 | 明日(あした) 내일 | 7(しち) 7, 일곱 | ~時(じ) ~시 | 起(お)きる 일어나다, 기상하다 | 最近(さいきん) 최근, 요즘 | 日本(にほん) 일본 | ~の ~의 | ドラマ 드라마 | よく 잘, 자주 | 普段(ふだん) 평소, 평상시 | 何時(なんじ) 몇 시 | ~に (시간) ~에 | 寝(ね)る 자다 | アニメ 애니메이션, 만화 영화 *「アニメーション」의 준말 | いいえ 아니요

# UNIT 53 ～해요 / ～하지 않아요 (3그룹 동사)

## タクシーが なかなか 来ませんね。
타쿠시-가 나까나까 키마센네

택시가 좀처럼 오지 않네요[안 오네요].

---

### 만능! 일본어 패턴 — 3그룹 동사의 ます형(긍정/부정)

3그룹 동사는 불규칙적으로 활용하는 동사예요. 따라서 '～합니다[해요]'라는 뜻의 정중체 표현인 ます형도 각각 외워야 해요.

| する 하다 → します 합니다 | 来る 오다 → 来ます 옵니다 |

「ます」에 의문을 나타내는 「か」(～까?)를 붙여 「ますか」라고 하면 '～합니까[해요]?'라는 의문문이 돼요. ます형도 현재뿐만 아니라 미래도 나타내기 때문에 문맥에 따라 '～하겠습니다, ～할 겁니다[할 거예요], ～할래요' 등으로 해석할 수 있어요. 그리고 「ます」 대신 「ません」을 붙이면 '～하지 않습니다[하지 않아요, 안 ～해요]'라는 뜻의 부정 존댓말이 돼요.

---

### 만능! 패턴 연습 — 듣고 따라 해요!

1. 明日 東京から 友達が 来ます。
   아시따 토-꾜-까라 토모다찌가 키마스
   내일 도쿄에서 친구가 와요.

2. 私の 妹は 運転を しません。
   와따시노 이모-또와 운뗑오 시마셍
   내 여동생은 운전을 하지 않아요[안 해요].

3. 一人で 名古屋城を 観光します。
   히또리데 나고야죠-오 캉꼬-시마스
   혼자서 나고야성을 관광할 거예요.

## 만능! 패턴 완성 　쓰면서 익혀 봐요!

1  내일 도쿄에서 친구가 와요.

　明日　東京から　友達が　来ます。
　아시따　토-꾜-까라　토모다찌가　키마스

2  내 여동생은 운전을 하지 않아요[안 해요].

　私の　妹は　運転を　しません。
　와따시노　이모-또와　운뗀오　시마셍

3  혼자서 나고야성을 관광할 거예요.

　一人で　名古屋城を　観光します。
　히또리데　나고야죠-오　캉꼬-시마스

## 실전! 패턴 회화 　쇼츠와 함께 연습해요!

쇼츠 53

#세영과 사토시는 예약한 택시가 오지 않아서 초조해하고 있다.

タクシーが　なかなか　来ませんね。
타쿠시-가　나까나까　키마셍네

택시가 좀처럼 오지 않네요[안 오네요].

そうですね。遅いですね。
소-데스네　오소이데스네

그러게요. 늦네요.

タクシー 택시 | なかなか (부정어 수반) 좀처럼 | 来(く)る 오다 | ～ね ～네, ～군, ～지 *확인·공감 등을 나타냄 |
明日(あした) 내일 | 東京(とうきょう) 도쿄 *일본의 지명 | ～から ～에서 | 友達(ともだち) 친구 | 私(わたし) 나, 저 |
～の ～의 | 妹(いもうと) 여동생 | 運転(うんてん) 운전 | ～を ～을[를] | する 하다 | 一人(ひとり)で 혼자서 |
名古屋城(なごやじょう) 나고야성 *나고야시에 있는 성으로, 도쿠가와가 도요토미를 견제하기 위해 축조하고 자신의 정치적 기반을 다
져 나간 곳 | 観光(かんこう)する 관광하다 | そうだ 그렇다 | 遅(おそ)い 늦다

## UNIT 54 ～했어요

ネットで 予約しました。
넷 토데 요야꾸 시마시따

인터넷으로 예약했어요.

### 만능! 일본어 패턴  동사의 ます형+ました

「ます」(~합니다[해요])를 '~했습니다[했어요]'라는 의미의 과거 존댓말로 만들려면 「ます」 대신 「ました」를 붙이면 돼요. 「ました」에 의문을 나타내는 「か」(~까?)를 붙여 「ましたか」라고 하면 '~했습니까[했어요]?'라는 의문문이 돼요. 그리고 '~하지 않았습니다[하지 않았어요, 안 ~했어요]'라는 의미의 과거 부정 존댓말로 만들려면 「ます」 대신 「ませんでした」를 붙이면 돼요.

### 만능! 패턴 연습  듣고 따라 해요!

1 昨日 寿司を 食べました。  어제 초밥을 먹었어요.
  키노- 스시오 타베마시따

2 ユーチューブで 動画を 見ました。  유튜브로 동영상을 봤어요.
  유- 츄- 부데 도-가오 미마시따

3 写真を 撮りませんでした。  사진을 찍지 않았어요.
  샤싱오 토리마 센 데시따

**단어** ネット 인터넷 *「インターネット」의 준말 | ~で (수단) ~으로 | 予約(よやく)する 예약하다 | 昨日(きのう) 어제 | 寿司(すし) 초밥 | 食(た)べる 먹다 | ユーチューブ 유튜브 | 動画(どうが) 동영상 | 見(み)る 보다 | 写真(しゃしん) 사진 | 撮(と)る (사진 등을) 찍다

## 만능! 패턴 완성  쓰면서 익혀 봐요!

1  어제 초밥을 먹었어요.

✎ 昨日 寿司を 食べました。
　 키노- 스시오 타베마시따

2  유튜브로 동영상을 봤어요.

✎ ユーチューブで 動画を 見ました。
　 유- 츄- 부데 도-가오 미마시따

3  사진을 찍지 않았어요.

✎ 写真を 撮りませんでした。
　 샤싱오 토리마센 데시따

## 실전! 패턴 회화 | 쇼츠와 함께 연습해요!

쇼츠 54

#사토시는 세영에게 한국으로 돌아가는 비행기표를 예약했는지 묻는다.

飛行機は もう 予約しましたか。
히꼬-끼와 모- 요야꾸시마시따까

비행기는 이미 예약했어요?

はい、ネットで 予約しました。
하이  넷 토데 요야꾸시마시따

예, 인터넷으로 예약했어요.

飛行機(ひこうき) 비행기 | もう 이미, 벌써, 이제 | はい 예

153

# UNIT 55 ~하러

음원 68

## 花火を 見に 行かない?
하나비 오 미니 이까 나이

불꽃놀이를 보러 가지 않을래[안 갈래]?

**만능! 일본어 패턴** 　동사의 ます형·동작성 명사+に

동사의 ます형에 「に」를 붙이면 '~하러'라는 행위의 목적을 나타내요. 그리고 「ドライブ」(드라이브), 「買い物」(물건을 삼, 쇼핑), 「旅行」(여행) 등과 같이 동작의 뜻을 지닌 명사를 '동작성 명사'라고 하는데, 이런 동작성 명사에 「に」를 붙여도 '~하러'라는 뜻을 나타내요. 보통 「~に 行く」(~하러 가다)나 「~に 来る」(~하러 오다)와 같이 이동을 나타내는 동사와 같이 쓰는 경우가 많아요.

**만능! 패턴 연습** 　듣고 따라 해요!

1　昼ご飯を 食べに 行く。　　　점심을 먹으러 가.
　　히루고항 오 타베니 이꾸

2　渋谷へ 遊びに 行きます。　　시부야에 놀러 가요.
　　시부야 에 아소비니 이끼마스

3　昨日 ドライブに 行きました。　어제 드라이브하러 갔어요.
　　키노- 도라이부니 이끼마시따

**단어**
花火(はなび) 불꽃(놀이) | 見(み)る 보다 | 行(い)く 가다 | 昼(ひる)ご飯(はん) 점심 | 食(た)べる 먹다 |
渋谷(しぶや) 시부야 *도쿄 내 지명 | ~へ (동작의 귀착점·장소) ~에 *조사로 쓰일 경우에는 '에'로 발음함 | 遊(あそ)ぶ 놀다 |
昨日(きのう) 어제 | ドライブ 드라이브

## 만능! 패턴 완성 　쓰면서 익혀 봐요!

1. 점심을 먹으러 가.

   ✎ 昼ご飯を 食べに 行く。
   　히루고 항오　타베니　이꾸

2. 시부야에 놀러 가요.

   ✎ 渋谷へ 遊びに 行きます。
   　시부야 에　아소비니　이끼마스

3. 어제 드라이브하러 갔어요.

   ✎ 昨日 ドライブに 行きました。
   　키노-　도라이부니　이끼마시따

## 실전! 패턴 회화　｜　쇼츠와 함께 연습해요!

쇼츠 55

#마리나는 민수에게 전화로 불꽃놀이를 보러 가지 않겠냐고 제안한다.

今夜 花火を 見に 行かない?
콩야 하나비오　미니　이까나이

오늘 밤에 불꽃놀이를 보러 가지 않을래[안 갈래]?

うん、行く行く。
웅　　이꾸이꾸

응, 갈래갈래.

　今夜(こんや) 오늘 밤 ｜ うん 응

# UNIT 56 ~하지 않을래요?

음원 69

## ごま<sup>あじ</sup>味も 食<sup>た</sup>べませんか。
고 마 아지 모  타 베 마 셍 까

참깨맛도 먹지 않을래요[안 먹을래요]?

### 만능! 일본어 패턴 — 동사의 ます형+ませんか

「ません」(~하지 않습니다[하지 않아요, 안 ~해요])에 의문을 나타내는 「か」(~까?)를 붙여 「ませんか」라고 하면 '~하지 않습니까[하지 않아요, 안 ~해요]?'라는 뜻의 부정 의문문이지만, 문맥에 따라 '~하지 않을래요[안 ~할래요]?'처럼 상대방에게 뭔가를 권유하거나 의향을 묻는 표현으로도 많이 쓰여요.

### 만능! 패턴 연습 — 듣고 따라 해요!

1 コーヒーでも 飲<sup>の</sup>みませんか。
  코 ― 히 ― 데 모 노 미 마 셍 까
  커피라도 마시지 않을래요[안 마실래요]?

2 ここで 写真<sup>しゃしん</sup>を 撮<sup>と</sup>りませんか。
  코 꼬 데 샤싱 오 토 리 마 셍 까
  여기서 사진을 찍지 않을래요[안 찍을래요]?

3 ベンチで ちょっと 休<sup>やす</sup>みませんか。
  벤 치 데  촛   또 야스 미 마 셍 까
  벤치에서 잠깐 쉬지 않을래요[안 쉴래요]?

### 단어
ごま 참깨 | 味(あじ) 맛 | 食(た)べる 먹다 | コーヒー 커피 | ~でも ~라도 | 飲(の)む 마시다 | ここ 여기 | ~で (장소) ~에서 | 写真(しゃしん) 사진 | 撮(と)る (사진 등을) 찍다 | ベンチ 벤치 | ちょっと 잠깐, 잠시 | 休(やす)む 쉬다

## 만능! 패턴 완성    쓰면서 익혀 봐요!

**1**   커피라도 마시지 않을래요[안 마실래요]?

✎ コーヒーでも 飲みませんか。
코 - 히 - 데모 노미마 셍 까

**2**   여기서 사진을 찍지 않을래요[안 찍을래요]?

✎ ここで 写真を 撮りませんか。
코 꼬데 샤싱오 토리마 셍 까

**3**   벤치에서 잠깐 쉬지 않을래요[안 쉴래요]?

✎ ベンチで ちょっと 休みませんか。
벤 치데 춋 또 야스미마 셍 까

## 실전! 패턴 회화  |  쇼츠와 함께 연습해요!

쇼츠 56

#아이스크림 가게에서 사토시는 세영에게 참깨맛도 먹어 보지 않겠냐고 권유한다.

ごま味も 食べませんか。
고 마아지모 타베마 셍 까

참깨맛도 먹지 않을래요[안 먹을래요]?

はい、ぜひ。初めて 食べます。
하 이  제히  하지메떼 타베마 스

예, 꼭이요. 처음 먹어요.

**단어**   はい 예 | ぜひ 꼭 | 初(はじ)めて 처음(으로)

# UNIT 57 ~하고 싶어

음원 70

## ラーメン博物館に 行きたい。
라 — 멩  하꾸부쯔깐니  이끼따이

라멘 박물관에 가고 싶어.

**만능! 일본어 패턴**  동사의 ます형+たい

동사의 ます형에 「たい」를 붙이면 '~하고 싶다'라는 뜻으로, 말하는 사람의 희망이나 욕구를 나타내요. 「たい」는 어미가 い로 끝나기 때문에 활용 방법이 い형용사와 같아요. 「たいです」(~하고 싶습니다[하고 싶어요]), 「たくない」(~하고 싶지 않다[하고 싶지 않아]) 등과 같이 하면 돼요. 그리고 「たい」는 '을[를]'이라고 희망이나 욕구의 대상을 가리킬 때 보통 조사 「が」를 사용해요.

**만능! 패턴 연습**  듣고 따라 해요!

1 温泉に 入りたい。 / 온천에 들어가고 싶어.
   온 센 니 하이리따이

2 お土産が 買いたいです。 / 기념품을 사고 싶어요.
   오 미야게 가 카이따이데스

3 お酒は 飲みたくない。 / 술은 마시고 싶지 않아.
   오 사께 와 노미따꾸나이

**단어** ラーメン博物館(はくぶつかん) 라멘 박물관 *일본 요코하마에 있는 라멘 푸드 테마파크로, 일본 라멘의 모든 것을 보고 만들어 먹어 볼 수도 있음 | 行(い)く 가다 | 温泉(おんせん) 온천 | 入(はい)る 들어가다 |
お土産(みやげ) (여행지 등에서 가족 등을 위해 사 가는) 선물, 기념품, 토산품 | 買(か)う 사다 | お酒(さけ) 술 | 飲(の)む 마시다

## 만능! 패턴 완성    쓰면서 익혀 봐요!

1. 온천에 들어가고 싶어.
   ✎ 温泉に 入りたい。
   온 센 니 하이 리 따 이

2. 기념품을 사고 싶어요.
   ✎ お土産が 買いたいです。
   오 미야게 가 카 이 따 이데 스

3. 술은 마시고 싶지 않아.
   ✎ お酒は 飲みたくない。
   오 사께 와 노 미 따 꾸 나 이

## 실전! 패턴 회화    쇼츠와 함께 연습해요!

쇼츠 57

#사쿠라는 민수에게 다음에는 어디에 가고 싶은지 묻는다.

次は どこに 行きたい?
츠기 와 도꼬 니 이 끼 따 이

다음에는 어디에 가고 싶어?

ラーメン博物館に 行きたい。
라 - 멩 하꾸부쯔 깐 니 이 끼 따 이

라멘 박물관에 가고 싶어.

 次(つぎ) 다음 | どこ 어디

# UNIT 58 ~합시다

음원 71

## ハンバーグを 食(た)べに 行(い)きましょう。
함 바ー구 오  타 베 니  이 끼 마  쇼ー

햄버그를 먹으러 갑시다.

**만능! 일본어 패턴**  동사의 ます형 + ましょう

동사의 ます형에 「ましょう」를 붙이면 '~합시다'라는 뜻으로, 상대방에게 어떤 것을 함께 하자고 제안하거나 권유할 때 써요.

**만능! 패턴 연습**  듣고 따라 해요!

1 おにぎりを 食(た)べましょう。  주먹밥을 먹읍시다.
  오 니 기 리 오  타 베 마  쇼ー

2 今日(きょう)は 早(はや)く ホテルに 帰(かえ)りましょう。  오늘은 빨리 호텔로 돌아갑시다.
  쿄ー 와  하야꾸  호 테 루 니  카에리 마  쇼ー

3 ゆっくり 休(やす)みましょう。  푹 쉽시다.
  육  꾸 리 야스미 마  쇼ー

**단어**
ハンバーグ 햄버그 *「ハンバーグステーキ」(햄버그 스테이크)의 준말 | ~を ~을[를] | 食(た)べる 먹다 |
동사의 ます형+に ~하러 *동작의 목적 | 行(い)く 가다 | おにぎり 주먹밥 | 今日(きょう) 오늘 | 早(はや)く 일찍, 빨리 |
ホテル 호텔 | 帰(かえ)る 돌아가[오]다 *예외 1그룹 동사(형태는 2그룹 동사이지만 예외적으로 1그룹 동사처럼 활용하는 것을 말함) |
ゆっくり 푹 | 休(やす)む 쉬다

## 만능! 패턴 완성  쓰면서 익혀 봐요!

1  주먹밥을 먹읍시다.

   おにぎりを 食(た)べましょう。
   오니기리오 타베마 쇼-

2  오늘은 빨리 호텔로 돌아갑시다.

   今日(きょう)は 早(はや)く ホテルに 帰(かえ)りましょう。
   쿄- 와 하야꾸 호테루니 카에리마 쇼-

3  푹 쉽시다.

   ゆっくり 休(やす)みましょう。
   육 꾸리 야스미마 쇼-

## 실전! 패턴 회화 | 쇼츠와 함께 연습해요!

쇼츠 58

#사토시는 세영에게 햄버그를 먹으러 가자고 제안한다.

今日(きょう)は ハンバーグを 食(た)べに 行(い)きましょう。
쿄- 와 함 바-구오 타베니 이끼마 쇼-

오늘은 햄버그를 먹으러 갑시다.

いいですね。一緒(いっしょ)に 出(で)かけましょう。
이- 데스 네 잇쇼니 데까께마 쇼-

좋죠. 같이 나갑시다.

 いい 좋다 | ～ね ～네, ～군, ～지 *확인·공감 등을 나타냄 | 一緒(いっしょ)に 함께, 같이 | 出(で)かける (밖에) 나가다, 외출하다

# UNIT 59 ~할 생각/~할 예정

음원 72

## 弟に あげる つもり。
### おとうと
오또-또 니  아게 루  츠 모 리

**남동생에게 줄 생각이야.**

### 만능! 일본어 패턴  동사의 기본형+つもり・予定(よてい)

동사의 기본형에 「つもり」(생각, 작정)를 붙이면 자신이 앞으로 어떤 것을 하려는 생각이나 의도를 나타내요. 이때 '~할 생각[작정]이다'라고 말하려면 「つもり」 뒤에 「だ」(~이다)를 붙여서 「つもりだ」라고 하면 되는데 회화체에서는 「だ」(~이다)를 생략할 수도 있어요. 정중하게 말하려면 「つもりです」(~할 생각[작정]입니다[생각[작정]이에요])라고 하면 돼요. 그리고 「つもり」 대신 「予定」(예정)를 쓰면 미리 계획되고 정해진 행동이나 예정을 나타낼 수 있어요.

### 만능! 패턴 연습  듣고 따라 해요!

1 明日 新宿に 行く つもり。  내일 신주쿠에 갈 생각이야.
  あした しんじゅく い
  아시따  신 쥬꾸니  이 꾸  츠 모 리

2 晩ご飯は 外食する つもりです。  저녁은 외식할 생각이에요.
  ばん はん がいしょく
  방 고 항 와  가이쇼꾸스 루  츠 모 리 데 스

3 何時に 出発する 予定ですか。  몇 시에 출발할 예정이에요?
  なんじ しゅっぱつ よ てい
  난 지 니  슙빠쯔스 루  요 떼- 데 스 까

### 단어
弟(おとうと) 남동생 | ~に ① (동작의 대상) ~에게 ② (장소·시간) ~에 | あげる (내가 남에게) 주다 | 明日(あした) 내일 | 新宿(しんじゅく) 신주쿠 *도쿄 내 지명 | 行(い)く 가다 | 晩(ばん)ご飯(はん) 저녁밥, 저녁식사 | 外食(がいしょく)する 외식하다 | 何時(なんじ) 몇 시 | 出発(しゅっぱつ)する 출발하다

## 만능! 패턴 완성 — 쓰면서 익혀 봐요!

1. 내일 신주쿠에 갈 생각이야.
   明日 新宿に 行く つもり。
   아시따 신 쥬꾸니 이꾸 츠모리

2. 저녁은 외식할 생각이에요.
   晩ご飯は 外食する つもりです。
   방 고 항 와 가이쇼꾸스루 츠모리데스

3. 몇 시에 출발할 예정이에요?
   何時に 出発する 予定ですか。
   난 지 니 슙빠쯔스루 요떼- 데스까

## 실전! 패턴 회화 | 쇼츠와 함께 연습해요!

쇼츠 59

#사쿠라는 민수가 산 선물을 가리키며 어떻게 할 것인지 묻는다.

その プレゼント、どうするの?
소노 푸레젠토 도-스루노

그 선물, 어떻게 할 거야?

弟に あげる つもり。
오또또니 아게루 츠모리

남동생에게 줄 생각이야.

その 그 | プレゼント 선물 | どう 어떻게 | する 하다 | ～の (의문·질문을 나타내는) ～니?

# UNIT 60 ~할까요?

## 駅<sub>えき</sub>まで ちょっと 歩<sub>ある</sub>きましょうか。
에끼 마 데　 춋 또　아루끼 마 쇼 ― 까

역까지 좀 걸을**까요?**

### 만능! 일본어 패턴  동사의 ます형+ましょうか

「ます」(~합니다[해요])의 권유형인 「ましょう」(~합시다)에 의문을 나타내는 「か」(~까?)를 붙여서 「ましょうか」라고 하면 '~할까요?'라는 뜻이 돼요. 정중하게 상대방에게 의향을 묻고 권하거나 제안하는 표현으로, 말하는 사람이 상대방을 위해 어떤 것을 하길 제안할 때도 사용해요.

### 만능! 패턴 연습  듣고 따라 해요!

1. タクシーに 乗<sub>の</sub>りましょうか。　　택시를 탈**까요?**
   타쿠시―니 노리마 쇼 ― 까

2. 荷物<sub>にもつ</sub>を 持<sub>も</sub>ちましょうか。　　짐을 들**까요?**
   니모쯔오 모찌마 쇼 ― 까

3. 何時<sub>なんじ</sub>に 会<sub>あ</sub>いましょうか。　　몇 시에 만날**까요?**
   난지니 아이마 쇼 ― 까

---

**단어** 駅(えき) 역 | ~まで ~까지 | ちょっと 좀, 조금, 약간 | 歩(ある)く 걷다 | タクシー 택시 |
乗(の)る (탈것에) 타다 *반드시 조사 「に」와 함께 쓰이고 이때는 '~을[를]'로 해석됨 | 荷物(にもつ) 짐 | ~を ~을[를] |
持(も)つ 쥐다, 들다 | 何時(なんじ) 몇 시 | ~に (시간) ~에 | 会(あ)う 만나다

## 만능! 패턴 완성 | 쓰면서 익혀 봐요!

**1** 택시를 탈까요?

✎ タクシーに 乗りましょうか。
　타쿠시-니 노리마 쇼-까

**2** 짐을 들까요?

✎ 荷物を 持ちましょうか。
　니모쯔오 모찌마 쇼-까

**3** 몇 시에 만날까요?

✎ 何時に 会いましょうか。
　난지니 아이마 쇼-까

## 실전! 패턴 회화 | 쇼츠와 함께 연습해요!

#사토시는 세영에게 역까지 걷지 않겠냐고 제안한다.

駅まで ちょっと 歩きましょうか。
에끼마데　촛　또 아루끼마 쇼-까

역까지 좀 걸을까요?

はい、そうしましょう。
하이　소-시마쇼-

예, 그렇게 합시다.

はい 예 | そう 그렇게 | する 하다

# PART 3 　연습문제

**1**　우리말에 맞는 일본어를 빈칸에 써 보세요.

① 내일은 약속이 없어.　明日は 約束が ☐☐☐。
　　　　　　　　　　　아시따 와　약소꾸 가　나 이

② 초밥을 먹었어요.　寿司を ☐☐☐☐☐。
　　　　　　　　　스시오　타 베 마 시 따

③ 여기서 쉬지 않을래요?　ここで ☐☐☐☐☐☐☐。
　　　　　　　　　　　　코꼬데　야 스 미 마 셍 까

④ 7시에 출발할 예정이에요.　7時に 出発する ☐☐☐☐☐。
　　　　　　　　　　　　　시찌지니 슙빠쯔스 루　요 떼 - 데 스

**2**　밑줄 친 부분을 우리말로 옮겨 보세요.

① 3階に あります。　　　　　3층에 _____.
　상가이니 아 리 마 스

② 横浜へ 遊びに 行きました。　요코하마에 _____ 갔어요.
　요꼬하마 에 아소 비 니　이 끼 마 시 따

③ コーヒーが 飲みたいです。　커피_____ _____.
　코 - 히 - 가　노 미 따 이 데 스

④ 早く 帰りましょう。　　　　빨리 _____.
　하야 꾸 카에 리 마 쇼 -

**3** 음성을 듣고 우리말에 맞는 일본어를 빈칸에 써 보세요.

① (사람·동물 등이) 있다

|   |   |
|---|---|
| 이 | 루 |

② 만나다

|   |   |
|---|---|
| 아 | 우 |

③ 일어나다, 기상하다

|   |   |   |
|---|---|---|
| 오 | 끼 | 루 |

④ 예약하다

|   |   |   |   |   |
|---|---|---|---|---|
| 요 | 야 | 꾸 | 스 | 루 |

**4** 음성을 듣고 문장을 따라 쓰고 읽어 보세요.

① 버스를 타.

| バ | ス | に | の | る | 。 |
|---|---|---|---|---|---|
| 바 | 스 | 니 | 노 | 루 |   |

② 처음 먹어요.

| は | じ | め | て | た | べ | ま | す | 。 |
|---|---|---|---|---|---|---|---|---|
| 하 | 지 | 메 | 떼 | 타 | 베 | 마 | 스 |   |

③ 쇼핑하지 않을래?

| か | い | も | の | し | な | い | ? |
|---|---|---|---|---|---|---|---|
| 카 | 이 | 모 | 노 | 시 | 나 | 이 |   |

④ 걸을까요?

| あ | る | き | ま | し | ょ | う | か | 。 |
|---|---|---|---|---|---|---|---|---|
| 아 | 루 | 끼 | 마 | 쇼 | - | 까 |   |   |

※정답은 p.230에 있어요.

# PART 3 패턴 노트 · 동사 ❶

● 존재를 나타내는 동사 「ある・いる」를 정리해 보자!

| 존재 동사 | | 긍정 | 부정 |
|---|---|---|---|
| **ある**<br>아 루<br>(사물·식물) | 보통체<br>(반말) | **ある**(있다)<br>• トイレは 1階に ある。<br>토 이 레 와 익까이니 아 루<br>화장실은 1층에 있다. | **ない**(없다)<br>• トイレは 1階に ない。<br>토 이 레 와 익까이니 나 이<br>화장실은 1층에 없다. |
| | 정중체<br>(존댓말) | **あります**(있습니다)<br>• トイレは 1階に あります。<br>토 이 레 와 익까이니 아 리 마 스<br>화장실은 1층에 있습니다. | **ありません**(없습니다)<br>• トイレは 1階に ありません。<br>토 이 레 와 익까이니 아 리 마 셍<br>화장실은 1층에 없습니다. |
| **いる**<br>이 루<br>(사람·동물) | 보통체<br>(반말) | **いる**(있다)<br>• 兄が 二人 いる。<br>아니가 후따리 이 루<br>오빠가 두 명 있다. | **いない**(없다)<br>• 兄は いない。<br>아니와 이 나 이<br>오빠는 없다. |
| | 정중체<br>(존댓말) | **います**(있습니다)<br>• 兄が 二人 います。<br>아니 가 후따리 이 마 스<br>오빠가 두 명 있습니다. | **いません**(없습니다)<br>• 兄は いません。<br>아니와 이 마 셍<br>오빠는 없습니다. |

● 동사의 기본형과 종류를 정리해 보자!

| | |
|---|---|
| **1그룹 동사** | ① 어미가 「る」로 끝나지 않는 동사<br>会う 만나다 / 行く 가다 / 泳ぐ 수영하다 / 話す 이야기하다<br>아 우 / 이 꾸 / 오요 구 / 하나스<br>待つ 기다리다 / 死ぬ 죽다 / 遊ぶ 놀다 / 飲む 마시다<br>마 쯔 / 시 누 / 아소부 / 노 무<br>② 어미가 「る」로 끝나고, 「る」 바로 앞이 [a], [u], [o] 모음인 동사<br>ある (사물·식물 등이) 있다 / 作る 만들다 / 乗る (탈것에) 타다<br>아 루 / 츠꾸 루 / 노 루 |
| **2그룹 동사** | 어미가 「る」로 끝나고, 「る」 바로 앞이 [i], [e] 모음인 동사<br>見る 보다 / 食べる 먹다 / 起きる 일어나다, 기상하다<br>미 루 / 타 베 루 / 오 끼 루 |
| **3그룹 동사** | 불규칙적으로 활용하는 동사로 두 개밖에 없음<br>する 하다 / 来る 오다<br>스 루 / 쿠 루 |

● 동사의 ない형을 정리해 보자!

| 1그룹 동사 | 어미 [u] 모음을 [a] 모음으로 바꾸고+「ない」 |||
|---|---|---|---|
| | 行く 가다 → 行かない 가지 않다<br>이 꾸　　　　이 까 나 이 | | *会う 만나다 → 会わない 만나지 않다<br>아 우　　　　　아 와 나 이 |
| 2그룹 동사 | 어미 「る」를 떼고+「ない」 |||
| | 見る 보다 → 見ない 보지 않다<br>미 루　　　미 나 이 | | 寝る 자다 → 寝ない 자지 않다<br>네 루　　　네 나 이 |
| 3그룹 동사 | 불규칙적으로 활용하므로 외워야 함 |||
| | する 하다 → しない 하지 않다<br>스 루　　　시 나 이 | | 来る 오다 → 来ない 오지 않다<br>쿠 루　　　코 나 이 |

● 동사의 ます형을 정리해 보자!

| | 긍정 | 부정 |
|---|---|---|
| | 어미 [u] 모음을 [i] 모음으로 바꾸고+「ます」 | 「ます」 대신 「ません」을 붙이면 됨 |
| 1그룹 동사 | 行く 가다 → 行きます 갑니다<br>이 꾸　　　　이 끼 마스 | 行きません 가지 않습니다<br>이 끼 마 셍 |
| | 待つ 기다리다 → 待ちます 기다립니다<br>마 쯔　　　　　마 찌 마스 | 待ちません 기다리지 않습니다<br>마 찌 마 셍 |
| | 撮る (사진 등을) 찍다 → 撮ります (사진 등을) 찍습니다<br>토 루　　　　　　　　토 리 마스 | 撮りません 찍지 않습니다<br>토 리 마 셍 |
| | 어미 「る」를 떼고+「ます」 | 「ます」 대신 「ません」을 붙이면 됨 |
| 2그룹 동사 | 食べる 먹다 → 食べます 먹습니다<br>타 베 루　　　타 베 마스 | 食べません 먹지 않습니다<br>타 베 마 셍 |
| | 起きる 일어나다, 기상하다 → 起きます 일어납니다<br>오 끼 루　　　　　　　　　오 끼 마스 | 起きません 일어나지 않습니다<br>오 끼 마 셍 |
| | 불규칙적으로 활용하므로 외워야 함 | 「ます」 대신 「ません」을 붙이면 됨 |
| 3그룹 동사 | する 하다 → します 합니다<br>스 루　　　시 마스 | しません 하지 않습니다<br>시 마 셍 |
| | 来る 오다 → 来ます 옵니다<br>쿠 루　　　키 마스 | 来ません 오지 않습니다<br>키 마 셍 |

# PART

4

# 동사 2

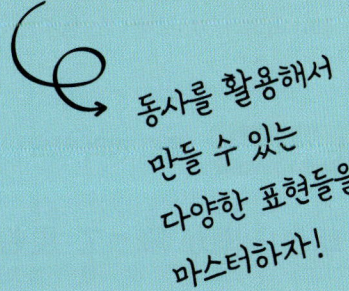

동사를 활용해서
만들 수 있는
다양한 표현들을
마스터하자!

# UNIT 61 ~하고, ~해서 (1그룹 동사)

음원 76

## 動物園に 行って パンダを 見ない?
도― 부쯔 엔 니  잇 떼  판 다 오  미 나 이

동물원에 가서 팬더를 보지 않을래[안 볼래]?

### 만능! 일본어 패턴 — 1그룹 동사의 て형

동사에 「て」를 붙이면 '~하고, ~해서'라는 의미로, 동작을 나열하거나 뒤에 오는 말의 원인·이유를 나타내는 표현을 만들 수 있어요. 1그룹 동사의 て형을 만드는 방법은 다음과 같아요.

| 어미가 「く、ぐ」로 끝나는 동사 → 「いて、いで」 | | | |
|---|---|---|---|
| 聞く 듣다 → | 聞いて 듣고, 들어서 | 泳ぐ 수영하다 → | 泳いで 수영하고, 수영해서 |
| 어미가 「う、つ、る」로 끝나는 동사 → 「って」 | | | |
| 歌う 노래하다 → | 歌って 노래하고, 노래해서 | 待つ 기다리다 → | 待って 기다리고, 기다려서 |
| 作る 만들다 → | 作って 만들고, 만들어서 | | |
| 어미가 「ぬ、ぶ、む」로 끝나는 동사 → 「んで」 | | | |
| 死ぬ 죽다 → | 死んで 죽고, 죽어서 | 遊ぶ 놀다 → | 遊んで 놀고, 놀아서 |
| 飲む 마시다 → | 飲んで 마시고, 마셔서 | | |

「行く」(가다)는 어미가 「く」로 끝나지만 예외적으로 「行って」(가고, 가서)로 바뀌고, 「話す」(말하다, 이야기하다)와 같이 어미가 「す」로 끝나는 동사는 「す」를 「して」로 바꾸면 돼요.

### 만능! 패턴 연습 — 듣고 따라 해요!

1  朝から 雨が 降って 風も 吹く。
아사까 라 아메가  훗 떼 카제 모  후 꾸

아침부터 비가 오고 바람도 불어.

2  新宿まで 電車に 乗って 行きます。
신 쥬꾸 마 데  덴 샤 니  놋 떼 이 끼 마 스

신주쿠까지 전철을 타고 가요.

3 友達に 会って ランチを 食べる。
　토모다찌니　앗떼　란치오　타베루

친구를 만나서 점심을 먹을 거야.

## 만능! 패턴 완성 | 쓰면서 익혀 봐요!

1 아침부터 비가 오고 바람도 불어.
✏️ 朝から 雨が 降って 風も 吹く。
　아사까 라 아메가　훗 떼 카제모 후꾸

2 신주쿠까지 전철을 타고 가요.
✏️ 新宿まで 電車に 乗って 行きます。
　신 쥬꾸마 데 덴샤니　놋 떼 이끼마스

3 친구를 만나서 점심을 먹을 거야.
✏️ 友達に 会って ランチを 食べる。
　토모다찌니　앗 떼　란 치오　타베루

## 실전! 패턴 회화 | 쇼츠와 함께 연습해요!

쇼츠 61

#사쿠라는 민수에게 우에노 동물원에 가서 팬더를 보지 않겠냐고 묻는다.

上野動物園に 行って パンダを 見ない?
우에노 도-부쯔엔니　잇떼　판 다오 미나이

우에노 동물원에 가서 팬더를 보지 않을래[안 볼래]?

いいね。ぜひ 見たい。
이 - 네 제히 미따이

좋지. 꼭 보고 싶어.

**단어** 動物園(どうぶつえん) 동물원 | ～に (장소) ~에 | パンダ 팬더 | 見(み)る 보다 | ～ない? (권유) ~하지 않을래? | 朝(あさ) 아침 | ～から ~부터 | 雨(あめ) 비 | 降(ふ)る (비・눈 등이) 내리다, 오다 | 風(かぜ) 바람 | ～も ~도 | 吹(ふ)く (바람이) 불다 | 新宿(しんじゅく) 신주쿠 *도쿄의 지명 | ～まで ~까지 | 電車(でんしゃ) 전철 | 乗(の)る (탈것에) 타다 | 友達(ともだち) 친구 | 会(あ)う 만나다 | ランチ 런치, 간단한 서양식 식사[점심] | 食(た)べる 먹다 | ぜひ 꼭 | 동사의 ます형+たい ~하고 싶다

# UNIT 62 ～하고, ～해서 (2그룹 동사)

음원 77

## 他の 店も 見て 来ます。
호까 노 미세 모 미 떼 키 마 스

다른 가게도 보고 올게요.

### 만능! 일본어 패턴 — 2그룹 동사의 て형

동사에「て」를 붙이면 '～하고, ～해서'라는 의미로, 동작을 나열하거나 뒤에 오는 말의 원인·이유를 나타내는 표현을 만들 수 있어요. 2그룹 동사의 て형을 만드는 방법은 다음과 같아요.

어미「る」를 떼고+「て」

| | | | | |
|---|---|---|---|---|
| 見る 보다 | → | 見て 보고, 봐서 | 借りる 빌리다 | → 借りて 빌리고, 빌려서 |
| 食べる 먹다 | → | 食べて 먹고, 먹어서 | 寝る 자다 | → 寝て 자고, 자서 |

### 만능! 패턴 연습 — 듣고 따라 해요!

1. 晩ご飯を 食べて ビールも 飲んだ。
   방 고 항 오 타 베 떼 비 ― 루 모 논 다
   저녁을 먹고 맥주도 마셨어.

2. あそこに ある 地図を 見て 行きましょう。
   아 소 꼬 니 아 루 치 즈 오 미 떼 이 끼 마 쇼 ―
   저기에 있는 지도를 보고 갑시다.

3. その カフェは 新しく できて 話題です。
   소 노 카 훼 와 아따라시 꾸 데 끼 떼 와 다이데 스
   그 카페는 새로 생겨서 화제예요.

**단어** 他(ほか) 다른 (것) | 店(みせ) 가게 | 見(み)る 보다 | 来(く)る 오다 | 晩(ばん)ご飯(はん) 저녁밥, 저녁식사 | 食(た)べる 먹다 | ビール 맥주 | ～も ～도 | 飲(の)む 마시다 | あそこ 저기 | ある (사물·식물 등이) 있다 | 地図(ちず) 지도 | 行(い)く 가다 | ～ましょう ～합시다 *권유 | その 그 | カフェ 카페 | 新(あたら)しい 새롭다 | できる (일 등이) 생기다 | 話題(わだい) 화제

### 만능! 패턴 완성 | 쓰면서 익혀 봐요!

1. 저녁을 먹고 맥주도 마셨어.
   ✎ 晩ご飯を 食べて ビールも 飲んだ。
   방 고항오 타베떼 비-루모 논다

2. 저기에 있는 지도를 보고 갑시다.
   ✎ あそこに ある 地図を 見て 行きましょう。
   아소꼬니 아루 치즈오 미떼 이끼마쇼-

3. 그 카페는 새로 생겨서 화제예요.
   ✎ その カフェは 新しく できて 話題です。
   소노 카훼와 아따라시꾸 데끼떼 와다이데스

### 실전! 패턴 회화 | 쇼츠와 함께 연습해요!

쇼츠 62

#옷가게에서 세영은 자신이 원하는 색상의 옷이 없자, 점원에게 다른 가게도 보고 오겠다고 말한다.

これ、いかがですか。
코레 이까가데스까
이거 어떠세요?

すみません。他の 店も 見て 来ます。
스미마셍 호까노 미세모 미떼 키마스
죄송해요. 다른 가게도 보고 올게요.

 これ 이것 | いかがですか 어떠십니까? | すみません 죄송합니다, 미안합니다

## UNIT 63  ～하고, ～해서  3그룹 동사

음원 78

# たくさんの 人ひとが 参加さんかして すごいね。
탁 산 노 히또가 상까시떼 스고이네

**많은 사람이 참가해서 대단하네.**

---

### 만능! 일본어 패턴   3그룹 동사의 て형

3그룹 동사는 불규칙적으로 활용하는 동사예요. 따라서 '～하고, ～해서'라는 뜻의 표현인 て형도 각각 외워야 해요.

| する 하다 → して 하고, 해서 | 来く る 오다 → 来き て 오고, 와서 |

---

### 만능! 패턴 연습   듣고 따라 해요!

1 日に本ほん語ごを 少すこし 勉べん強きょうして 来きました。
   니홍고오 스꼬시 벵꾜-시떼 키마시따
   일본어를 조금 공부하고 왔어요.

2 ネットで 予よ約やくして 行いきましょうか。
   넷토데 요야꾸시떼 이끼마쇼-까
   인터넷으로 예약하고 갈까요?

3 アイドルが 来きて 人ひとが たくさん いる。
   아이도루가 키떼 히또가 탁상 이루
   아이돌이 와서 사람이 많이 있어.

---

**단어**  たくさん (수량이) 많음, 많이 | 人(ひと) 사람 | 参加(さんか)する 참가하다 | すごい 굉장하다, 대단하다 | 日本語(にほんご) 일본어 | 少(すこ)し 조금 | 勉強(べんきょう)する 공부하다 | 来(く)る 오다 | ネット 인터넷 *「インターネット」의 준말 | 予約(よやく)する 예약하다 | 行(い)く 가다 | ～ましょうか ～할까요? *권유 | アイドル 아이돌 | いる (사람·동물 등이) 있다

## 만능! 패턴 완성 — 쓰면서 익혀 봐요!

1. 일본어를 조금 공부하고 왔어요.
   日本語を 少し 勉強して 来ました。
   니홍고오 스꼬시 벵꾜-시떼 키마시따

2. 인터넷으로 예약하고 갈까요?
   ネットで 予約して 行きましょうか。
   넷또데 요야꾸시떼 이끼마쇼-까

3. 아이돌이 와서 사람이 많이 있어.
   アイドルが 来て 人がたくさん いる。
   아이도루가 키떼 히또가 탁상 이루

## 실전! 패턴 회화 | 쇼츠와 함께 연습해요!

쇼츠 63

#이벤트를 보러 온 민수와 사쿠라는 많은 사람이 참가한 것을 보고 놀란다.

たくさんの 人が 参加して すごいね。
탁산노 히또가 상까시떼 스고이네

많은 사람이 참가해서 대단하네.

本当。年に 一度の イベントだから。
혼또- 넨니 이찌도노 이벤또다까라

정말. 일 년에 한 번 있는 이벤트니까.

 本当(ほんとう) 정말, 진짜 | 年(ねん) 일 년 | 一度(いちど) 한 번 | イベント 이벤트 | ～から (원인·이유) ~니까

# UNIT 64 ~해 주세요

## この 住所(じゅうしょ)まで 行(い)って ください。
코 노 쥬- 쇼마데 잇 떼 쿠다사이

이 주소까지 가 주세요.

### 만능! 일본어 패턴  동사의 て형+て ください

원래 「ください」는 '주세요'라는 의미인데, 동사의 て형에 「て ください」를 붙이면 '~해 주세요, ~하세요'라는 뜻을 나타내요. 상대방에게 어떤 동작이나 행위를 하도록 부탁하거나 지시·요구할 때 사용하는 표현이에요.

### 만능! 패턴 연습  듣고 따라 해요!

1  ここに 名前(なまえ)を 書(か)いて ください。  여기에 이름을 써 주세요.
   코꼬니 나마에오 카 이떼 쿠다사이

2  もう 少(すこ)し ゆっくり 話(はな)して ください。  조금 더 천천히 말해 주세요.
   모- 스꼬시 육 꾸리 하나시떼 쿠다사이

3  プレゼント用(よう)に 包(つつ)んで ください。  선물용으로 포장해 주세요.
   푸 레 젠 토요-니 츠쯘 데 쿠다사이

**단어**  この 이 | 住所(じゅうしょ) 주소 | ~まで ~까지 | 行(い)く 가다 | ここ 여기 | 名前(なまえ) 이름 | 書(か)く (글씨·글을) 쓰다 | もう 少(すこ)し 조금 더 | ゆっくり 천천히 | 話(はな)す 말하다, 이야기하다 | プレゼント 선물 | ~用(よう) ~용 | 包(つつ)む 싸다, 포장하다

## 만능! 패턴 완성 — 쓰면서 익혀 봐요!

1. 여기에 이름을 써 주세요.

   ここに 名前を 書いて ください。
   코꼬니 나마에오 카이떼 쿠다사이

2. 조금 더 천천히 말해 주세요.

   もう 少し ゆっくり 話して ください。
   모- 스꼬시 육꾸리 하나시떼 쿠다사이

3. 선물용으로 포장해 주세요.

   プレゼント用に 包んで ください。
   푸레젠토요-니 츠쫀데 쿠다사이

## 실전! 패턴 회화 | 쇼츠와 함께 연습해요!

쇼츠 64

#택시에 탄 세영은 목적지를 묻는 기사에게 목적지의 주소를 보여 준다.

どちらまでですか。
도찌라마데데스까

어디까지 가세요?

この 住所まで 行って ください。
코노 쥬-쇼마데 잇떼쿠다사이

이 주소까지 가 주세요.

 どちら 어디, 어느 곳 *「どちらまでですか」– 어디까지 가십니까?

## UNIT 65 ～하지 마세요

# 無理しないで ください。
무 리 시 나 이 데 쿠 다 사 이

## 무리하지 마세요.

**만능! 일본어 패턴**  동사의 ない형+ないで ください

동사의 ない형에 「ないで ください」를 붙이면 '～하지 마세요, ～하지 말아 주세요'라는 뜻을 나타내요. 상대방에게 어떤 동작이나 행위를 하지 않도록 부탁하거나 지시·요구할 때 사용하는 표현이에요.

**만능! 패턴 연습**  듣고 따라 해요!

1 ここで 写真を 撮らないで ください。
코 꼬 데 샤 싱 오  토 라 나 이 데 쿠 다 사 이
여기서 사진을 찍지 마세요.

2 遠慮しないで ください。
엔 료 시 나 이 데 쿠 다 사 이
사양하지 마세요.

3 ここで たばこを 吸わないで ください。
코 꼬 데 타 바 꼬 오  스 와 나 이 데 쿠 다 사 이
여기서 담배를 피우지 마세요.

**단어** 無理(むり)する 무리하다 | ここ 여기 | 写真(しゃしん) 사진 | 撮(と)る (사진 등을) 찍다 | 遠慮(えんりょ)する 사양하다 | たばこ 담배 | 吸(す)う (담배를) 피우다

### 만능! 패턴 완성 　쓰면서 익혀 봐요!

**1**　여기서 사진을 찍지 마세요.

✏️ ここで 写真を 撮らないで ください。
　　코꼬데 샤싱오　토라나이데 쿠다사이

**2**　사양하지 마세요.

✏️ 遠慮しないで ください。
　　엔료시나이데 쿠다사이

**3**　여기서 담배를 피우지 마세요.

✏️ ここで たばこを 吸わないで ください。
　　코꼬데 타바꼬오　스와나이데 쿠다사이

---

### 실전! 패턴 회화 　쇼츠와 함께 연습해요!

쇼츠 65

#약국에 감기약을 사러 온 민수에게 약사는 약을 건네며 무리하지 말라고 조언한다.

> これ、薬です。無理しないで ください。
> 코레　쿠스리데스　무리시나이데 쿠다사이
>
> 이거 약이에요. 무리하지 마세요.

> はい、わかりました。
> 하이　와까리마시따
>
> 예, 알았어요.

 これ 이것 | 薬(くすり) 약 | はい 예 | わかる 알다, 이해하다

## UNIT 66 ~하고 있어 진행

# ユーチューブを 見ている。
유 - 츄 - 부오 미떼 이루

**유튜브를 보고 있어.**

### 만능! 일본어 패턴　동사의 て형+て いる ①

동사의 て형에 「て いる」를 붙이면 '~하고 있다[하고 있어]'라는 의미로 동작의 진행을 나타내요. 그리고 「て います」를 붙이면 '~하고 있습니다[하고 있어요]'라는 정중한 표현이 돼요.

### 만능! 패턴 연습　듣고 따라 해요!

1. **友達を 待って いる。**
   토모다찌오 맛떼 이루
   친구를 기다리고 있어.

2. **カフェで コーヒーを 飲んで いる。**
   카훼데 코-히-오 논데 이루
   카페에서 커피를 마시고 있어.

3. **今 セールして います。**
   이마 세-루시떼 이마스
   지금 세일하고 있어요.

**단어** ユーチューブ 유튜브 | ~を ~을[를] | 見(み)る 보다 | 友達(ともだち) 친구 | 待(ま)つ 기다리다 | カフェ 카페 | ~で (장소) ~에서 | コーヒー 커피 | 飲(の)む 마시다 | 今(いま) 지금 | セールする 세일하다

## 만능! 패턴 완성 　쓰면서 익혀 봐요!

1  친구를 기다리고 있어.

✎ 友達を 待って いる。
　토모다찌오 　맛 떼 이루

2  카페에서 커피를 마시고 있어.

✎ カフェで コーヒーを 飲んで いる。
　카 훼 데 코 - 히 - 오 　논 데 이루

3  지금 세일하고 있어요.

✎ 今 セールして います。
　이마 세 - 루 시 떼 이 마 스

## 실전! 패턴 회화 　쇼츠와 함께 연습해요!

쇼츠 66

#마리나는 민수에게 전화를 걸어 지금 무엇을 하고 있는지 묻는다.

今 何 して いる?
이마 나니 시 떼 　이 루

지금 뭐 하고 있어?

部屋で ユーチューブを 見て いる。
헤 야 데 유 - 츄 - 부 오 미 떼 이루

방에서 유튜브를 보고 있어.

 今(いま) 지금 | 何(なに) 무엇 | する 하다 | 部屋(へや) 방

## UNIT 67 ~(해)져 있어 `상태`

## まだ 電気が ついて いますよ。
마다 뎅끼가 츠이떼 이마스요

아직 불이 켜져 있어요.

### 만능! 일본어 패턴   동사의 て형+て いる ②

동사의 て형에 「て いる」를 붙이면 '~하고 있다[하고 있어]'라는 의미로 동작의 진행뿐만 아니라, '~(해)져 있다[(해)져 있어]'라는 의미로 완료된 상태도 나타낼 수 있어요. 그리고 「て います」를 붙이면 '~(해)져 있습니다[(해)져 있어요]'라는 정중한 표현이 돼요.

### 만능! 패턴 연습   듣고 따라 해요!

1   ドアが 開いて いる。
　　도아가 아이떼 이루

문이 열려 있어.

2   事故で 電車が 止まって いる。
　　지꼬데 덴샤가 토맛떼 이루

사고로 전철이 멈춰 있어.

3   店の 電気が 消えて います。
　　미세노 뎅끼가 키에떼 이마스

가게 불이 꺼져 있어요.

**단어** まだ 아직 | 電気(でんき) 전기, 전등 | つく (불이) 붙다, 켜지다 | ~よ 문장 끝에 붙어 판단을 주장, 설명하거나 다짐을 나타냄. 또한 상대에게 '알려 준다'라는 뉘앙스가 있음 | ドア 도어, 문 | 開(あ)く 열리다 | 事故(じこ) 사고 | ~で (원인·이유) ~으로 | 電車(でんしゃ) 전철 | 止(と)まる 멈추다, 서다 | 店(みせ) 가게 | 消(き)える (불이) 꺼지다

## 만능! 패턴 완성 | 쓰면서 익혀 봐요!

**1** 문이 열려 있어.

✎ ドアが 開いて いる。
  도아가 아이떼 이루

**2** 사고로 전철이 멈춰 있어.

✎ 事故で 電車が 止まって いる。
  지꼬데 덴샤가 토맛떼 이루

**3** 가게 불이 꺼져 있어요.

✎ 店の 電気が 消えて います。
  미세노 뎅끼가 키에떼 이마스

## 실전! 패턴 회화 | 쇼츠와 함께 연습해요!

쇼츠 67

#세영과 사토시는 폐점 시간에 임박해서 맛집에 도착한다.

やっぱり もう 閉まりましたか。
얍빠리 모- 시마리마시따까

역시 벌써 닫혔어요?

いや、まだ 電気が ついて いますよ。
이야  마다 뎅끼가 츠이떼 이마스요

아니. 아직 불이 켜져 있어요.

 やっぱり 역시 | もう 이미, 벌써, 이제 | 閉(し)まる 닫히다, (그날의 영업이) 끝나다 | いや 아니

# UNIT 68 ~해도 돼

## ちょっと 食(た)べても いい?
촛 또 타베떼모 이-

좀 먹어도 돼?

### 만능! 일본어 패턴  동사의 て형+ても いい

동사의 て형에 「ても いい」를 붙이면 '~해도 된다[해도 돼], ~해도 괜찮다[해도 괜찮아]'라는 뜻을 나타내요. 상대방의 행위를 허가할 때 쓰는 표현으로, 정중하게 표현하려면 「ても いいです」(~해도 됩니다[해도 돼요]) 라고 하면 돼요. 의문문으로 「ても いい(↗)?」라고 하면 '~해도 돼?'라는 뜻으로 상대방에게 허락을 구하는 표현이 되고, 「ても いいですか」라고 하면 '~해도 됩니까[해도 돼요]?'라는 정중한 표현이 돼요.

### 만능! 패턴 연습  듣고 따라 해요!

1  この 席(せき)に 座(すわ)っても いい。
코노 세끼니 스왓떼모 이-
이 자리에 앉아도 돼.

2  好(す)きなだけ 飲(の)んでも いいです。
스끼나다께 논데모 이-데스
좋아하는 만큼 마셔도 돼요.

3  ここに 荷物(にもつ)を 置(お)いても いいですか。
코꼬니 니모쯔오 오이떼모 이-데스까
여기에 짐을 놔도 돼요?

**단어**  ちょっと 좀, 조금, 약간 | 食(た)べる 먹다 | この 이 | 席(せき) 자리 | 座(すわ)る 앉다 | 好(す)きだ 좋아하다 | ~だけ ~만큼 | 飲(の)む 마시다 | ここ 여기 | 荷物(にもつ) 짐 | 置(お)く 놓다, 두다

## 만능! 패턴 완성    쓰면서 익혀 봐요!

**1** 이 자리에 앉아도 돼.

✎ この 席に 座っても いい。
　코 노 세끼니　스왓 떼모　이 -

**2** 좋아하는 만큼 마셔도 돼요.

✎ 好きなだけ 飲んでも いいです。
　스 끼나다께　논 데모　이 - 데스

**3** 여기에 짐을 놔도 돼요?

✎ ここに 荷物を 置いても いいですか。
　코 꼬니　니모쯔오　오 이떼모　이 - 데스까

## 실전! 패턴 회화    쇼츠와 함께 연습해요!

쇼츠 68

\#사쿠라는 민수가 사 온 쿠키를 가리키며 먹어도 되는지 묻는다.

それ、ちょっと 食べても いい?
소 레　춋 또 타베떼모 이 -

그거 좀 먹어도 돼?

いいよ! どうぞ!
이 - 요 도 - 조

좋아! 먹어!

 それ 그것 | いい 좋다 | どうぞ 승낙·허가·권유를 나타내는 공손한 말씨

## UNIT 69 ~해서는 안 돼

음원 84

# ここに 止めては いけません。
코꼬니 토메떼와 이께마셍

여기에 세워서는 안 돼요.

### 만능! 일본어 패턴　동사의 て형+ては いけない

동사의 て형에 「ては いけない」를 붙이면 '~해서는 안 된다[해서는 안 돼]'라는 뜻으로, 행위의 금지나 불허를 나타낼 때 사용해요. 정중하게 '~해서는 안 됩니다[해서는 안 돼요]'라는 뜻을 나타내려면 「ては いけないです」 혹은 「ては いけません」이라고 하면 돼요.

### 만능! 패턴 연습　듣고 따라 해요!

1　その 部屋には 入っては いけない。　　그 방에는 들어가서는 안 돼.
　　소노 헤야니와 하잇 떼와 이께 나이

2　写真を 撮っては いけません。　　사진을 찍어서는 안 돼요.
　　샤싱오 톳떼와 이께마셍

3　ここで 食べては いけません。　　여기서 먹어서는 안 돼요.
　　코꼬데 타베떼와 이께마셍

---

**단어**　ここ 여기 | 止(と)める 세우다, 멈추다 | その 그 | 部屋(へや) 방 | ~には ~에는 *「に」(~에)의 뜻을 강조하는 말 | 入(はい)る 들어가[오]다 *예외 1그룹 동사 | 写真(しゃしん) 사진 | ~を ~을[를] | 撮(と)る (사진 등을) 찍다 | ~で (장소) ~에서 | 食(た)べる 먹다

## 만능! 패턴 완성 | 쓰면서 익혀 봐요!

1. 그 방에는 들어가서는 안 돼.

   その 部屋には 入っては いけない。
   소노 헤야니와 하잇떼와 이께나이

2. 사진을 찍어서는 안 돼요.

   写真を 撮っては いけません。
   샤싱오 톳떼와 이께마셍

3. 여기서 먹어서는 안 돼요.

   ここで 食べては いけません。
   코꼬데 타베떼와 이께마셍

## 실전! 패턴 회화 | 쇼츠와 함께 연습해요!

쇼츠 69

#로컬 맛집에 온 민수는 종업원에게 가게 앞에 주차해도 되는지 묻는다.

ここに 止めても いいですか。
코꼬니 토메떼모 이-데스까

여기에 세워도 돼요?

すみません。ここに 止めては いけません。
스미마셍  코꼬니 토메떼와 이께마셍

죄송해요. 여기에 세워서는 안 돼요.

**단어**
すみません 죄송합니다, 미안합니다

## UNIT 70 ~하고 나서

음원 85

# ご飯を 食べてから、見ない?
고항오 타베떼까라 미나이

밥을 먹고 나서 보지 않을래[안 볼래]?

### 만능! 일본어 패턴  동사의 て형+てから

동사의 て형에 「てから」를 붙이면 '~하고 나서, ~한 후에'라는 뜻을 나타내요. 동작의 순서를 강조하는 표현으로 어떤 동작을 하고 나서 바로 무언가를 할 때 사용하는 표현이에요.

### 만능! 패턴 연습  듣고 따라 해요!

1 シャワーを 浴びてから 寝る。
  샤와-오 아비떼까라 네루
  샤워를 하고 나서 잘 거야.

2 先に よく 調べてから 訪ねませんか。
  사끼니 요꾸 시라베떼까라 타즈네마셍까
  먼저 잘 알아보고 나서 방문하지 않을래요?

3 お金を 入れてから ボタンを 押す。
  오까네오 이레떼까라 보탕오 오스
  돈을 넣은 후에 버튼을 눌러.

---

**단어** ご飯(はん) 밥 | ~を ~을[를] | 食(た)べる 먹다 | ~ない? ~하지 않을래? *권유 | シャワー 샤워 | 浴(あ)びる (물을) 들쓰다 *シャワーを 浴(あ)びる - 샤워를 하다 | 寝(ね)る 자다 | 先(さき)に 먼저 | よく 잘 | 調(しら)べる 조사하다, 알아보다 | 訪(たず)ねる 찾다, 방문하다 | ~ませんか ~하지 않겠습니까? *권유 | お金(かね) 돈 | 入(い)れる 넣다 | ボタン 버튼, (기계의) 단추 | 押(お)す 누르다

### 만능! 패턴 완성    쓰면서 익혀 봐요!

1. 샤워를 하고 나서 잘 거야.

   シャワーを 浴びてから 寝る。
   샤 와 - 오  아비떼까라  네루

2. 먼저 잘 알아보고 나서 방문하지 않을래요?

   先に よく 調べてから 訪ねませんか。
   사끼니  요꾸  시라베떼까라  타즈네마셍까

3. 돈을 넣은 후에 버튼을 눌러.

   お金を 入れてから ボタンを 押す。
   오까네오  이레떼까라  보탕오  오스

### 실전! 패턴 회화  |  쇼츠와 함께 연습해요!

쇼츠 70

#불꽃축제를 보러 온 민수와 사쿠라. 사쿠라는 민수에게 밥부터 먹지 않겠냐고 제안한다.

花火、いつ 見る?
하나비  이쯔 미루

불꽃(놀이) 언제 볼래?

先に ご飯を 食べてから、見ない?
사끼니  고항오  타베떼까라  미나이

먼저 밥을 먹고 나서 보지 않을래[안 볼래]?

花火(はなび) 불꽃(놀이) | いつ 언제

## UNIT 71 ~해 볼래

음원 86

# この 浴衣(ゆかた)、着(き)て みますか。
코노 유까따 키떼 미마스까

이 유카타 입어 볼래요?

### 만능! 일본어 패턴  동사의 て형 + て みる

「て みる」는 '~해 보다[해 볼래, 해 볼게]'라는 뜻으로, 어떤 동작이나 행위를 시도해서 한 번 해 볼 때 사용하는 표현이에요. 원래 「見(み)る」는 '보다'라는 뜻의 동사이지만, 동사의 て형에 연결되어 '~해 보다[해 볼래, 해 볼게]'라는 뜻으로 쓰일 경우 보조동사이기 때문에 한자가 아닌 히라가나로 표기해야 돼요.

### 만능! 패턴 연습  듣고 따라 해요!

1 親子丼(おやこどん)を 食(た)べて みる。  닭고기 계란덮밥을 먹어 볼래.
  오야꼬동오 타베떼 미루

2 今度(こんど) 乗(の)って みましょう。  이다음에 타 봅시다.
  콘도 놋떼 미마쇼-

3 箱根(はこね)に 行(い)って みたいです。  하코네에 가 보고 싶어요.
  하꼬네니 잇떼 미따이데스

**단어**  この 이 | 浴衣(ゆかた) 유카타 *목욕을 한 뒤 또는 여름철에 입는 무명 홑옷 | 着(き)る (옷을) 입다 | 親子丼(おやこどん) 닭고기 계란덮밥 | 食(た)べる 먹다 | 今度(こんど) 이다음 | 乗(の)る (탈것에) 타다 | 箱根(はこね) 하코네 *가나가와현 남서부, 하코네산 일대 화산 지대의 통칭. 관광지·온천장으로 유명함 | 동사의 ます형+たい ~하고 싶다

## 만능! 패턴 완성   쓰면서 익혀 봐요!

1. 닭고기 계란덮밥을 먹어 볼래.
   親子丼を 食べて みる。
   오야꼬동오 타베떼 미루

2. 이다음에 타 봅시다.
   今度 乗って みましょう。
   콘도 놋떼미마쇼-

3. 하코네에 가 보고 싶어요.
   箱根に 行って みたいです。
   하코네니 잇떼미따이데스

## 실전! 패턴 회화   쇼츠와 함께 연습해요!

쇼츠 71

#유카타 대여점에서 유카타를 보고 있는 세영에게 점원이 입어 보라고 권한다.

かわいい 浴衣ですね。
카와이- 유까따데스네

귀여운 유카타네요.

この 浴衣、着て みますか。
코노 유까따 키떼미마스까

이 유카타 입어 볼래요?

かわいい 귀엽다

## UNIT 72 ～해 버려, ～하고 말아

음원 87

# 道に 迷って しまいました。
미찌 니 마욧 떼 시 마 이 마 시 따

길을 잃어버렸어요.

**만능! 일본어 패턴**  동사의 て형+て しまう

동사의 て형에 「て しまう」를 붙이면 '～해 버리다[해 버려], ～하고 말다[하고 말아]'라는 의미가 돼요. 동작이나 행위의 완료 또는 후회나 유감을 나타내요.

**만능! 패턴 연습**  듣고 따라 해요!

1 小銭を 全部 使って しまう。
   코 제니오 젬 부 츠깟 떼 시 마 우
   잔돈을 다 써 버릴래.

2 チケットを 無くして しまいました。
   치 켓 토오 나꾸시떼 시 마 이 마 시 따
   티켓을 분실하고 말았어요.

3 スマホを ホテルに 忘れて しまった。
   스 마 호 오 호 테 루 니 와스레떼 시 맛 따
   스마트폰을 호텔에 두고 와 버렸어.

**단어**  道(みち) 길 | 迷(まよ)う 헤매다, 방향을 잃다 *「道(みち)に 迷(まよ)う」 - 길을 잃다 | 小銭(こぜに) 잔돈, 동전 | 全部(ぜんぶ) 전부 | 使(つか)う 쓰다, 사용하다 | チケット 티켓, 표 | 無(な)くす 잃다, 분실하다 | スマホ 스마트폰 *「スマートフォン」의 준말 | ホテル 호텔 | 忘(わす)れる 잊다, (물건을) 잊고 오다

## 만능! 패턴 완성  쓰면서 익혀 봐요!

1  잔돈을 다 써 버릴래.

   小銭を 全部 使って しまう。
   코제니오  젬부  츠캇떼  시마우

2  티켓을 분실하고 말았어요.

   チケットを 無くして しまいました。
   치켓토오  나꾸시떼  시마이마시따

3  스마트폰을 호텔에 두고 와 버렸어.

   スマホを ホテルに 忘れて しまった。
   스마호오  호테루니  와스레떼  시맛따

## 실전! 패턴 회화 | 쇼츠와 함께 연습해요!

쇼츠 72

#세영은 사토시에게 전화를 걸어 길을 잃어버렸다고 말한다.

道に 迷って しまいました。
미찌니  마욧떼  시마이마시따

길을 잃어버렸어요.

今、何が 見えますか。
이마  나니가  미에마스까

지금 뭐가 보여요?

今(いま) 지금 | 何(なに) 무엇 | ~が ~이[가] | 見(み)える 보이다

## UNIT 73 ~해 주었으면 좋겠어

## <sup>ついか</sup>追加して ほしいです。
츠이까 시 떼 호 시 - 데 스

추가해 주었으면 좋겠어요.

**만능! 일본어 패턴**  동사의 て형+て ほしい

「て ほしい」는 '~해 주었으면 좋겠다[좋겠어], ~하기를 바라다[바래]'라는 뜻으로, 상대방이나 제3자가 그 행동을 해 주었으면 좋겠다는 희망·바람을 나타내는 표현이에요. 원래 「欲(ほ)しい」는 '원하다, 갖고 싶다'라는 뜻의 い형용사이지만, 동사의 て형에 「て ほしい」를 붙여서 '~해 주었으면 좋겠다[좋겠어], ~하기를 바라다[바래]'라는 뜻으로 쓰일 경우 보조동사이기 때문에 한자가 아닌 히라가나로 표기해야 돼요.

**만능! 패턴 연습**  듣고 따라 해요!

1 <sup>いっしょ</sup>一緒に やって ほしい。
　잇 쇼 니 얏 떼 호 시 -
　함께 해 주었으면 좋겠어.

2 <sup>まいにち</sup>毎日 <sup>へや</sup>部屋を <sup>そうじ</sup>掃除して ほしいです。
　마이니찌 헤 야 오 소-지시 떼 호 시 - 데 스
　매일 방을 청소해 주었으면 좋겠어요.

3 <sup>くうこう</sup>空港まで <sup>むか</sup>迎えに <sup>き</sup>来て ほしい。
　쿠-꼬- 마 데 무까에 니 키 떼 호 시 -
　공항까지 마중 나와 주었으면 좋겠어.

 追加(ついか)する 추가하다 | 一緒(いっしょ)に 함께, 같이 | やる (어떤 행위를) 하다 | 毎日(まいにち) 매일 | 部屋(へや) 방 | 掃除(そうじ)する 청소하다 | 空港(くうこう) 공항 | 迎(むか)える (사람을) 맞다, 마중하다 | 동사의 ます형+に ~하러 *동작의 목적

### 만능! 패턴 완성 | 쓰면서 익혀 봐요!

1  함께 해 주었으면 좋겠어.
✏️ 一緒に やって ほしい。
　　잇쇼니　얏떼 호시-

2  매일 방을 청소해 주었으면 좋겠어요.
✏️ 毎日 部屋を 掃除して ほしいです。
　　마이니찌 헤야오 소-지시떼 호시-데스

3  공항까지 마중 나와 주었으면 좋겠어.
✏️ 空港まで 迎えに 来て ほしい。
　　쿠-꼬-마데 무까에니 키떼 호시-

### 실전! 패턴 회화 | 쇼츠와 함께 연습해요!

쇼츠 73

#민수는 카페에서 음료를 주문하면서 크림도 추가해 달라고 말한다.

クリームも 追加して ほしいです。
쿠리-무모 츠이까시떼 호시-데스

크림도 추가해 주었으면 좋겠어요.

かしこまりました。
카시꼬마리마시따

(잘) 알겠습니다.

クリーム 크림 | ～も ～도 | かしこまりました 잘 알겠습니다, 분부대로 하겠습니다 *손님이나 윗사람이 무언가를 말했을 때 그렇게 하겠다는 의미에서 하는 말

## UNIT 74 ~했어 (1그룹 동사)

음원 89

# 電車に 間に合った?
덴 샤 니 마 니 앗 따

## 전철 시간에 맞췄어?

### 만능! 일본어 패턴 — 1그룹 동사의 た형

동사에 「た」를 붙이면 '~했다[했어]'라는 뜻으로, 동작의 과거·완료의 뜻을 나타내요. 1그룹 동사의 た형을 만드는 방법은 다음과 같아요.

| 어미가 「く、ぐ」로 끝나는 동사 → 「いた、いだ」 |
| --- |
| 聞く 듣다 → 聞いた 들었다　　泳ぐ 수영하다 → 泳いだ 수영했다 |
| 어미가 「う、つ、る」로 끝나는 동사 → 「った」 |
| 買う 사다 → 買った 샀다　　待つ 기다리다 → 待った 기다렸다<br>作る 만들다 → 作った 만들었다 |
| 어미가 「ぬ、ぶ、む」로 끝나는 동사 → 「んだ」 |
| 死ぬ 죽다 → 死んだ 죽었다　　遊ぶ 놀다 → 遊んだ 놀았다<br>飲む 마시다 → 飲んだ 마셨다 |

「行く」(가다)는 어미가 「く」로 끝나지만 예외적으로 「行った」(갔다)로 바뀌고, 「話す」(말하다, 이야기하다)와 같이 어미가 「す」로 끝나는 동사는 「す」를 「した」로 바꾸면 돼요.
た형 자체로 반말 표현이 되고, 반말로 묻고 싶을 때는 말끝을 올리면 돼요. 부정하고 싶으면 ない형으로 바꾸고 어간에 「なかった」(~하지 않았다[하지 않았어])를 붙이면 돼요.

### 만능! 패턴 연습 — 듣고 따라 해요!

1　ホテルに 着いた。　　　　　　호텔에 도착했어.
　　호 테 루 니 츠 이 따

2 空港で お土産を たくさん 買った。
쿠 꼬-데 오 미야게오    탁   상    캇 따

공항에서 기념품을 많이 샀어.

3 イベントには 行かなかった。
이  벤 토 니 와 이까나  깟 따

이벤트에는 가지 않았어[안 갔어].

### 만능! 패턴 완성 — 쓰면서 익혀 봐요!

1  호텔에 도착했어.

   ホテルに 着いた。
   호테루니  츠이따

2  공항에서 기념품을 많이 샀어.

   空港で お土産を たくさん 買った。
   쿠 꼬-데 오 미야게오    탁   상    캇 따

3  이벤트에는 가지 않았어[안 갔어].

   イベントには 行かなかった。
   이  벤 토 니 와 이까나  깟 따

### 실전! 패턴 회화 | 쇼츠와 함께 연습해요!

쇼츠 74

#사쿠라는 급행 전철 시간에 빠듯하게 나간 민수에게 잘 탔는지 묻는다.

電車に 間に合った?
덴 샤니 마니 앗 따

전철 시간에 맞췄어?

うん、間に合ったよ。ありがとう。
웅     마니 앗 따요   아 리가또-

응, 시간에 맞췄어. 고마워.

**단어** 電車(でんしゃ) 전철 | 間(ま)に合(あ)う 시간에 맞게 대다, 늦지 않다 | ホテル 호텔 | 着(つ)く 도착하다 | 空港(くうこう) 공항 | お土産(みやげ) (여행지 등에서 가족 등을 위해 사 가는) 선물, 기념품, 토산품 | たくさん 많이 | 買(か)う 사다 | イベント 이벤트 | ~には ~에는 *「に」(~에)의 뜻을 강조하는 말 | 行(い)く 가다 | ありがとう 고마워

## UNIT 75 ～했어 2그룹 동사

음원 90

# 晩ご飯は もう 食べた?
**ばん    はん            た**
방  고  항  와   모 ―   타 베 따

저녁은 벌써 먹었어?

---

### 만능! 일본어 패턴  2그룹 동사의 た형

동사에 「た」를 붙이면 '~했다[했어]'라는 뜻으로, 동작의 과거·완료의 뜻을 나타내요. 2그룹 동사의 た형을 만드는 방법은 다음과 같아요.

| 어미 「る」를 떼고+「た」 |
| --- |

見る 보다 → 見た 봤다    借りる 빌리다 → 借りた 빌렸다
食べる 먹다 → 食べた 먹었다    寝る 자다 → 寝た 잤다

た형 자체로 반말 표현이 되고, 반말로 묻고 싶을 때는 말끝을 올리면 돼요. 부정하고 싶으면 ない형으로 바꾸고 어간에 「なかった」(~하지 않았다[하지 않았어])를 붙이면 돼요.

---

### 만능! 패턴 연습  듣고 따라 해요!

1  蒸し暑くて エアコンを つけた。                        무더워서 에어컨을 켰어.
   무 시 아쯔 꾸 떼  에아 콩 오  츠 께 따

2  今日は 朝 早く 起きた。                              오늘은 아침 일찍 일어났어.
   쿄― 와 아사 하야 꾸 오 끼 따

3  札幌駅まで 乗り換えなかった。                         삿포로역까지 갈아타지 않았어[안 갈아탔어].
   삽 뽀로 에끼마 데  노 리 까 에 나  깟 따

### 만능! 패턴 완성 　쓰면서 익혀 봐요!

1　무더워서 에어컨을 켰어.

　　蒸し暑くて エアコンを つけた。
　　무 시아쯔꾸 떼 에아 콩 오 츠께따

2　오늘은 아침 일찍 일어났어.

　　今日は 朝 早く 起きた。
　　쿄- 와 아사 하야꾸 오끼따

3　삿포로역까지 갈아타지 않았어[안 갈아탔어].

　　札幌駅まで 乗り換えなかった。
　　삽뽀로에끼마 데 노리 까에나 갓 따

### 실전! 패턴 회화 | 쇼츠와 함께 연습해요!

쇼츠 75

#사쿠라는 민수에게 저녁을 먹었는지 묻는다.

晩ご飯は もう 食べた?
방 고항와 모- 타베따

저녁은 벌써 먹었어?

いや、まだだよ。一緒に 食べる?
이야 　마다다요　잇쇼니 타베루

아니, 아직이야. 같이 먹을래?

---

**단어**　晩(ばん)ご飯(はん) 저녁밥, 저녁식사 | もう 이미, 벌써, 이제 | 食(た)べる 먹다 | 蒸(む)し暑(あつ)い 무덥다 | エアコン 에어컨 | つける 붙이다, 켜다 | 今日(きょう) 오늘 | 朝(あさ) 아침 | 早(はや)く 일찍, 빨리 | 起(お)きる 일어나다, 기상하다 | 札幌駅(さっぽろえき) 삿포로역 | ～まで ~까지 | 乗(の)り換(か)える 갈아타다, 환승하다 | いや 아니 | まだ 아직 | 一緒(いっしょ)に 함께, 같이

# UNIT 76 ~했어 3그룹 동사

음원 91

## 博物館も 見学した。
はくぶつかん / けんがく
하꾸 부쯔 깡 모   켕 가꾸 시 따

박물관도 견학했어.

### 만능! 일본어 패턴  3그룹 동사의 た형

3그룹 동사는 불규칙적으로 활용하는 동사예요. 따라서 '~했다[했어]'라는 뜻의 표현인 た형도 각각 외워야 해요.

| する 하다 → した 했다 | 来(く)る 오다 → 来(き)た 왔다 |

た형 자체로 반말 표현이 되고, 반말로 묻고 싶을 때는 말끝을 올리면 돼요. 부정하고 싶으면 ない형으로 바꾸고 어간에 「なかった」(~하지 않았다[하지 않았어])를 붙이면 돼요.

### 만능! 패턴 연습  듣고 따라 해요!

1. アプリで 予約(よやく)した。
   아 푸 리 데  요 야꾸 시 따
   앱으로 예약했어.

2. 旅行(りょこう)して いる 時(とき)に 台風(たいふう)が 来(き)た。
   료 꼬– 시 떼  이 루  토끼니  타이후–가  키 따
   여행하고 있을 때에 태풍이 왔어.

3. バスが なかなか 来(こ)なかった。
   바 스 가  나까나까  코 나  깟 따
   버스가 좀처럼 오지 않았어[안 왔어].

---

**단어**  博物館(はくぶつかん) 박물관 | ~も ~도 | 見学(けんがく)する 견학하다 | アプリ 앱 *「アプリケーション」의 준말 | ~で (수단) ~으로 | 予約(よやく)する 예약하다 | 旅行(りょこう)する 여행하다 | ~て いる ~하고 있다 *진행 | 時(とき) 때 | 台風(たいふう) 태풍 | 来(く)る 오다 | バス 버스 | なかなか (부정어 수반) 좀처럼

## 만능! 패턴 완성   쓰면서 익혀 봐요!

1  앱으로 예약했어.

   アプリで 予約した。
   아 푸 리 데 요야꾸시 따

2  여행하고 있을 때에 태풍이 왔어.

   旅行して いる 時に 台風が 来た。
   료꼬-시 떼 이루 토끼니 타이후-가 키 따

3  버스가 좀처럼 오지 않았어[안 왔어].

   バスが なかなか 来なかった。
   바 스 가 나 까 나 까   코 나   깟  따

## 실전! 패턴 회화 | 쇼츠와 함께 연습해요!

쇼츠 76

#사쿠라는 민수에게 센다이 관광에 대한 소감을 묻는다.

仙台 観光は どうだった?
센 다이 캉꼬- 와 도 - 닷 따

센다이 관광은 어땠어?

楽しかった。 博物館も 見学した。
타노시 깟 따   하꾸부쯔 깜 모   켕 가꾸시 따

즐거웠어. 박물관도 견학했어.

 仙台(せんだい) 센다이 *일본 미야기현에 있는 관광 도시 | 観光(かんこう) 관광 | どうだった? 어땠어? | 楽(たの)しい 즐겁다

## UNIT 77 ～한 적이 있어

음원 92

### 雪祭(ゆきまつ)りに 行(い)った ことが ありますか。
유끼 마쯔 리 니　잇 따　코 또가 아리마스 까

눈축제에 간 적이 있어요?

**만능! 일본어 패턴**　동사의 た형+た ことが ある

동사의 た형에 「た ことが ある」를 붙이면 '～한 적이 있다[있어]'라는 의미로, 과거의 경험을 나타내요. 반대로 '～한 적이 없다[없어]'라고 할 때는 「た ことが ない」라고 하면 돼요.

**만능! 패턴 연습**　듣고 따라 해요!

1　日本(にほん)で 花見(はなみ)を した ことが ある。　　일본에서 꽃구경을 한 적이 있어.
　　니 혼 데 하나미 오　시 따　코 또가　아 루

2　新幹線(しんかんせん)に 乗(の)った ことが あります。　　신칸센을 탄 적이 있어요.
　　싱 깐센 니　　놋 따　코 또가 아리마스

3　その 魚(さかな)は 食(た)べた ことが ない。　　그 생선은 먹은 적이 없어.
　　소 노 사까나 와　타 베 따　코 또가　나 이

**단어**　雪祭(ゆきまつ)り 눈축제 | 行(い)く 가다 | 日本(にほん) 일본 | 花見(はなみ) 꽃구경 | する 하다 |
新幹線(しんかんせん) 신칸센 *일본의 고속 장거리 철도 | 乗(の)る (탈것에) 타다 | その 그 | 魚(さかな) 생선 | 食(た)べる 먹다

## 만능! 패턴 완성 | 쓰면서 익혀 봐요!

**1** 일본에서 꽃구경을 한 적이 있어.

日本で 花見を した ことが ある。
니혼데 하나미오 시따 코또가 아루

**2** 신칸센을 탄 적이 있어요.

新幹線に 乗った ことが あります。
싱깐센니 놋따 코또가 아리마스

**3** 그 생선은 먹은 적이 없어.

その 魚は 食べた ことが ない。
소노 사까나와 타베따 코또가 나이

## 실전! 패턴 회화 | 쇼츠와 함께 연습해요!

쇼츠 77

#세영은 사토시에게 눈축제에 간 적이 있는지 묻는다.

雪祭りに 行った ことが ありますか。
유끼마쯔리니 잇따 코또가 아리마스까

눈축제에 간 적이 있어요?

はい、あります。面白かったですよ。
하이 아리마스 오모시로깟따데스요

에, 있어요. 재미있었이요.

단어
はい 예 | ある (사물·식물 등이) 있다 | 面白(おもしろ)い 재미있다 | い형용사의 어간+かった ~았다 *과거형

# UNIT 78 ~한 후에

음원 93

## 観光した 後で 雑貨屋に 寄らない?
캉 꼬ー 시 따 아또 데 작 까 야 니 요 라 나 이

관광한 후에 잡화점에 들르지 않을래[안 들를래]?

### 만능! 일본어 패턴
**동사의 た형+た 後(あと)で / 명사+の+後(あと)で**

동사의 た형에 「た 後で」를 붙이면 '~한 후에, ~하고 나서'라는 의미가 돼요. 동작의 시간적 전후 관계를 나타내는 표현으로, 동작성이 있는 명사 뒤에 연결할 때는 중간에 「の」를 넣어서 「の 後で」라고 하면 돼요.

### 만능! 패턴 연습  듣고 따라 해요!

1 シャワーを 浴びた 後で 寝る。
  샤 와ー 오 아비 따 아또 데 네 루
  샤워를 한 후에 잘 거야.

2 ご飯を 食べた 後で 散歩した。
  고 항 오 타 베 따 아또 데 삼 뽀ー 시 따
  밥을 먹은 후에 산책했어.

3 仕事の 後で 空港に 行きました。
  시 고또 노 아또 데 쿠ー꼬ー 니 이 끼 마 시 따
  일이 끝난 후에 공항에 갔어요.

### 단어
観光(かんこう)する 관광하다 | 雑貨屋(ざっかや) 잡화점 | 寄(よ)る 들르다 | ~ない? ~하지 않을래? *권유 | シャワー 샤워 | ~を ~을[를] | 浴(あ)びる (물을) 들쓰다 *シャワーを 浴(あ)びる - 샤워를 하다 | ご飯(はん) 밥 | 食(た)べる 먹다 | 散歩(さんぽ)する 산책하다 | 仕事(しごと) 일 | 空港(くうこう) 공항 | 行(い)く 가다

## 만능! 패턴 완성 　쓰면서 익혀 봐요!

1　샤워를 한 후에 잘 거야.

シャワーを 浴びた 後で 寝る。
샤 와 ― 오 아비따 아또데 네루

2　밥을 먹은 후에 산책했어.

ご飯を 食べた 後で 散歩した。
고 항오 타베따 아또데 삼뽀―시따

3　일이 끝난 후에 공항에 갔어요.

仕事の 後で 空港に 行きました。
시고또 노 아또데 쿠―꼬―니 이끼마시따

## 실전! 패턴 회화 　쇼츠와 함께 연습해요!

쇼츠 78

\#사쿠라는 민수에게 관광한 후에 잡화점에 가지 않겠느냐고 제안한다.

観光した 後で 雑貨屋に 寄らない?
캉꼬―시따 아또데 작까야니 요라나이

관광한 후에 잡화점에 들르지 않을래[안 들를래]?

いいよ! 僕も 買い物が したい。
이 ― 요 보꾸모 카이모노가 시따이

좋아! 나도 쇼핑을 하고 싶어.

단어 　いい 좋다 | 僕(ぼく) 나 *남자의 자칭 | 買(か)い物(もの) 물건을 삼, 쇼핑 | 동사의 ます형+たい ~하고 싶다

## UNIT 79 ~하는 편이 좋아

음원 94

# 借りた 方が いいと 思う。
카리따 호-가 이-또 오모-

빌리는 편이 좋다고 생각해.

**만능! 일본어 패턴**  동사의 た형+た 方(ほう)が いい

동사의 た형에 「た 方が いい」를 붙이면 '~하는 편[쪽]이 좋다[좋아]'라는 의미가 돼요. 상대방에게 조언·권유·충고 등을 할 때 사용하는 표현이에요. 이때 「方」는 '편, 쪽', 「いい」는 '좋다'라는 뜻이에요.

**만능! 패턴 연습**  듣고 따라 해요!

1  ゆっくり 休んだ 方が いい。
   육꾸리 야슨다 호-가 이-
   푹 쉬는 편이 좋아.

2  これも 一緒に 食べた 方が いいよ。
   코레모 잇쇼니 타베따 호-가 이-요
   이것도 같이 먹는 편이 좋아.

3  傘を 持って 行った 方が いいです。
   카사오 못떼 잇따 호-가 이-데스
   우산을 가지고 가는 편이 좋아요.

**단어**  借(か)りる 빌리다 | ~と 思(おも)う ~라고 생각하다 | ゆっくり 푹 | 休(やす)む 쉬다 | これ 이것 | ~も ~도 | 一緒(いっしょ)に 함께, 같이 | 食(た)べる 먹다 | 傘(かさ) 우산 | 持(も)つ 가지다, 들다 | 行(い)く 가다

## 만능! 패턴 완성 　쓰면서 익혀 봐요!

1　푹 쉬는 편이 좋아.

✎ ゆっくり 休んだ 方が いい。
　　육 꾸리 야슨다 호-가 이-

2　이것도 같이 먹는 편이 좋아.

✎ これも 一緒に 食べた 方が いいよ。
　　코레모 잇쇼니 타베따 호-가 이-요

3　우산을 가지고 가는 편이 좋아요.

✎ 傘を 持って 行った 方が いいです。
　　카사오 못떼 잇따 호-가 이-데스

## 실전! 패턴 회화 　쇼츠와 함께 연습해요!

쇼츠 79

#사쿠라는 민수에게 렌터카를 빌리는 것이 좋을지 의견을 묻는다.

レンタカーを 借りた 方が いいかな?
렌 타 카 - 오　카 리 따 호- 가　이- 까 나

렌터카를 빌리는 편이 좋을까?

うーん、借りた 方が いい と 思う。
우 - 웅　카 리 따 호- 가　이-　또 오모-

음…, 빌리는 편이 좋다고 생각해.

 レンタカー 렌터카 | ～かな ～일까 *가벼운 의문을 나타냄 | うーん 음… *생각할 때 내는 소리

# UNIT 80
## ~하지 않는 편이 좋아

음원 95

## 無理しない 方が いいですよ。
무 리 시 나 이 호ー가 이ー 데 스 요

무리하지 않는 편이 좋아요.

### 만능! 일본어 패턴  동사의 ない형+ない 方(ほう)が いい

동사의 ない형에 「ない 方が いい」를 붙이면 '~하지 않는 편[쪽]이 좋다[좋아]'라는 의미가 돼요. 상대방에게 어떤 행위나 동작을 하지 않을 것을 조언·권유·충고할 때 사용하는 표현이에요. 이때 「方」는 '편, 쪽', 「いい」는 '좋다'라는 뜻이에요.

### 만능! 패턴 연습  듣고 따라 해요!

1 そこは 行かない 方が いい。
  소 꼬 와  이 까 나 이  호ー가  이ー
  거기는 가지 않는 편이 좋아.

2 お酒は たくさん 飲まない 方が いい。
  오 사께 와  탁  상   노 마 나 이 호ー가  이ー
  술은 많이 마시지 않는 편이 좋아.

3 夜は 一人で 歩かない 方が いいです。
  요루 와  히또리 데  아루 까 나 이  호ー가  이ー 데 스
  밤에는 혼자 걷지 않는 편이 좋아요.

---

**단어** 無理(むり)する 무리하다 | ~よ ~요 *문장 끝에 붙어 판단을 주장, 설명하거나 다짐을 나타냄. 또한 상대에게 '알려 준다'라는 뉘앙스가 있음 | そこ 거기 | 行(い)く 가다 | お酒(さけ) 술 | たくさん 많이 | 飲(の)む 마시다 | 夜(よる) 밤 | 一人(ひとり)で 혼자서 | 歩(ある)く 걷다

## 만능! 패턴 완성 | 쓰면서 익혀 봐요!

1  거기는 가지 않는 편이 좋아.

    そこは 行かない 方が いい。
    소 꼬 와  이까나이  호-가  이-

2  술은 많이 마시지 않는 편이 좋아.

    お酒は たくさん 飲まない 方が いい。
    오사께와   탁  상   노마나이  호-가  이-

3  밤에는 혼자 걷지 않는 편이 좋아요.

    夜は 一人で 歩かない 方が いいです。
    요루와 히또리데 아루까나이 호-가  이-데스

## 실전! 패턴 회화 | 쇼츠와 함께 연습해요!

쇼츠 80

#사토시는 감기에 걸린 세영을 보며 너무 무리하지 말라고 말한다.

あまり 無理しない 方が いいですよ。
아 마 리 무 리 시 나 이 호- 가  이 - 데 스 요

너무 무리하지 않는 편이 좋아요.

はい、そうします。
하 이   소 - 시 마 스

예, 그렇게 할게요.

 あまり 너무, 지나치게 | はい 예 | そう 그렇게 | する 하다

# PART 4 연습문제

**1** 우리말에 맞는 일본어를 빈칸에 써 보세요.

① 저녁을 먹고 맥주를 마신다.  晩ご飯を [　][　][　] ビールを 飲む。
　방고항오　　타　베　떼　　　비-루오 노무

② 아침 일찍 일어났어.  朝 早く [　][　][　]。
　아사 하야 꾸　　오　끼　따

③ 천천히 이야기해 주세요.  ゆっくり [　][　][　][　] [　][　][　][　]。
　육꾸리　　하 나 시 떼　쿠 다 사 이

④ 좀 마셔도 돼?  ちょっと [　][　][　][　] [　][　][　]?
　춋또　　논 데 모　이 -

**2** 밑줄 친 부분을 우리말로 옮겨 보세요.

① バスに 乗って 行きましょう。　　버스를 _____ 갑시다.
　바스니 놋떼 이끼마쇼-

② 遠慮しないで ください。　　사양 _____.
　엔료시나이데 쿠다사이

③ 傘を 持って 行った 方が いい。　　우산을 가지고 _____.
　카사오 못떼 잇따 호-가 이이

④ 東京で 花見を した ことが あります。　　도쿄에서 꽃구경을 _____.
　토-꾜-데 하나미오 시따 코또가 아리마스

**3** 음성을 듣고 우리말에 맞는 일본어를 빈칸에 써 보세요.

① 시간에 맞게 대다
　　　마　니　아　우

② 헤매다, 방향을 잃다
　　　마　요　우

③ 앉다
　　　스　와　루

④ 세일하다
　　　세　-　루　스　루

**4** 음성을 듣고 문장을 따라 쓰고 읽어 보세요.

① 보고 올게요.　　みて きます。
　　　　　　　　　미 떼　키 마 스

② 가 보고 싶어.　いって みたい。
　　　　　　　　잇 떼　미 따 이

③ 써 버릴 거야.　つかって しまう。
　　　　　　　　츠 깟 떼　시 마 우

④ 걷고 있어요.　あるいて います。
　　　　　　　아 루 이 떼　이 마 스

※정답은 p.230에 있어요.

# PART 4 패턴 노트 · 동사 ❷

● 동사의 て형과 た형을 정리해 보자!

| | | 동사의 て형 | 동사의 た형 |
|---|---|---|---|
| **1그룹 동사** | 어미가 「く、ぐ」로 끝나는 동사 | 어미를 「いて、いで」로 바꿈<br><br>聞く 듣다 → 聞いて 듣고, 들어서<br>키 쿠　　　　　키 - 떼<br><br>泳ぐ 수영하다 → 泳いで 수영하고, 수영해서<br>오요 구　　　　　　오요 이 데<br><br>行く 가다 → 行って 가고, 가서 〔예외〕<br>이 쿠　　　　잇 데 | 어미를 「いた、いだ」로 바꿈<br><br>聞いた 들었다<br>키 - 따<br><br>泳いだ 수영했다<br>오요 이 다<br><br>行った 갔다 〔예외〕<br>잇 따 |
| | 어미가 「う、つ、る」로 끝나는 동사 | 어미를 「って」로 바꿈<br><br>買う 사다 → 買って 사고, 사서<br>카 우　　　　　캇 떼<br><br>待つ 기다리다 → 待って 기다리고, 기다려서<br>마 쯔　　　　　　맛 떼<br><br>作る 만들다 → 作って 만들고, 만들어서<br>츠꾸 루　　　　　츠꼿 떼 | 어미를 「った」로 바꿈<br><br>買った 샀다<br>캇 따<br><br>待った 기다렸다<br>맛 따<br><br>作った 만들었다<br>츠꼿 따 |
| | 어미가 「ぬ、ぶ、む」로 끝나는 동사 | 어미를 「んで」로 바꿈<br><br>死ぬ 죽다 → 死んで 죽고, 죽어서<br>시 누　　　　　신 데<br><br>遊ぶ 놀다 → 遊んで 놀고, 놀아서<br>아소 부　　　　　아손 데<br><br>飲む 마시다 → 飲んで 마시고, 마셔서<br>노 무　　　　　논 데 | 어미를 「んだ」로 바꿈<br><br>死んだ 죽었다<br>신 다<br><br>遊んだ 놀았다<br>아손 다<br><br>飲んだ 마셨다<br>논 다 |
| | 어미가 「す」로 끝나는 동사 | 어미를 「して」로 바꿈<br><br>話す 이야기하다 → 話して 이야기하고, 이야기해서<br>하나스　　　　　　하나 시 떼 | 어미를 「した」로 바꿈<br><br>話した 이야기했다<br>하나 시 따 |
| **2그룹 동사** | | 어미 「る」를 떼고 「て」를 붙임<br><br>起きる 일어나다 → 起きて 일어나고, 일어나서<br>오 끼 루　　　　　　오 끼 떼<br><br>食べる 먹다 → 食べて 먹고, 먹어서<br>타 베 루　　　　　타 베 떼 | 어미 「る」를 떼고 「た」를 붙임<br><br>起きた 일어났다<br>오 끼 따<br><br>食べた 먹었다<br>타 베 따 |

| 3그룹 동사 | *불규칙 활용 | する 하다<br>스루 | → | して 하고, 해서<br>시떼 | した 했다<br>시따 |
|---|---|---|---|---|---|
| | | 来る 오다<br>쿠루 | → | 来て 오고, 와서<br>키떼 | 来た 왔다<br>키따 |

● 동사의 て형을 활용한 표현을 정리해 보자!

- 大阪駅まで 行って ください。 오사카역까지 가 주세요.
  오-사까에끼 마 데   잇 떼 쿠 다 사 이

- 部屋で ゆっくり 休んでいる。 방에서 푹 쉬고 있어.
  헤야데   육 꾸리  야슨 데 이루

- ドアが 閉まって います。 문이 닫혀 있어요.
  도아가  시 맛 떼    이 마 스

- ちょっと 聞いても いいですか。 잠깐 물어도 될까요?
  춋   또  키-떼모  이-데스까

- ここで 飲んでは いけない。 여기서 마셔서는 안 돼.
  코꼬데  논  데와 이께나이

- シャワーを 浴びてから ビールを 飲んだ。 샤워하고 나서 맥주를 마셨어.
  샤 와-오   아비떼까라   비-루오     논 다

- 浴衣を 着て みます。 유카타를 입어 볼래요.
  유까따오  키떼 미마스

- 部屋に スマホを 置いて 来て しまった。 방에 스마트폰을 두고 와 버렸어.
  헤야니  스마호오   오이떼  키떼  시맛 따

- 一緒に 観光して ほしいです。 같이 관광해 주었으면 해요.
  잇쇼니   캉꼬-시떼  호시-데스

● 동사의 た형을 활용한 표현을 정리해 보자!

- 富士山に 一度 登った ことが あります。 후지산에 한 번 올라간 적이 있어요.
  후지산니 이찌도 노봇따 코또가 아리마스

- その 料理は 食べた ことが ない。 그 요리는 먹은 적이 없어.
  소노 료-리와 타베따 코또가 나이

- 昼ご飯を 食べた 後で カフェに 行く。 점심을 먹은 후에 카페에 갈 거야.
  히루고항오 타베따 아또데 카 훼 니 이꾸

- 野菜も 一緒に 食べた 方が いいですよ。 채소도 같이 먹는 편이 좋아요.
  야사이모  잇쇼니  타베따 호-가  이-데스요

부록

## 1. 품사별 주요 어휘
❶ い형용사 • 218
❷ な형용사 • 219
❸ 동사 • 220

## 2. 기타 표현
❶ 지시대명사 • 222
❷ 의문사 • 222
❸ 날씨 • 222
❹ 숫자 • 223
❺ 날짜 • 224
❻ 시간 • 225
❼ 조수사 • 226
❽ 때를 나타내는 말 • 227
❾ 정도를 나타내는 말 • 227
❿ 위치를 나타내는 말 • 227
⓫ 가족 호칭 • 228

## 3. 연습문제 정답 • 230

# 1. 품사별 주요 어휘

## ❶ い형용사

| 크다 | おおきい(大きい) | 작다 | ちいさい(小さい) | 가깝다 | ちかい(近い) |
|---|---|---|---|---|---|
| 멀다 | とおい(遠い) | 무겁다 | おもい(重い) | 가볍다 | かるい(軽い) |
| 많다 | おおい(多い) | 적다 | すくない(少ない) | ①높다<br>②비싸다 | たかい(高い) |
| 싸다 | やすい(安い) | 낮다 | ひくい(低い) | 길다 | ながい(長い) |
| 짧다 | みじかい(短い) | 넓다 | ひろい(広い) | 좁다 | せまい(狭い) |
| 새롭다 | あたらしい(新しい) | 낡다 | ふるい(古い) | 좋다 | いい・よい |
| 나쁘다 | わるい(悪い) | 밝다 | あかるい(明るい) | 어둡다 | くらい(暗い) |
| 바쁘다 | いそがしい(忙しい) | 아름답다 | うつくしい(美しい) | 뜨겁다 | あつい(熱い) |
| 차갑다,<br>차다 | つめたい(冷たい) | 더럽다 | きたない(汚い) | 강하다 | つよい(強い) |
| 약하다 | よわい(弱い) | (속도가)<br>빠르다 | はやい(速い) | 느리다 | おそい(遅い) |
| 이르다,<br>빠르다 | はやい(早い) | 상냥하다 | やさしい(優しい) | 귀엽다 | かわいい |
| 굉장하다,<br>대단하다 | すごい | 빨갛다 | あかい(赤い) | 하얗다 | しろい(白い) |
| 검다 | くろい(黒い) | 파랗다 | あおい(青い) | 위험하다 | あぶない(危ない) |
| 대단하다 | すばらしい | 두껍다 | あつい(厚い) | 얇다 | うすい(薄い) |
| 굵다 | ふとい(太い) | 가늘다 | ほそい(細い) | 어렵다 | むずかしい(難しい) |

| 쉽다 | やさしい(易しい) | 재미있다 | おもしろい(面白い) | 재미없다 | つまらない |
| --- | --- | --- | --- | --- | --- |
| 기쁘다 | うれしい(嬉しい) | 슬프다 | かなしい(悲しい) | 즐겁다 | たのしい(楽しい) |
| 아프다 | いたい(痛い) | 따뜻하다 | あたたかい(暖かい) | 덥다 | あつい(暑い) |
| 춥다 | さむい(寒い) | 시원하다 | すずしい(涼しい) | 달다 | あまい(甘い) |
| 맛있다 | おいしい | 맛없다 | まずい | 짜다 | しょっぱい |
| 쓰다 | にがい(苦い) | 맵다 | からい(辛い) | 시다 | すっぱい(酸っぱい) |
| 둥글다 | まるい(丸い) | 시끄럽다 | うるさい | 가늘고 길다 | ほそながい(細長い) |

## ❷ な형용사

| 잘하다, 능숙하다 | じょうずだ(上手だ) | 잘 못하다, 서투르다 | へただ(下手だ) | 좋아하다 | すきだ(好きだ) |
| --- | --- | --- | --- | --- | --- |
| 싫어하다 | きらいだ(嫌いだ) | ①깨끗하다 ②예쁘다 | きれいだ | 건강하다 | げんきだ(元気だ) |
| 편리하다 | べんりだ(便利だ) | 불편하다 | ふべんだ(不便だ) | 조용하다 | しずかだ(静かだ) |
| 북적이다 | にぎやかだ(賑やかだ) | 유명하다 | ゆうめいだ(有名だ) | 한가하다 | ひまだ(暇だ) |
| 친절하다 | しんせつだ(親切だ) | 큰일이다, 힘들다 | たいへんだ(大変だ) | 잘하다, 자신 있다 | とくいだ(得意だ) |
| 잘 못하다, 서투르다 | にがてだ(苦手だ) | 간단하다 | かんたんだ(簡単だ) | 복잡하다 | ふくざつだ(複雑だ) |
| 걱정스럽다 | しんぱいだ(心配だ) | 중요하다 | たいせつだ(大切だ) | 괜찮다 | だいじょうぶだ(大丈夫だ) |
| 성실하다 | まじめだ(真面目だ) | 잘생기다 | ハンサムだ | 멋지다 | すてきだ(素敵だ) |

## ❸ 동사

### ● 1그룹 동사

| 듣다, 묻다 | きく(聞く) | (글씨·글을) 쓰다 | かく(書く) | 만나다 | あう(会う) |
|---|---|---|---|---|---|
| 사다 | かう(買う) | 말하다 | いう(言う) | 가다 | いく(行く) |
| 서다 | たつ(立つ) | 기다리다 | まつ(待つ) | 쓰다, 사용하다 | つかう(使う) |
| 읽다 | よむ(読む) | 놀다 | あそぶ(遊ぶ) | 마시다 | のむ(飲む) |
| 돌아가[오]다 | かえる(帰る) | (탈것에) 타다 | のる(乗る) | 말하다, 이야기하다 | はなす(話す) |
| 배우다 | ならう(習う) | 걷다 | あるく(歩く) | 수영하다 | およぐ(泳ぐ) |
| 가지다, 들다 | もつ(持つ) | 씻다 | あらう(洗う) | 노래하다 | うたう(歌う) |
| 끝나다 | おわる(終わる) | 들어가[오]다 | はいる(入る) | (사진 등을) 찍다 | とる(撮る) |
| 집다, 들다 | とる(取る) | 앉다 | すわる(座る) | 죽다 | しぬ(死ぬ) |
| 부르다 | よぶ(呼ぶ) | 누르다 | おす(押す) | 어울리다 | にあう(似合う) |
| (꽃이) 피다 | さく(咲く) | 날다 | とぶ(飛ぶ) | 건네다, 건네주다 | わたす(渡す) |
| 돕다, 거들다 | てつだう(手伝う) | (방향을) 돌다 | まがる(曲がる) | ①(편지 등을) 부치다<br>②꺼내다 | だす(出す) |

## ● 2그룹 동사

| 먹다 | たべる(食べる) | 보다 | みる(見る) | 일어나다, 기상하다 | おきる(起きる) |
|---|---|---|---|---|---|
| (옷을) 입다 | きる(着る) | 자다 | ねる(寝る) | 빌리다 | かりる(借りる) |
| 가르치다, 알려 주다 | おしえる(教える) | (밖에) 나가다, 외출하다 | でかける(出かける) | 열다 | あける(開ける) |
| 닫다 | しめる(閉める) | (탈것에서) 내리다 | おりる(降りる) | 기억하다, 외우다 | おぼえる(覚える) |
| 갈아입다 | きがえる(着替える) | 조사하다, 알아보다 | しらべる(調べる) | 인기가 있다 | もてる(持てる) |
| 나가[오]다 | でる(出る) | (전화 등을) 걸다 | かける | | |

## ● 3그룹 동사

| 하다 | する | 오다 | くる(来る) |
|---|---|---|---|

# 2. 기타 표현

## ❶ 지시대명사

|  | こ(이) | そ(그) | あ(저) | ど(어느) |
|---|---|---|---|---|
| 사물 | これ 이것 | それ 그것 | あれ 저것 | どれ 어느 것 |
| 장소 | ここ 여기 | そこ 거기 | あそこ 저기 | どこ 어디 |
| 명사 수식 | この+명사 이~ | その+명사 그~ | あの+명사 저~ | どの+명사 어느~ |

## ❷ 의문사

| 무엇 | なに・なん(何) | 누구 | だれ(誰) |
|---|---|---|---|
| 언제 | いつ | 몇 개 | いくつ |
| 얼마 | いくら | 어느 정도 | どのくらい |
| 어디 | どこ | 어떻게, 어때 | どう |

## ❸ 날씨

| 맑음 | はれ(晴れ) | 흐림 | くもり(曇り) | 비 | あめ(雨) |
|---|---|---|---|---|---|
| 바람 | かぜ(風) | 눈 | ゆき(雪) | 태풍 | たいふう(台風) |

## ❹ 숫자

| | | | | |
|---|---|---|---|---|
| 0 | ゼロ・れい | | 100 | ひゃく |
| 1 | いち | | 200 | にひゃく |
| 2 | に | | 300 | さんびゃく |
| 3 | さん | | 400 | よんひゃく |
| 4 | よん・し | | 500 | ごひゃく |
| 5 | ご | | 600 | ろっぴゃく |
| 6 | ろく | | 700 | ななひゃく |
| 7 | なな・しち | | 800 | はっぴゃく |
| 8 | はち | | 900 | きゅうひゃく |
| 9 | きゅう・く | | 1,000 | せん |
| 10 | じゅう | | 2,000 | にせん |
| 11 | じゅういち | | 3,000 | さんぜん |
| 12 | じゅうに | | 4,000 | よんせん |
| 13 | じゅうさん | | 5,000 | ごせん |
| 14 | じゅうよん・じゅうし | | 6,000 | ろくせん |
| 15 | じゅうご | | 7,000 | ななせん |
| 16 | じゅうろく | | 8,000 | はっせん |
| 17 | じゅうなな・じゅうしち | | 9,000 | きゅうせん |
| 18 | じゅうはち | | 10,000 | いちまん |
| 19 | じゅうきゅう・じゅうく | | 100,000 | じゅうまん |
| 20 | にじゅう | | 1,000,000 | ひゃくまん |
| 30 | さんじゅう | | 10,000,000 | いっせんまん |
| 40 | よんじゅう | | 100,000,000 | いちおく |
| 50 | ごじゅう | | | |
| 60 | ろくじゅう | | | |
| 70 | ななじゅう・しちじゅう | | | |
| 80 | はちじゅう | | | |
| 90 | きゅうじゅう | | | |

## ❺ 날짜

● 월

| 1월 | いちがつ(1月) | 2월 | にがつ(2月) | 3월 | さんがつ(3月) |
|---|---|---|---|---|---|
| 4월 | しがつ(4月) | 5월 | ごがつ(5月) | 6월 | ろくがつ(6月) |
| 7월 | しちがつ(7月) | 8월 | はちがつ(8月) | 9월 | くがつ(9月) |
| 10월 | じゅうがつ(10月) | 11월 | じゅういちがつ(11月) | 12월 | じゅうにがつ(12月) |
| 몇 월 | なんがつ(何月) | | | | |

● 일

| 1일 | ついたち(1日) | 2일 | ふつか(2日) | 3일 | みっか(3日) |
|---|---|---|---|---|---|
| 4일 | よっか(4日) | 5일 | いつか(5日) | 6일 | むいか(6日) |
| 7일 | なのか(7日) | 8일 | ようか(8日) | 9일 | ここのか(9日) |
| 10일 | とおか(10日) | 11일 | じゅういちにち(11日) | 12일 | じゅうににち(12日) |
| 13일 | じゅうさんにち(13日) | 14일 | じゅうよっか(14日) | 15일 | じゅうごにち(15日) |
| 16일 | じゅうろくにち(16日) | 17일 | じゅうしちにち(17日) | 18일 | じゅうはちにち(18日) |
| 19일 | じゅうくにち(19日) | 20일 | はつか(20日) | 21일 | にじゅういちにち(21日) |
| 22일 | にじゅうににち(22日) | 23일 | にじゅうさんにち(23日) | 24일 | にじゅうよっか(24日) |
| 25일 | にじゅうごにち(25日) | 26일 | にじゅうろくにち(26日) | 27일 | にじゅうしちにち(27日) |
| 28일 | にじゅうはちにち(28日) | 29일 | にじゅうくにち(29日) | 30일 | さんじゅうにち(30日) |
| 31일 | さんじゅういちにち(31日) | 며칠 | なんにち(何日) | | |

## ● 요일

| 월요일 | げつようび(月曜日) | 화요일 | かようび(火曜日) | 수요일 | すいようび(水曜日) |
|---|---|---|---|---|---|
| 목요일 | もくようび(木曜日) | 금요일 | きんようび(金曜日) | 토요일 | どようび(土曜日) |
| 일요일 | にちようび(日曜日) | 무슨 요일 | なんようび(何曜日) | | |

## ❻ 시간

### ● 시

| 1시 | いちじ(1時) | 2시 | にじ(2時) | 3시 | さんじ(3時) |
|---|---|---|---|---|---|
| 4시 | よじ(4時) | 5시 | ごじ(5時) | 6시 | ろくじ(6時) |
| 7시 | しちじ(7時) | 8시 | はちじ(8時) | 9시 | くじ(9時) |
| 10시 | じゅうじ(10時) | 11시 | じゅういちじ(11時) | 12시 | じゅうにじ(12時) |
| 몇 시 | なんじ(何時) | | | | |

### ● 분

| 1분 | いっぷん(1分) | 2분 | にふん(2分) | 3분 | さんぷん(3分) |
|---|---|---|---|---|---|
| 4분 | よんぷん(4分) | 5분 | ごふん(5分) | 6분 | ろっぷん(6分) |
| 7분 | ななふん(7分) | 8분 | はっぷん(8分) | 9분 | きゅうふん(9分) |
| 10분 | じ(ゅ)っぷん(10分) | 20분 | にじ(ゅ)っぷん(20分) | 30분 | さんじ(ゅ)っぷん(30分)・はん(半) |
| 40분 | よんじ(ゅ)っぷん(40分) | 50분 | ごじ(ゅ)っぷん(50分) | 60분 | ろくじ(ゅ)っぷん(60分) |
| 몇 분 | なんぷん(何分) | | | | |

## ❼ 조수사

### ● 층수

| 1층 | いっかい(1階) | 2층 | にかい(2階) | 3층 | さんがい(3階) |
| --- | --- | --- | --- | --- | --- |
| 4층 | よんかい(4階) | 5층 | ごかい(5階) | 6층 | ろっかい(6階) |
| 7층 | ななかい(7階) | 8층 | はちかい・はっかい(8階) | 9층 | きゅうかい(9階) |
| 10층 | じ(ゅ)っかい(10階) | 몇 층 | なんがい・なんかい(何階) | | |

### ● 개수

| 하나, 한 개 | ひとつ(一つ) | 둘, 두 개 | ふたつ(二つ) | 셋, 세 개 | みっつ(三つ) |
| --- | --- | --- | --- | --- | --- |
| 넷, 네 개 | よっつ(四つ) | 다섯, 다섯 개 | いつつ(五つ) | 여섯, 여섯 개 | むっつ(六つ) |
| 일곱, 일곱 개 | ななつ(七つ) | 여덟, 여덟 개 | やっつ(八つ) | 아홉, 아홉 개 | ここのつ(九つ) |
| 열, 열 개 | とお(十) | 몇 개 | いくつ | | |

### ● 사람 수

| 한 명 | ひとり(一人) | 두 명 | ふたり(二人) | 세 명 | さんにん(三人) |
| --- | --- | --- | --- | --- | --- |
| 네 명 | よにん(四人) | 다섯 명 | ごにん(五人) | 여섯 명 | ろくにん(六人) |
| 일곱 명 | しちにん(七人) | 여덟 명 | はちにん(八人) | 아홉 명 | きゅうにん(九人) |
| 열 명 | じゅうにん(十人) | 몇 명 | なんにん(何人) | | |

### ● 동물 수

| 한 마리 | いっぴき(一匹) | 두 마리 | にひき(二匹) | 세 마리 | さんびき(三匹) |
| --- | --- | --- | --- | --- | --- |
| 네 마리 | よんひき(四匹) | 다섯 마리 | ごひき(五匹) | 여섯 마리 | ろっぴき(六匹) |
| 일곱 마리 | ななひき(七匹) | 여덟 마리 | はっぴき(八匹) | 아홉 마리 | きゅうひき(九匹) |
| 열 마리 | じ(ゅ)っぴき(十匹) | 몇 마리 | なんびき(何匹) | | |

## ❽ 때를 나타내는 말

| 그저께 | おととい<br>(一昨日) | 어제 | きのう<br>(昨日) | 오늘 | きょう<br>(今日) |
|---|---|---|---|---|---|
| 내일 | あした<br>(明日) | 모레 | あさって<br>(明後日) | | |
| 지지난주 | せんせんしゅう<br>(先々週) | 지난주 | せんしゅう<br>(先週) | 이번 주 | こんしゅう<br>(今週) |
| 다음 주 | らいしゅう<br>(来週) | 다다음 주 | さらいしゅう<br>(再来週) | | |
| 지지난달 | せんせんげつ<br>(先々月) | 지난달 | せんげつ<br>(先月) | 이달 | こんげつ<br>(今月) |
| 다음 달 | らいげつ<br>(来月) | 다다음 달 | さらいげつ<br>(再来月) | | |

## ❾ 정도를 나타내는 말

| 매우 | とても | 정말로 | ほんとうに(本当に) |
|---|---|---|---|
| 대단히, 몹시 | ずいぶん | 상당히, 꽤 | かなり |
| 가장, 제일 | いちばん(一番) | 대체로 | だいたい(大体) |
| 전혀 | ぜんぜん(全然) | ①그다지, 별로<br>②너무, 지나치게 | あまり |

## ❿ 위치를 나타내는 말

| 위 | うえ(上) | 아래 | した(下) | 앞 | まえ(前) | 뒤, 뒤쪽 | うしろ(後ろ) |
|---|---|---|---|---|---|---|---|
| 안 | なか(中) | 밖 | そと(外) | 옆, 이웃 | となり(隣) | 옆 | よこ(横) |
| 근처, 옆 | そば | 맞은편 | むこう(向こう) | 오른쪽 | みぎ(右) | 왼쪽 | ひだり(左) |

## ⓫ 가족 호칭

### ● 내 가족을 남에게 말할 때

| (외)할아버지 | そふ(祖父) | (외)할머니 | そぼ(祖母) |
|---|---|---|---|
| 아버지 | ちち(父) | 어머니 | はは(母) |
| 오빠, 형 | あに(兄) | 언니, 누나 | あね(姉) |
| 남동생 | おとうと(弟) | 여동생 | いもうと(妹) |
| 아들 | むすこ(息子) | 딸 | むすめ(娘) |
| 형제 | きょうだい(兄弟) | 사촌 | いとこ(従兄) |
| 사위 | むこ(婿) | 며느리 | よめ(嫁) |
| 손자·손녀 | まご(孫) | 부모 | おや(親)・りょうしん(両親) |
| 남편 | おっと(夫)・しゅじん(主人) | 아내 | つま(妻) |

### ● 남의 가족을 말할 때

| (외)할아버지 | おじいさん(お祖父さん) | (외)할머니 | おばあさん(お祖母さん) |
|---|---|---|---|
| 아버지 | おとうさん(お父さん) | 어머니 | おかあさん(お母さん) |
| 오빠, 형 | おにいさん(お兄さん) | 언니, 누나 | おねえさん(お姉さん) |
| 남동생 | おとうとさん(弟さん) | 여동생 | いもうとさん(妹さん) |
| 아들 | むすこさん(息子さん) | 딸 | むすめさん(娘さん) |
| 형제 | ごきょうだい(ご兄弟) | 사촌 | いとこさん(従兄さん) |
| 사위 | おむこさん(お婿さん) | 며느리 | およめさん(お嫁さん) |
| 손자·손녀 | おまごさん(お孫さん) | 부모 | ごりょうしん(ご両親) |
| 남편 | ごしゅじん(ご主人) | 아내 | おくさん(奥さん)・おくさま(奥様) |

● **내 가족을 직접 보면서 말할 때**

| | | | |
|---|---|---|---|
| (외)할아버지 | おじいさん(お祖父さん) | (외)할머니 | おばあさん(お祖母さん) |
| 아버지 | おとうさん(お父さん) | 어머니 | おかあさん(お母さん) |
| 오빠, 형 | おにいさん(お兄さん) | 언니, 누나 | おねえさん(お姉さん) |
| 남동생 | 이름 | 여동생 | 이름 |
| 아들 | 이름 | 딸 | 이름 |
| 형제 | 이름 | 사촌 | 이름 |
| 사위 | 이름さん・자녀 이름のおとうさん(お父さん) | 며느리 | 이름さん・자녀 이름のおかあさん(お母さん) |
| 손자・손녀 | 이름 | 부모 | * |
| 남편 | あなた | 아내 | おまえ |

## 3. 연습문제 정답

### PART 1  명사   p.74

**1**  ① じゃありません  ② その
　　 ③ だった  ④ から

**2**  ① 학생  ② 오늘도
　　 ③ 금요일  ④ 두 개

**3**  ① ここ  ② むいか
　　 ③ はっぴゃくえん  ④ どようび

**4**  ① かんこくじんです。  ② これも おさけ?
　　 ③ はれでした。  ④ あめじゃなかった。

### PART 2  형용사   p.120

**1**  ① かわいい  ② あつくありません
　　 ③ にぎやかだった  ④ しんせつな

**2**  ① 추워요  ② 싸고
　　 ③ 힘들지 않았어  ④ 편리해서

**3**  ① とおい  ② たのしい
　　 ③ ゆうめいだ  ④ きれいだ

**4**  ① たかくない。  ② かるくていい。
　　 ③ やさい、きらい?  ④ じょうぶじゃない。

### PART 3  동사 1   p.166

**1**  ① ない  ② たべました
　　 ③ やすみませんか  ④ よていです

**2**  ① 있어요  ② 놀러
　　 ③ 를 마시고 싶어요  ④ 돌아갑시다

**3**  ① いる  ② あう
　　 ③ おきる  ④ よやくする

**4**  ① バスに のる。  ② はじめて たべます。
　　 ③ かいものしない?  ④ あるきましょうか。

### PART 4  동사 2   p.212

**1**  ① たべて  ② おきた
　　 ③ はなして ください  ④ のんでも いい

**2**  ① 타고  ② 하지 마세요
　　 ③ 가는 편이 좋아  ④ 한 적이 있어요

**3**  ① まにあう  ② まよう
　　 ③ すわる  ④ セールする

**4**  ① みて きます。  ② いって みたい。
　　 ③ つかって しまう。  ④ あるいて います。

# MEMO

# MEMO

# 쇼츠 일본어

**80개 쇼츠로 배우는 초급회화**

나카가와 쇼타, YBM 일본어연구소 저

**일본어 쓰기노트**

**80개 쇼츠로 배우는**

# 쇼츠
# 일본어
### 초급회화

일본어 쓰기노트

# 목차

- ■ 오십음도 히라가나 — 4
- ■ 오십음도 가타카나 — 5

■ 히라가나
- ❶ あ행~や행 — 8~15
  - _혼동하기 쉬운 글자 1 — 15
- ❷ ら행~ん — 16, 17
  - _혼동하기 쉬운 글자 2 — 17
- ❸ 탁음과 반탁음 — 18~22
- ❹ 요음과 촉음 — 23~28
  - _발음 특강 촉음 — 28

■ 가타카나
- ❶ ア행~ヤ행 — 30~37
  - _혼동하기 쉬운 글자 3 — 37
- ❷ ラ행~ン — 38, 39
  - _혼동하기 쉬운 글자 4 — 39
- ❸ 탁음과 반탁음 — 40~44
- ❹ 요음과 촉음 — 45~50

# 일본어 쓰기노트

오십음도
# 히라가나 (ひらがな)

| ▼단<br>행▶ | あ단 | い단 | う단 | え단 | お단 |
|---|---|---|---|---|---|
| あ행 | あ 아[a] | い 이[i] | う 우[u] | え 에[e] | お 오[o] |
| か행 | か 카[ka] | き 키[ki] | く 쿠[ku] | け 케[ke] | こ 코[ko] |
| さ행 | さ 사[sa] | し 시[shi] | す 스[su] | せ 세[se] | そ 소[so] |
| た행 | た 타[ta] | ち 치[chi] | つ 츠[tsu] | て 테[te] | と 토[to] |
| な행 | な 나[na] | に 니[ni] | ぬ 누[nu] | ね 네[ne] | の 노[no] |
| は행 | は 하[ha] | ひ 히[hi] | ふ 후[hu/fu] | へ 헤[he] | ほ 호[ho] |
| ま행 | ま 마[ma] | み 미[mi] | む 무[mu] | め 메[me] | も 모[mo] |
| や행 | や 야[ya] | | ゆ 유[yu] | | よ 요[yo] |
| ら행 | ら 라[ra] | り 리[ri] | る 루[ru] | れ 레[re] | ろ 로[ro] |
| わ행 | わ 와[wa] | | | | を 오[wo] |
| | | | ん 응[n] | | |

오십음도
# 가타카나(カタカナ)

| | ア단 | イ단 | ウ단 | エ단 | オ단 |
|---|---|---|---|---|---|
| ア행 | ア 아[a] | イ 이[i] | ウ 우[u] | エ 에[e] | オ 오[o] |
| カ행 | カ 카[ka] | キ 키[ki] | ク 쿠[ku] | ケ 케[ke] | コ 코[ko] |
| サ행 | サ 사[sa] | シ 시[shi] | ス 스[su] | セ 세[se] | ソ 소[so] |
| タ행 | タ 타[ta] | チ 치[chi] | ツ 츠[tsu] | テ 테[te] | ト 토[to] |
| ナ행 | ナ 나[na] | ニ 니[ni] | ヌ 누[nu] | ネ 네[ne] | ノ 노[no] |
| ハ행 | ハ 하[ha] | ヒ 히[hi] | フ 후[hu/fu] | ヘ 헤[he] | ホ 호[ho] |
| マ행 | マ 마[ma] | ミ 미[mi] | ム 무[mu] | メ 메[me] | モ 모[mo] |
| ヤ행 | ヤ 야[ya] | | ユ 유[yu] | | ヨ 요[yo] |
| ラ행 | ラ 라[ra] | リ 리[ri] | ル 루[ru] | レ 레[re] | ロ 로[ro] |
| ワ행 | ワ 와[wa] | | | | ヲ 오[wo] |
| | | | ン 응[n] | | |

# 히라가나

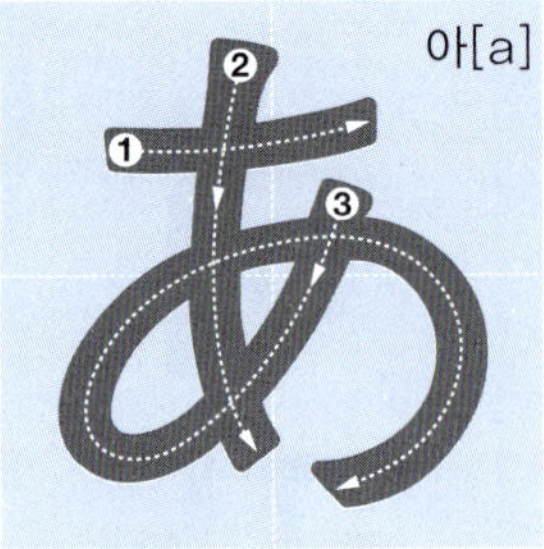

## ■ 순서대로 쓰면서 익히기

**あ** 아[a]
一 十 あ あ あ あ あ あ

あい 사랑 　 あお 파랑 　 あさ 아침
아 이 　 　 아 오 　 　 아 사

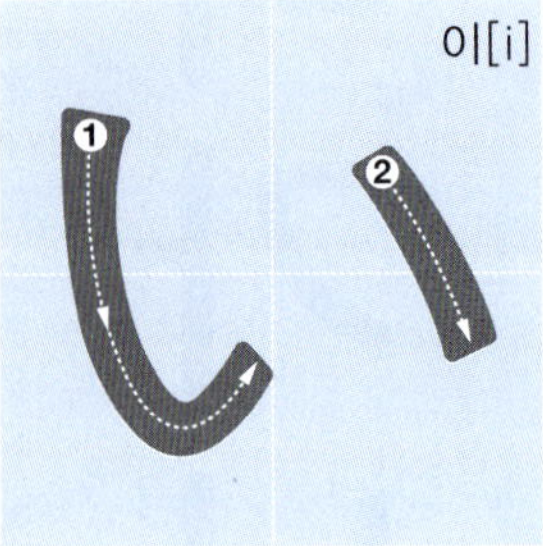

**い** 이[i]
し い い い い い い い

いえ 집 　 いけ 연못 　 いちご 딸기
이 에 　 　 이 께 　 　 이 찌 고

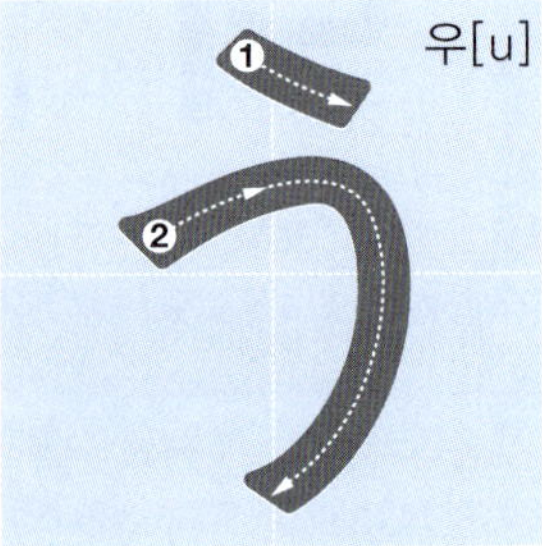

**う** 우[u]
` う う う う う う う

うし 소 　 うどん 우동 　 うみ 바다
우 시 　 　 우 동 　 　 우 미

**え** 에[e]
` え え え え え え え

え 그림 　 えき 역 　 えび 새우
에 　 　 에 끼 　 　 에 비

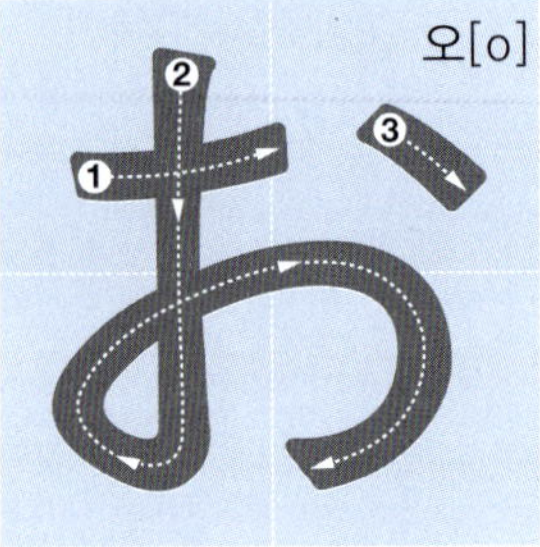

**お** 오[o]
一 お お お お お お お

おか 언덕 　 おでん 오뎅 　 おとな 어른
오 까 　 　 오 뎅 　 　 오 또 나

8

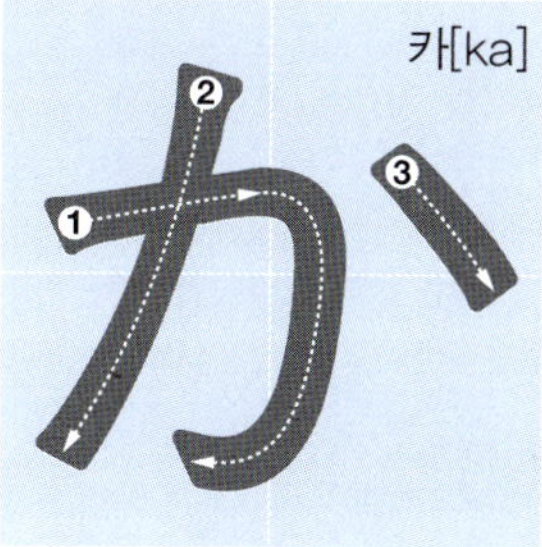

■ 순서대로 쓰면서 익히기

**か** 카[ka]

かお 얼굴 / 카 오
かき 감 / 카 끼
かさ 우산 / 카 사

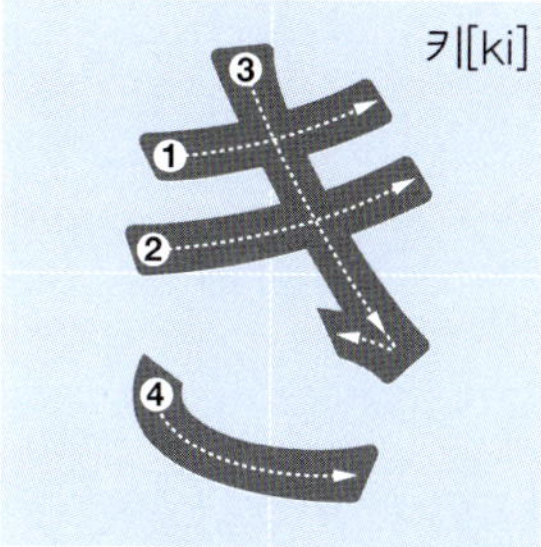

**き** 키[ki]

き 나무 / 키
きく 국화 / 키 꾸
きせつ 계절 / 키 세 쯔

★ 인쇄체에서는 3획과 4획을 연결한 「き」로도 씁니다.

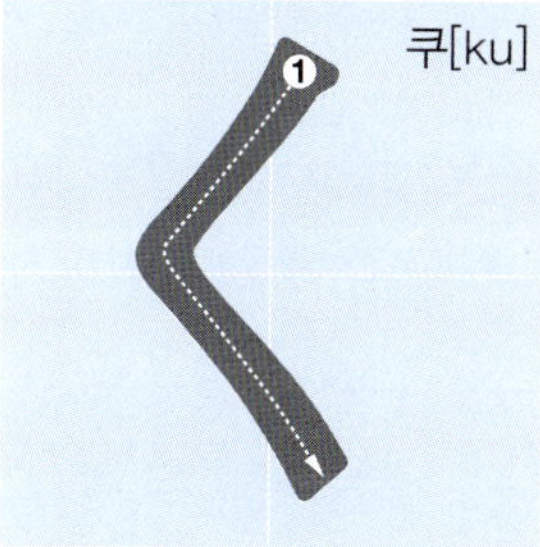

**く** 쿠[ku]

くつ 구두 / 쿠 쯔
くま 곰 / 쿠 마
くも 구름 / 쿠 모

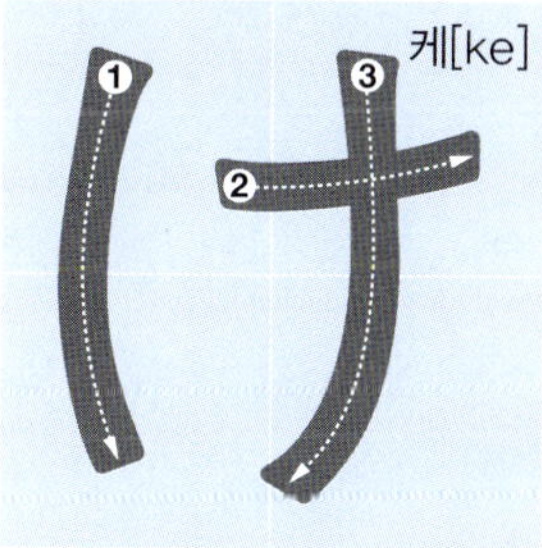

**け** 케[ke]

けさ 오늘 아침 / 케 사
けしき 경치 / 케 시 끼
けしょうひん 화장품 / 케 쇼 - 힝

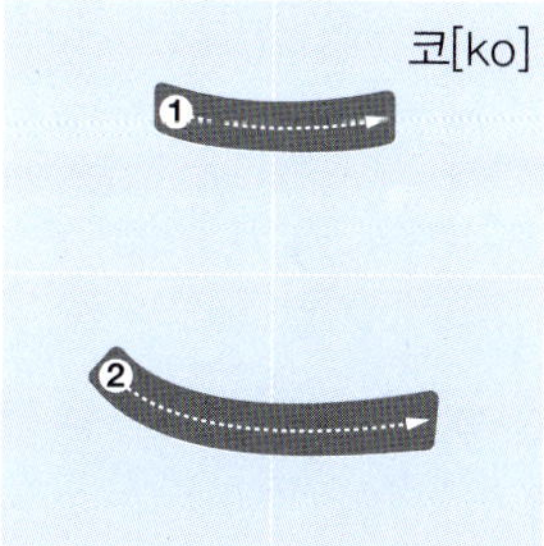

**こ** 코[ko]

こおり 얼음 / 코 - 리
こころ 마음 / 코 꼬로
こども 아이 / 코 도 모

■ 순서대로 쓰면서 익히기

### 사[sa]

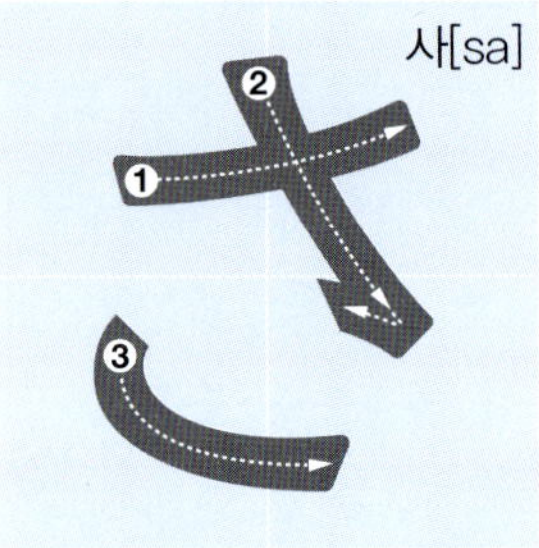

さ い ふ 지갑
사 이 후

さ く ら 벚꽃
사 꾸 라

さ と う 설탕
사 또 -

★ 인쇄체에서는 2획과 3획을 연결한 「さ」로도 씁니다.

### 시[shi]

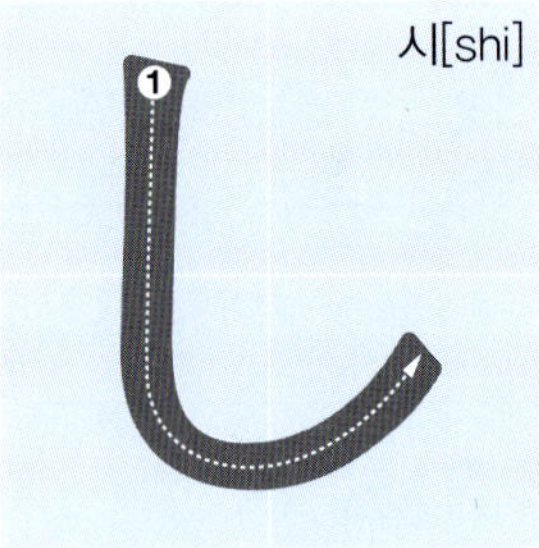

し か 사슴
시 까

し ば い 연극
시 바 이

し ん ぶ ん 신문
심　　　붕

### 스[su]

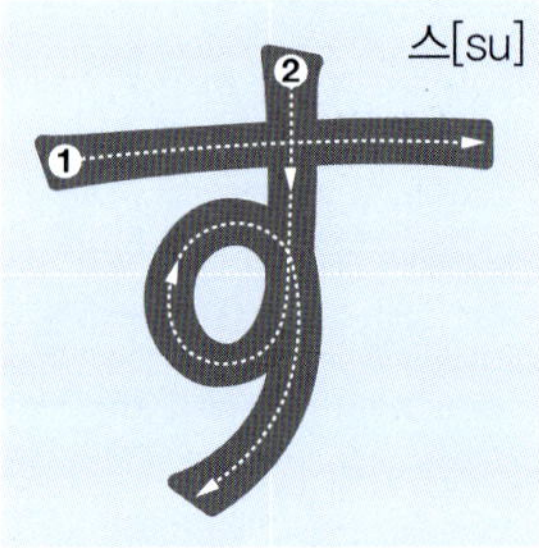

す い え い 수영
스 이 에 -

す い か 수박
스 이 까

す し 초밥
스 시

### 세[se]

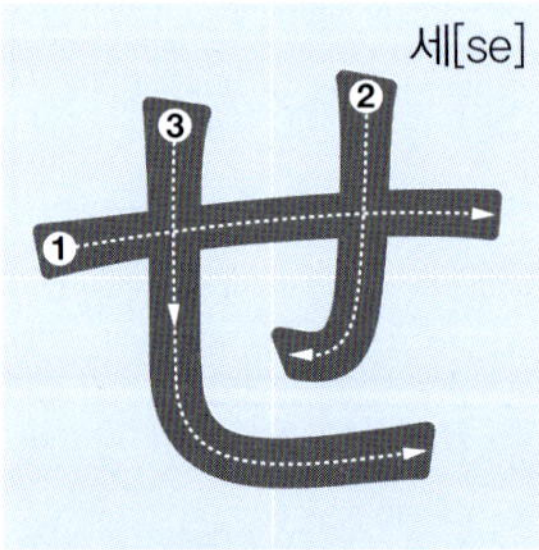

せ び ろ 양복
세 비 로

せ ん ぱ い 선배
셈　빠 이

せ ん ぷ う き 선풍기
셈　뿌 - 끼

### 소[so]

そ う じ 청소
소 - 지

そ ば 메밀국수
소 바

そ ら 하늘
소 라

10

# ■ 순서대로 쓰면서 익히기

**た [ta]**

ーナ たーた た た た

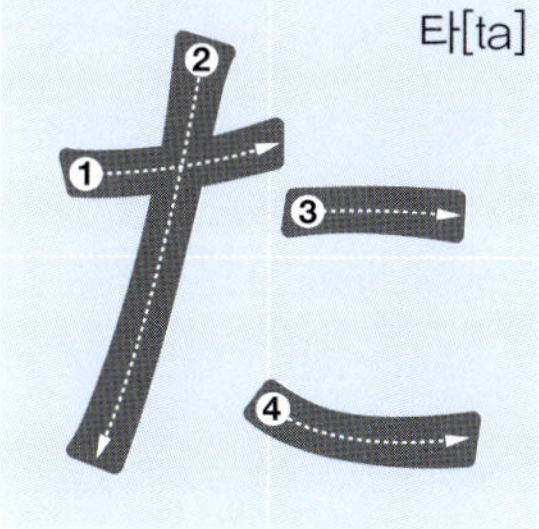

たいよう 태양　たに 골짜기　たまご 계란
타 이 요 -　　타 니　　　타 마 고

**ち [chi]**

ー ち ち ち ち ち ち ち

ちかてつ 지하철　ちきゅう 지구　ちず 지도
치 까 떼 쯔　　치 뀨 -　　치 즈

**つ [tsu]**

つ つ つ つ つ つ つ

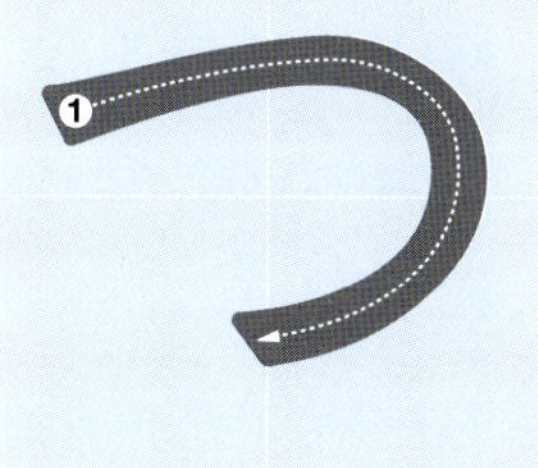

つき 달　　つゆ 장마　　つり 낚시
츠 끼　　　츠 유　　　　츠 리

**て [te]**

て て て て て て て

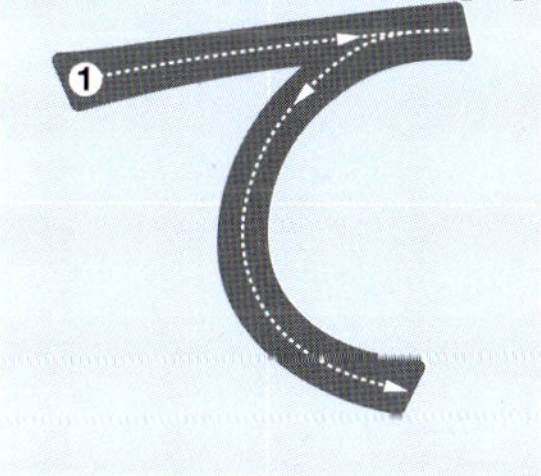

てがみ 편지　てんき 날씨　てんし 천사
테 가 미　　　텡 끼　　　　텐 시

**と [to]**

ヽ と と と と と と

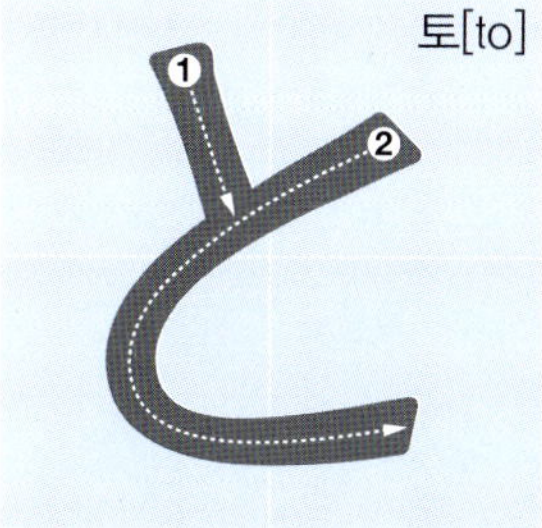

とけい 시계　となり 이웃　ともだち 친구
토 께 -　　　토 나 리　　　토 모 다 찌

11

■ 순서대로 쓰면서 익히기

## な [na]

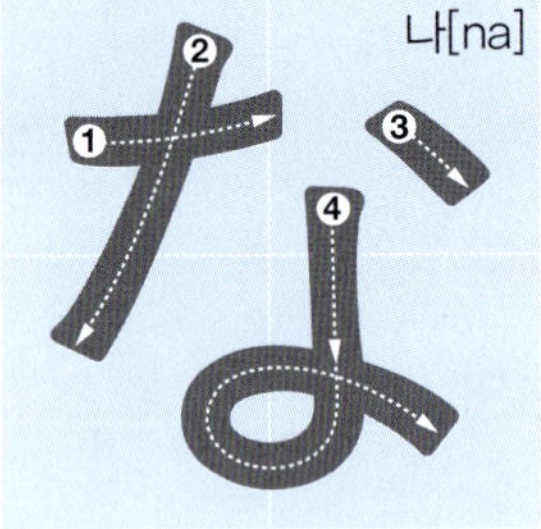

- なす 가지 / 나 스
- なつ 여름 / 나 쯔
- なまえ 이름 / 나 마 에

## に [ni]

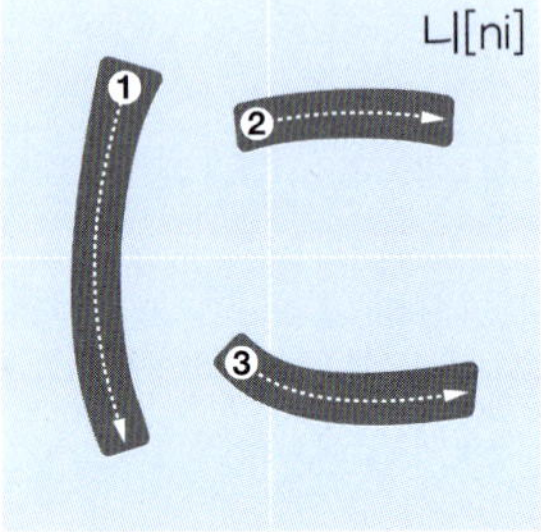

- にじ 무지개 / 니 지
- にわ 정원 / 니 와
- にんぎょう 인형 / 닝 교 -

## ぬ [nu]

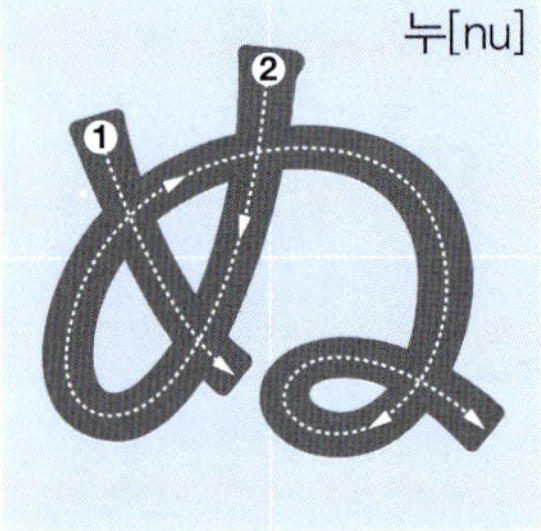

- ぬいぐるみ 봉제인형 / 누 이 구 루 미
- いぬ 개 / 이 누
- たぬき 너구리 / 타 누 끼

## ね [ne]

- ねこ 고양이 / 네 꼬
- ねずみ 쥐 / 네 즈 미
- ねぼう 늦잠 / 네 보 -

## の [no]

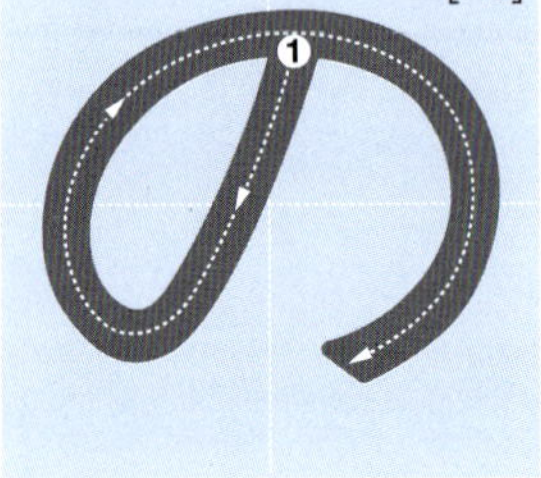

- のど 목 / 노 도
- のみもの 음료 / 노 미 모 노
- のり 김 / 노 리

12

# 순서대로 쓰면서 익히기

## は [ha]

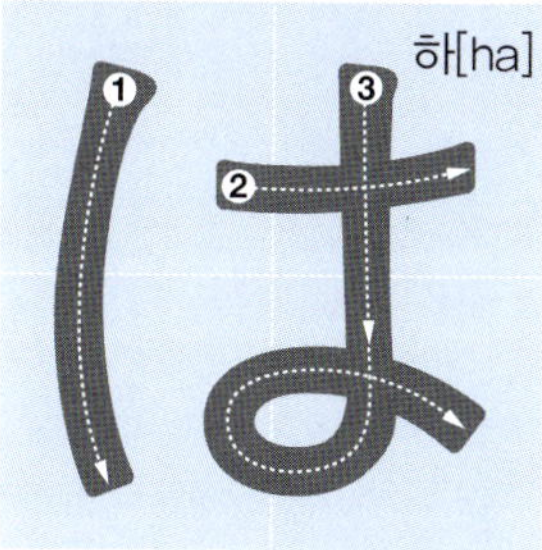

はがき 엽서  
하 가 끼

はと 비둘기  
하 또

はな 꽃  
하 나

## ひ [hi]

ひ 불  
히

ひげ 수염  
히 게

ひと 사람  
히 또

## ふ [hu/fu]

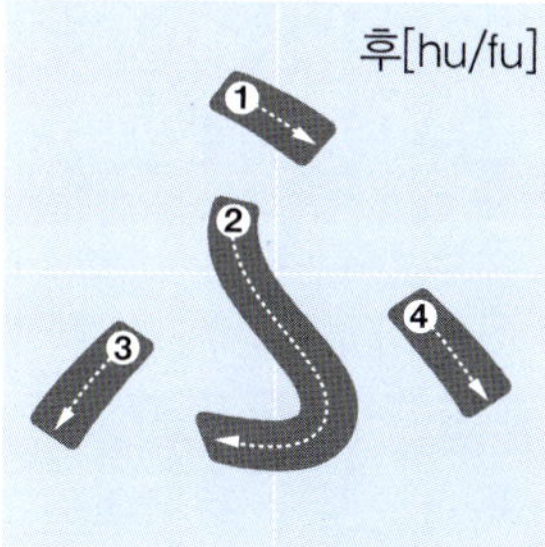

ふうせん 풍선  
후 - 셍

ふく 옷  
후 꾸

ふね 배  
후 네

★ 인쇄체에서는 1획과 2획을 연결한 「ふ」로도 씁니다.

## へ [he]

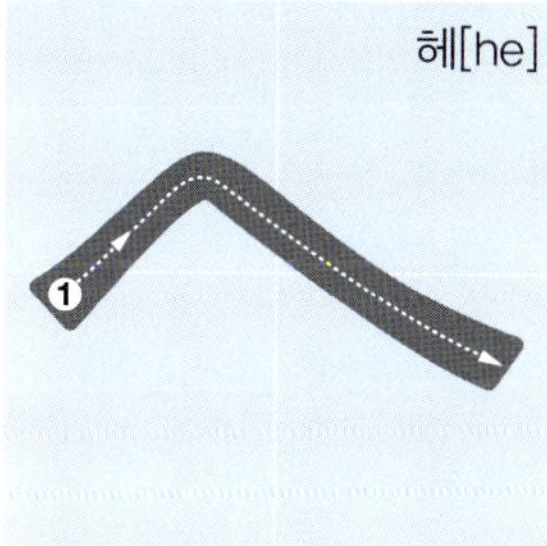

へいや 평야  
헤 - 야

へび 뱀  
헤 비

へや 방  
헤 야

## ほ [ho]

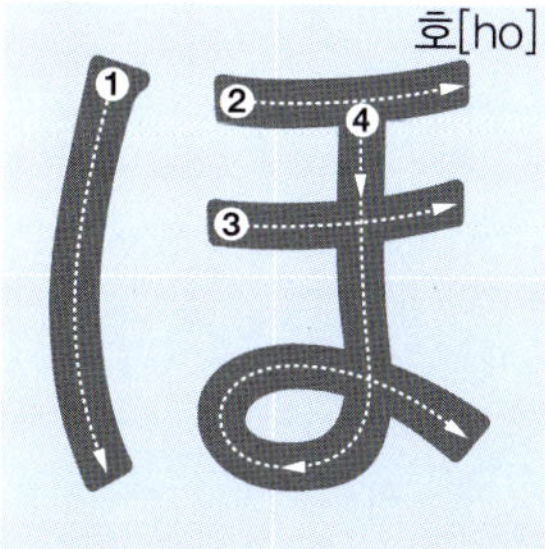

ほし 별  
호 시

ほほえみ 미소  
호 호 에 미

ほん 책  
홍

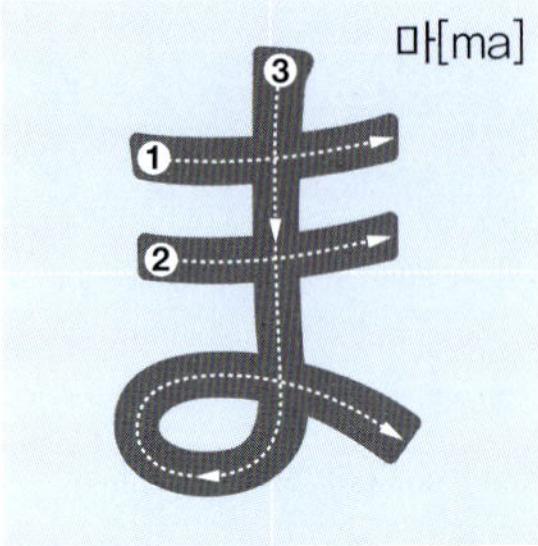

■ 순서대로 쓰면서 익히기

마[ma]

ー = ま ま ま ま ま

まち 거리　まど 창문　まんが 만화
마찌　　마 도　　망 가

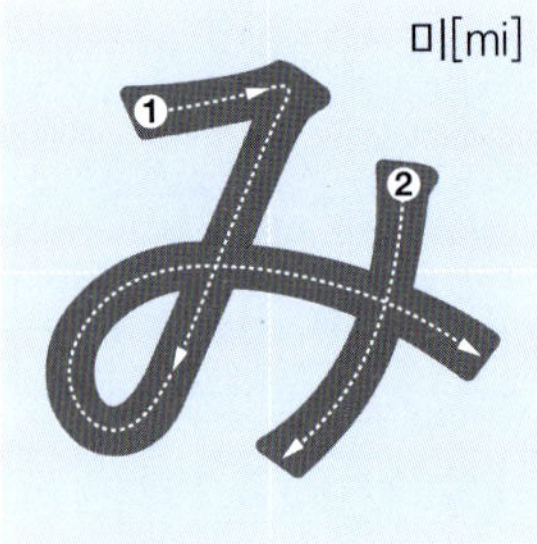

미[mi]

み み み み み み み

みずうみ 호수　みそしる 된장국　みみ 귀
미즈우미　　미소시루　　미미

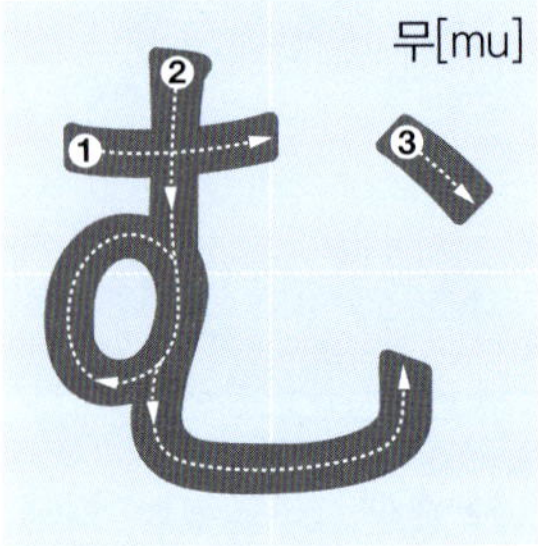

무[mu]

一 む む む む む む

むし 벌레　むしば 충치　むら 마을
무 시　　무시바　　무 라

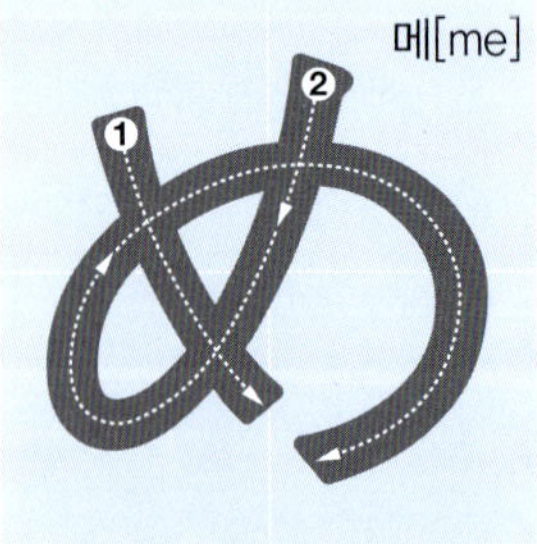

메[me]

レ め め め め め め

め 눈　めがね 안경　めだまやき 계란프라이
메　　메가네　　메다마야끼

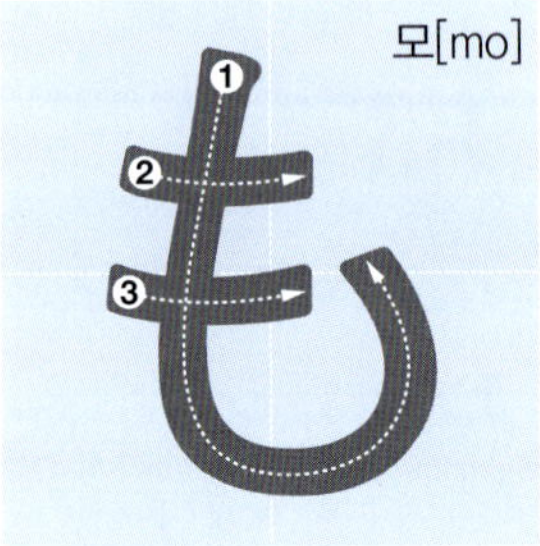

모[mo]

し も も も も も も

もち 떡　もも 복숭아　もり 숲
모찌　　모모　　모리

■ 순서대로 쓰면서 익히기

야[ya]

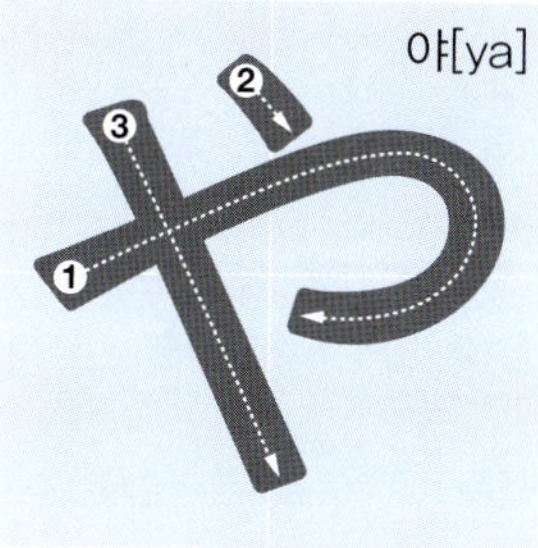

やきゅう 야구　やさい 야채　やま 산
야 뀨 -　　　야 사 이　　 야 마

유[yu]

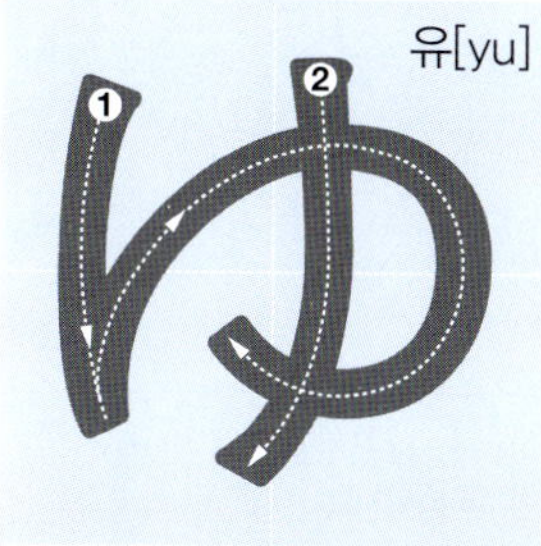

ゆき 눈　　ゆびわ 반지　ゆめ 꿈
유 끼　　　유 비 와　　　유 메

요[yo]

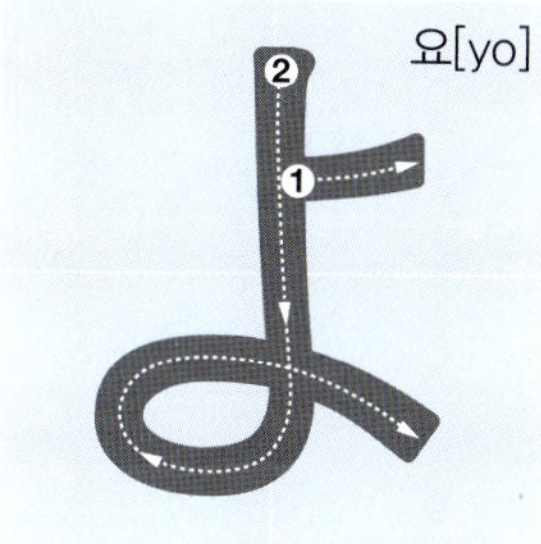

よやく 예약　よる 밤　　ひよこ 병아리
요 야 꾸　　　요 루　　　히 요 꼬

## 혼동하기 쉬운 글자 1

*다음 글자들은 모양이 비슷해서 혼동하기 쉬우므로 잘 익혀 두세요.

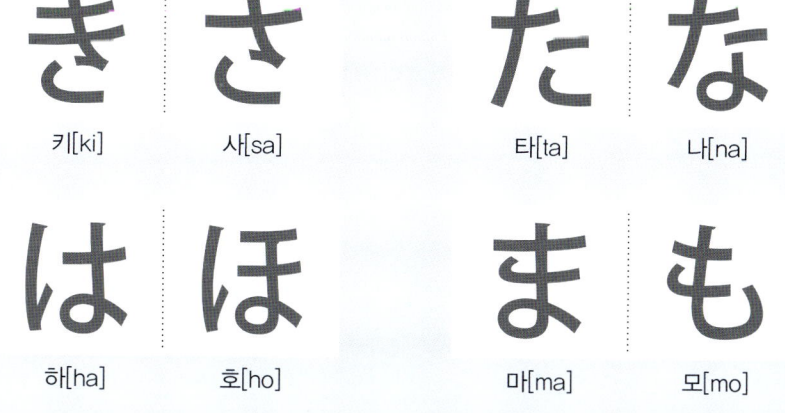

■ 순서대로 쓰면서 익히기

라[ra]

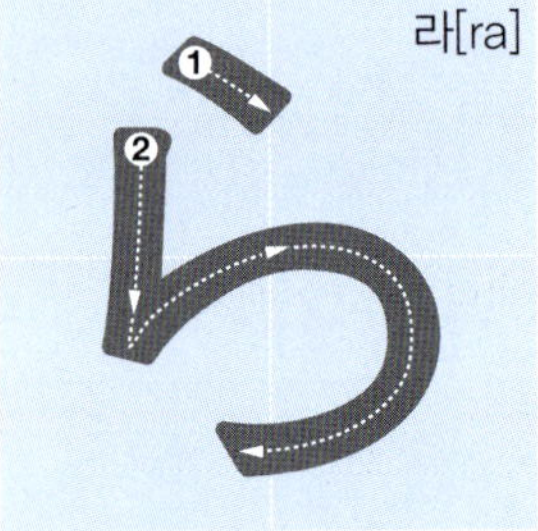

らくがき 낙서
라 꾸 가 끼

らくだ 낙타
라 꾸 다

らっぱ 나팔
랍 빠

리[ri]

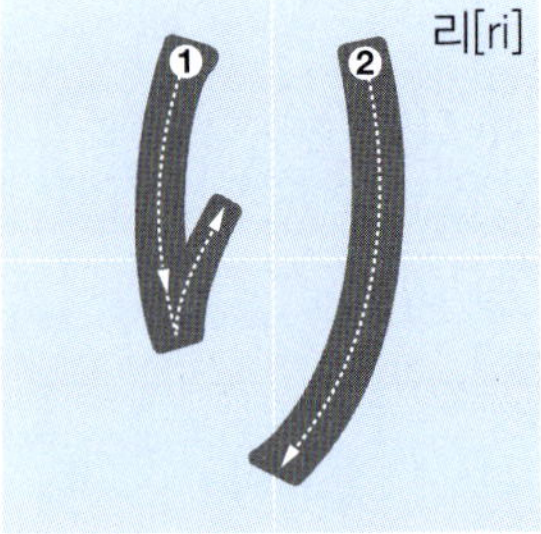

りす 다람쥐
리 스

りりく 이륙
리 리 꾸

りんご 사과
링 고

★ 인쇄체에서는 1획과 2획을 연결한 「り」로도 씁니다.

루[ru]

つる 학
츠 루

はるやすみ 봄방학
하 루 야스 미

ひるね 낮잠
히 루 네

레[re]

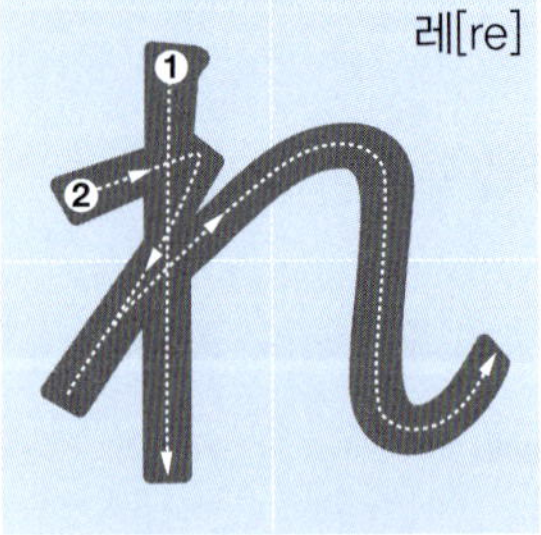

れいぞうこ 냉장고
레 - 조 - 꼬

れっしゃ 열차
렛 샤

れんあい 연애
렝 아 이

로[ro]

ろうか 복도
로 - 까

ろうそく 양초
로 - 소 꾸

いろ 색
이 로

16

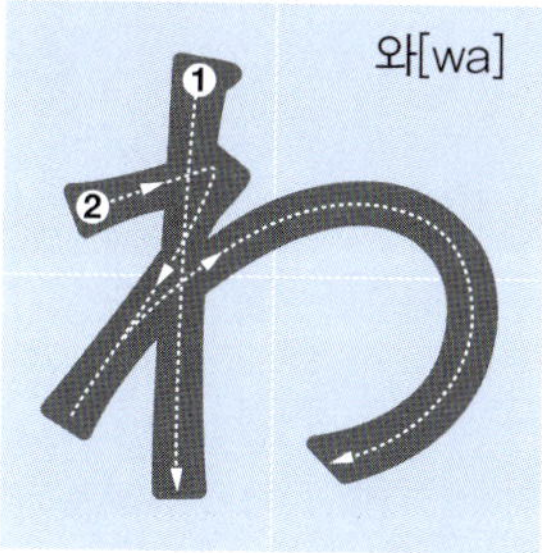

■ 순서대로 쓰면서 익히기

와[wa]

わかもの 젊은이
와 까 모 노

わに 악어
와 니

わりばし 나무젓가락
와 리 바 시

오[wo]

ごはんを たべる 밥을 먹다
고 항 오 타 베 루

ほんを よむ 책을 읽다
홍 오 요 무

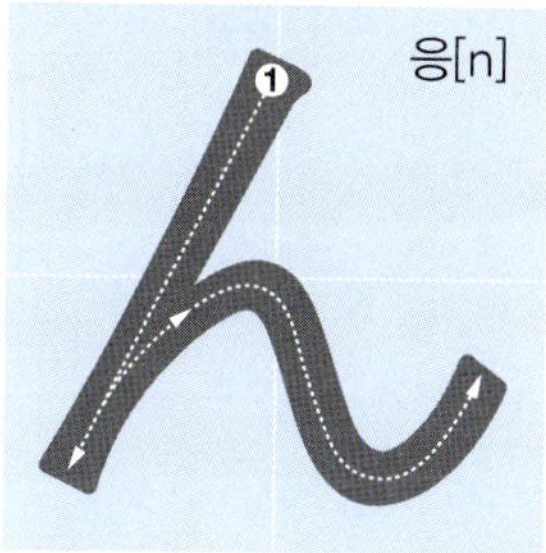

응[n]

おんがく 음악
옹 가 꾸

かびん 꽃병
카 빙

きん 금
킹

## 혼동하기 쉬운 글자 2

*다음 글자들은 모양이 비슷해서 혼동하기 쉬우므로 잘 익혀 두세요.

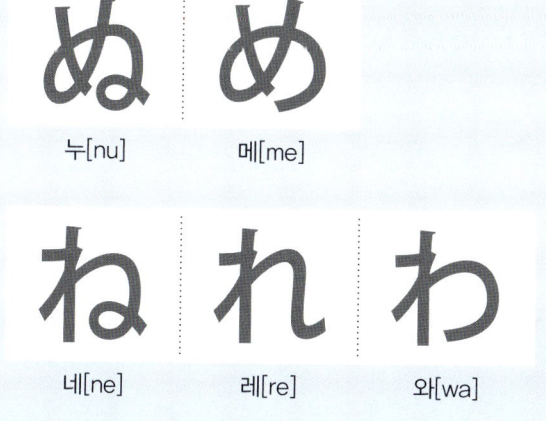

ぬ 누[nu]　め 메[me]

ね 네[ne]　れ 레[re]　わ 와[wa]

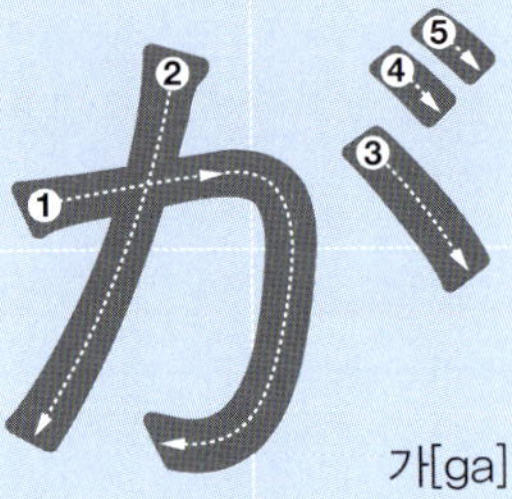

■ 순서대로 쓰면서 익히기_탁음과 반탁음

## が 가[ga]
つ カ か か が が が が

がくせい 학생  がっき 악기  かがみ 거울
각 세ー    각 끼       카 가 미

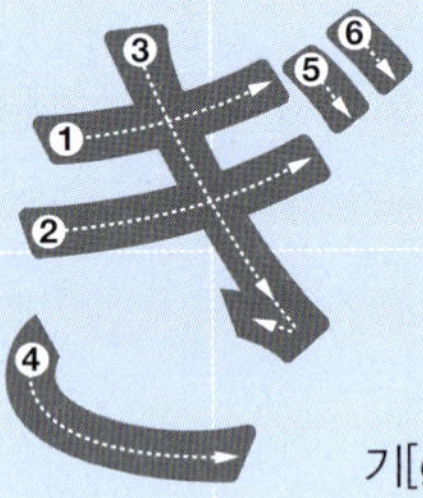

## ぎ 기[gi]
一 二 き き ぎ ぎ ぎ

ぎむ 의무  かぎ 열쇠  やぎ 염소
기 무     카 기      야 기

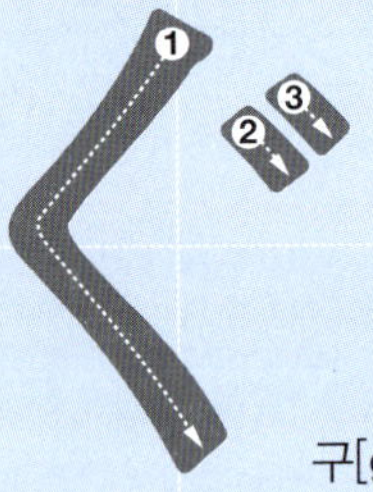

## ぐ 구[gu]
く ぐ ぐ ぐ ぐ ぐ ぐ

ぐうぜん 우연  ぐんじん 군인  かぐ 가구
구ー 젱         군 징          카 구

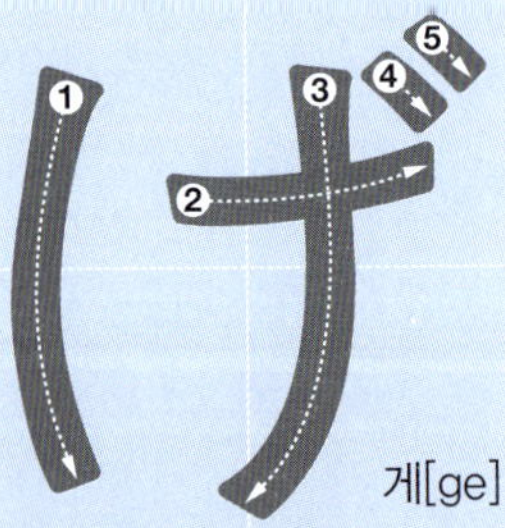

## げ 게[ge]
I I─ け げ げ げ げ げ

げいのうじん 연예인  げんきん 현금  えんげき 연극
게ー노ー징            겡 킹           엥 게 끼

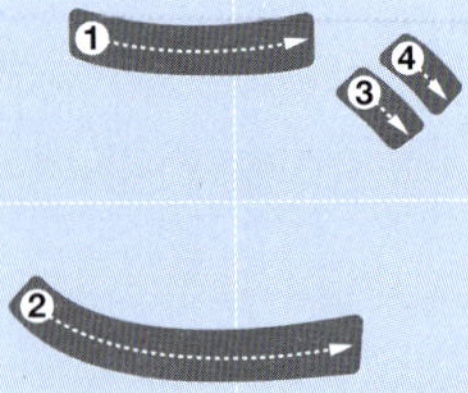

## ご 고[go]
一 二 こ ご ご ご ご ご

ごご 오후  ごぜん 오전  ごみ 쓰레기
고 고      고 젱        고 미

18

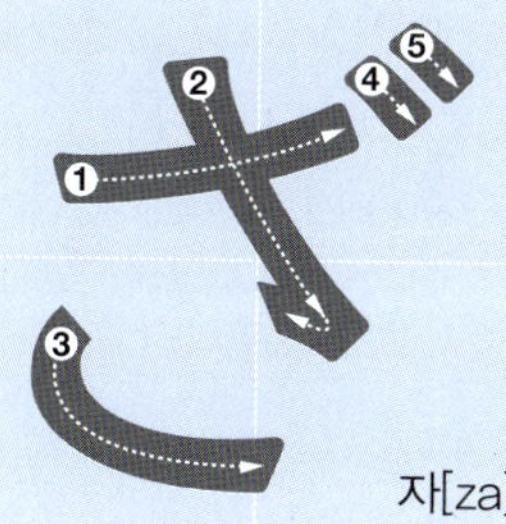

■ 순서대로 쓰면서 익히기_탁음과 반탁음

## 자[za]

ざせき 좌석
자세끼

ざっし 잡지
잣시

ひざ 무릎
히자

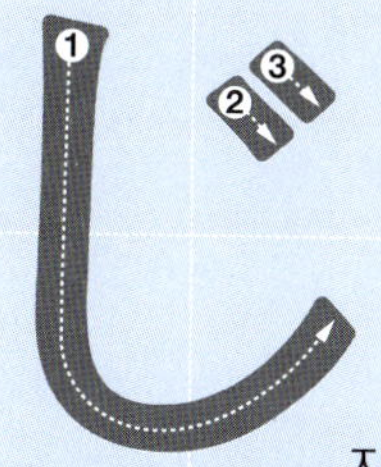

## 지[zi]

じかん 시간
지깡

じしん 지진
지싱

じどうしゃ 자동차
지도-샤

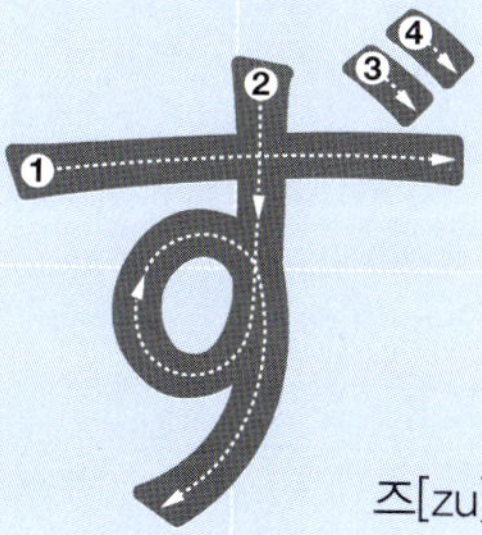

## 즈[zu]

いずみ 샘
이즈미

かず 수
카즈

すずめ 참새
스즈메

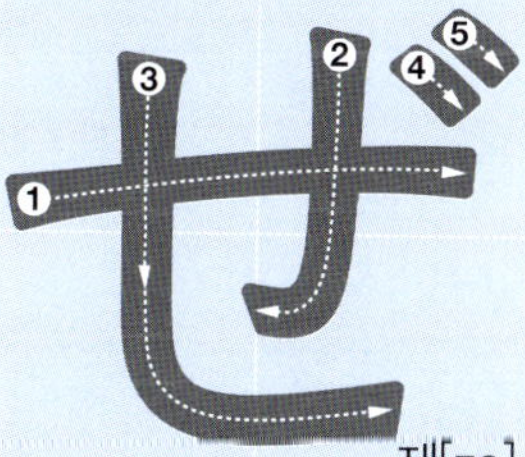

## 제[ze]

ぜんこく 전국
젱꼬꾸

ぜんぶ 전부
젬부

かぜ 감기
카제

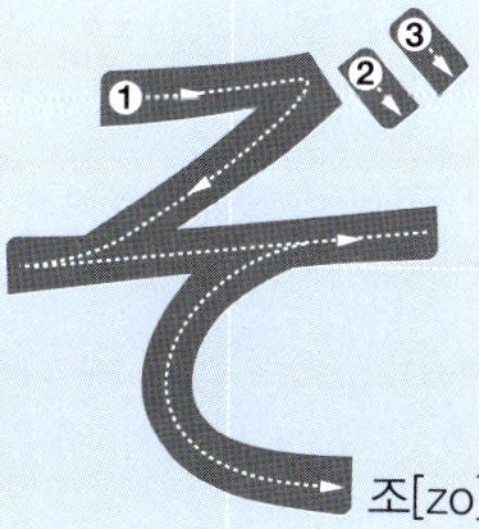

## 조[zo]

ぞう 코끼리
조-

かぞく 가족
카조꾸

そうぞうりょく 상상력
소-조-료꾸

19

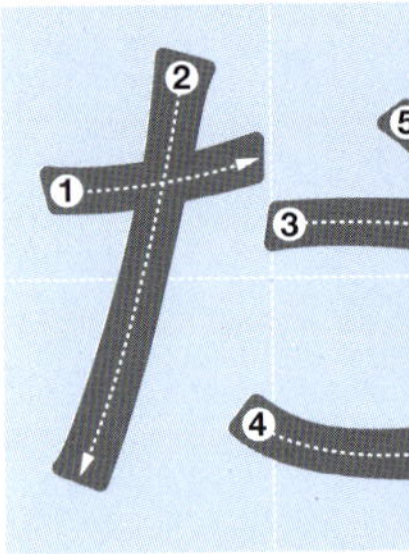

■ 순서대로 쓰면서 익히기_탁음과 반탁음

## だ [da]

だいがくせい 대학생
다이각세ー

しゅくだい 숙제
슈꾸다이

はだ 피부
하다

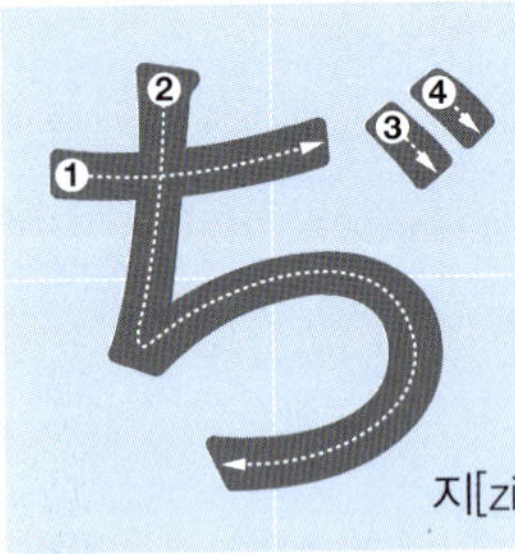

## ぢ [zi]

はなぢ 코피
하나지

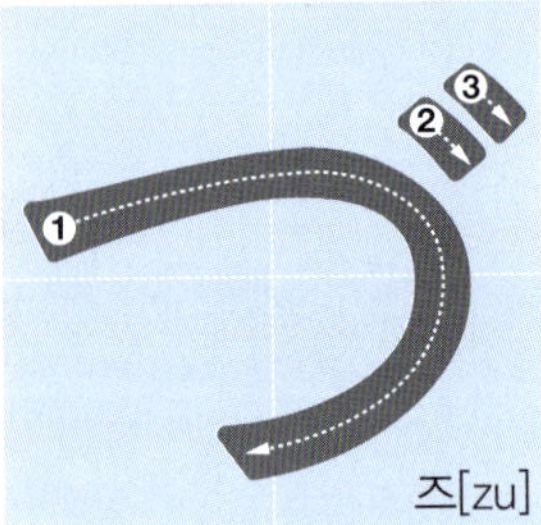

## づ [zu]

あいづち 맞장구
아이즈찌

こづつみ 소포
코즈쯔미

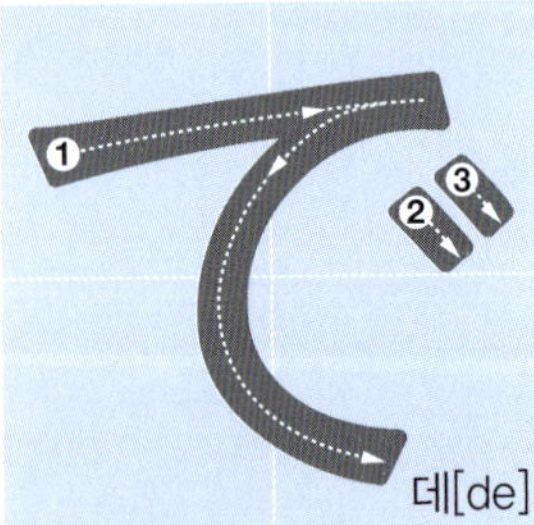

## で [de]

でぐち 출구
데구찌

でんしじしょ 전자사전
덴시지쇼

でんわ 전화
뎅와

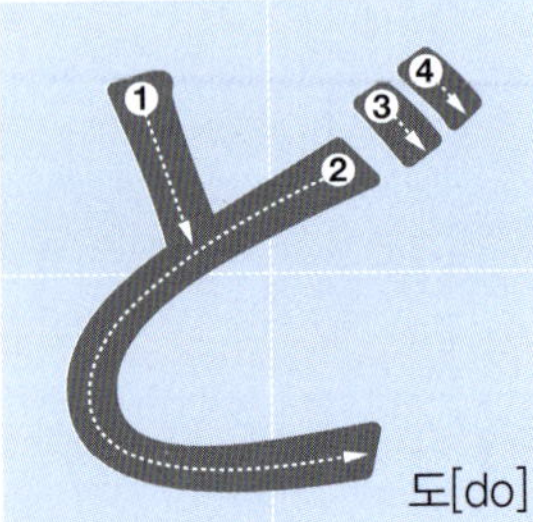

## ど [do]

どうろ 도로
도ー로

どくしょ 독서
도꾸쇼

どんぐり 도토리
동구리

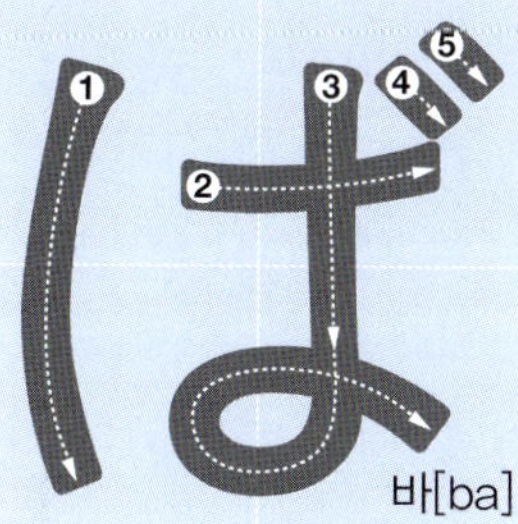

■ 순서대로 쓰면서 익히기_탁음과 반탁음

ば 바[ba]
| | | | は | ば | ば | ば | ば | ば |

ばら 장미  　 かばん 가방  　 そば 메밀국수
바 라  　 카 방  　 소 바

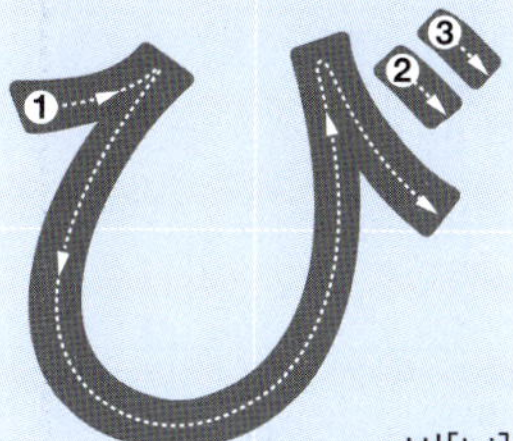

び 비[bi]
ひ ひ び び び び び び

びじゅつかん 미술관  　 びじん 미인  　 びょういん 병원
비쥬쯔깡  　 비 징  　 보 - 잉

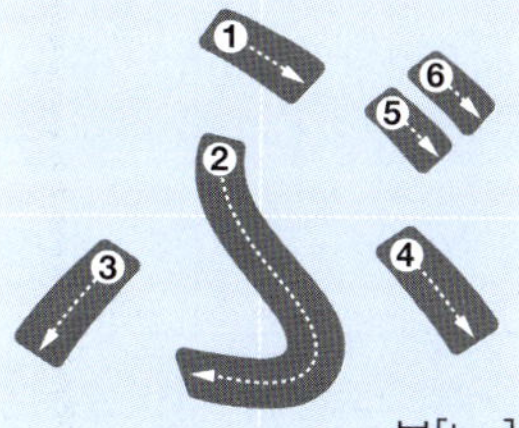

ぶ 부[bu]
` ふ ふ ふ ぶ ぶ ぶ ぶ

ぶか 부하  　 ぶっか 물가  　 ぶどう 포도
부 까  　 북 까  　 부 도 -

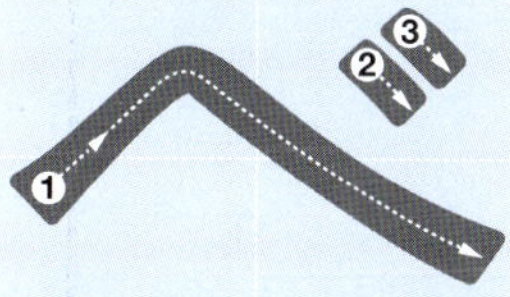

べ 베[be]
へ べ べ べ べ べ べ べ

べっそう 별장  　 べんきょう 공부  　 べんとう 도시락
벳 소 -  　 벵 꾜 -  　 벤 또 -

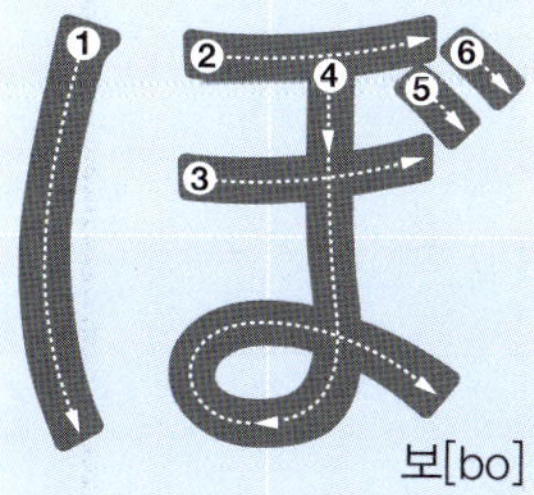

ぼ 보[bo]
| | | | ほ | ぼ | ぼ | ぼ | ぼ |

ぼうけん 모험  　 ぼうし 모자  　 ぼしゅう 모집
보 - 껭  　 보 - 시  　 보 슈 -

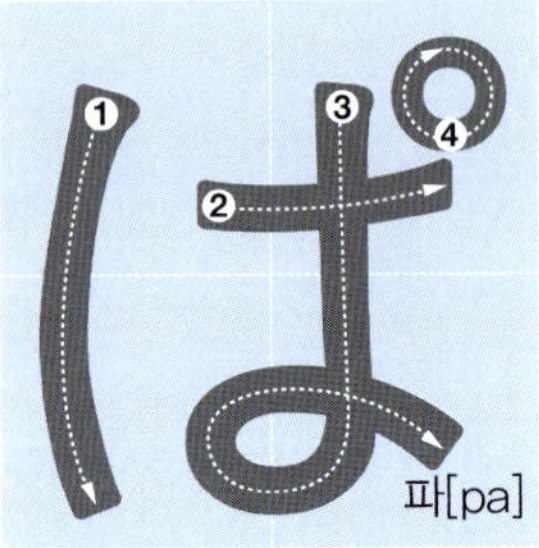

■ 순서대로 쓰면서 익히기_탁음과 반탁음

## ぱ 파[pa]
ぱ　いっぱい 한 잔　かんぱい 건배　でんぱ 전파
입 빠이　캄 빠이　뎀 빠

## ぴ 피[pi]
ぴ　ぴかぴか 반짝반짝　えんぴつ 연필　べんぴ 변비
피까삐까　엠 삐쯔　벰 삐

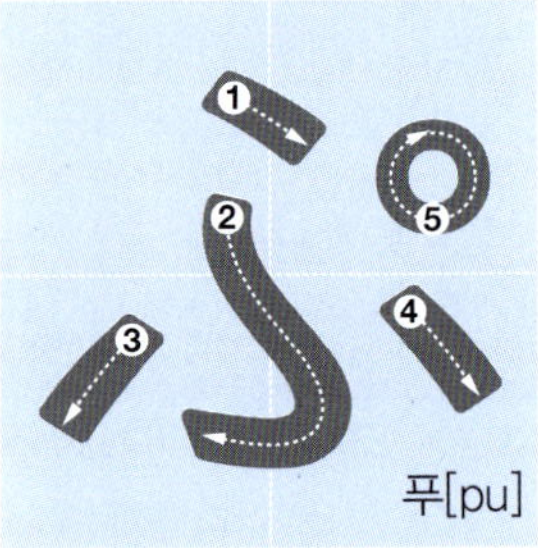

## ぷ 푸[pu]
ぷ　きっぷ 표　げっぷ 트림　しんぷ 신부
킵 뿌　겝 뿌　심 뿌

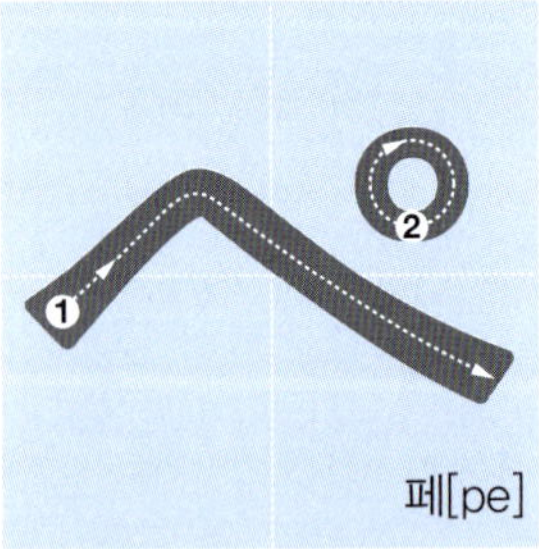

## ぺ 페[pe]
ぺ　ぺこぺこ 배가 몹시 고픔　ぜっぺき 절벽　ほっぺた 뺨
페꼬뻬꼬　젭 뻬끼　홉 뻬따

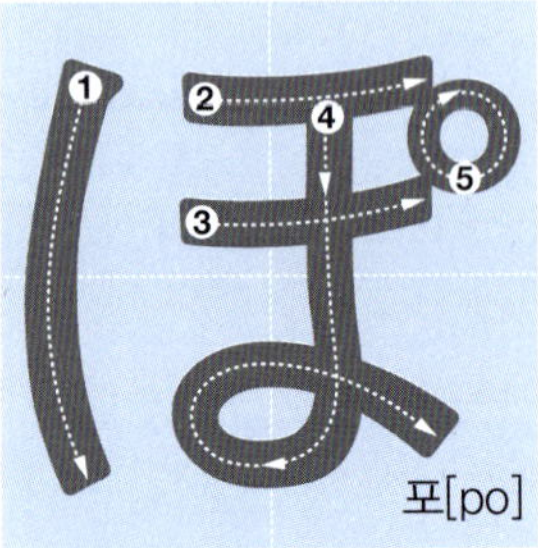

## ぽ 포[po]
ぽ　いっぽ 한 걸음　しっぽ 꼬리　たんぽぽ 민들레
입 뽀　십 뽀　탐 뽀뽀

# 쓰기 연습_요음과 촉음

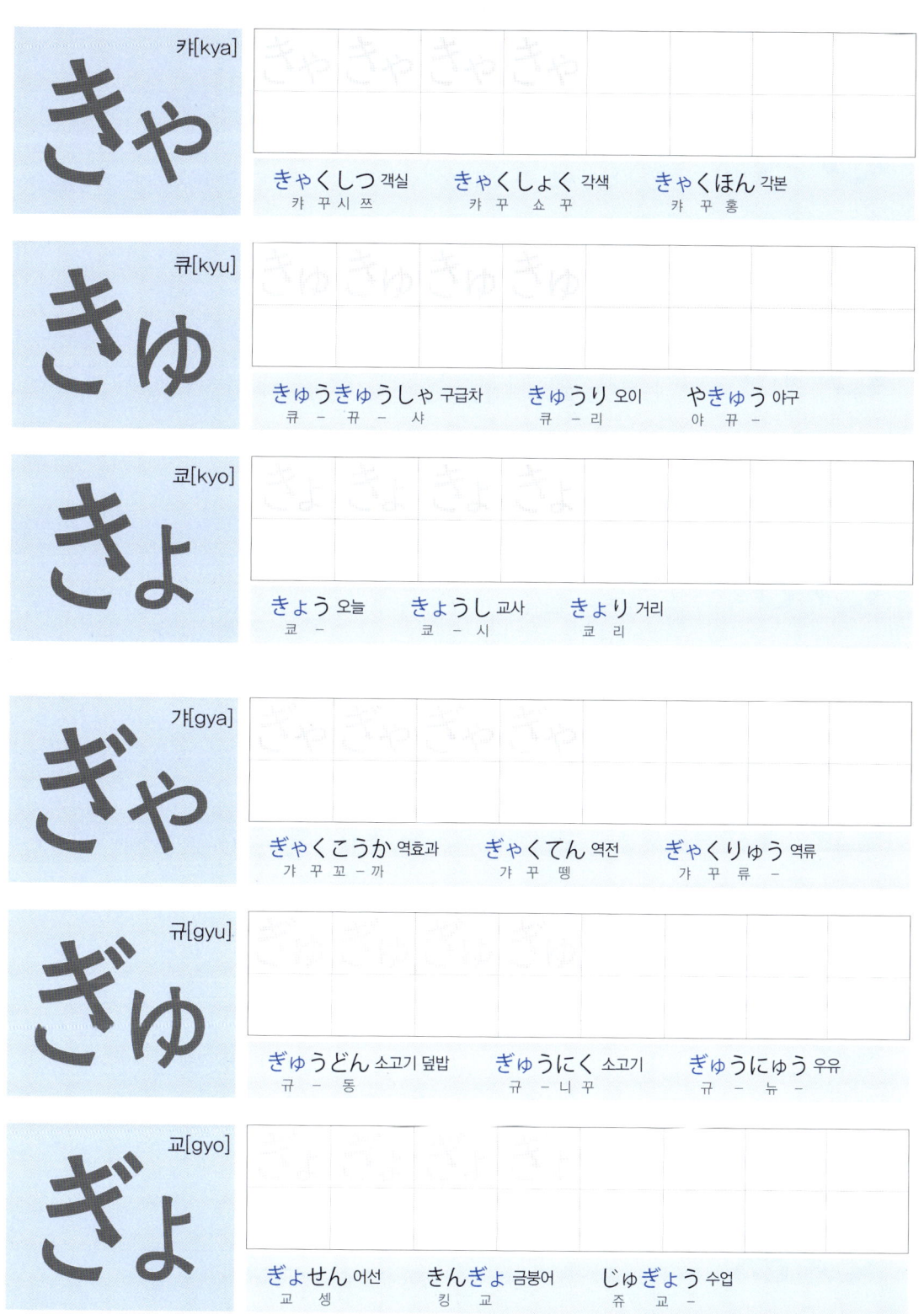

## ■ 쓰기 연습 _ 요음과 촉음

# 쓰기 연습_요음과 촉음

## ちゃ [cha]

ちゃくりく 착륙
챠 꾸리꾸

おちゃ 차(茶)
오 쨔

おもちゃ 장난감
오모 쨔

## ちゅ [chu]

ちゅうがくせい 중학생
츄 - 각세 -

ちゅうごく 중국
츄 - 고꾸

ちゅうしゃ 주사
츄 - 샤

## ちょ [cho]

ちょうみりょう 조미료
쵸 - 미료 -

ちょきん 저금
쵸 낑

てちょう 수첩
테 쬬 -

## にゃ [nya]

こんにゃく 곤약
콘 냐 꾸

## にゅ [nyu]

にゅうがく 입학
뉴 - 가꾸

にゅうこく 입국
뉴 - 꼬꾸

にゅうしゃ 입사
뉴 - 샤

## にょ [nyo]

とうにょう 당뇨
토 - 뇨 -

# ■ 쓰기 연습_요음과 촉음

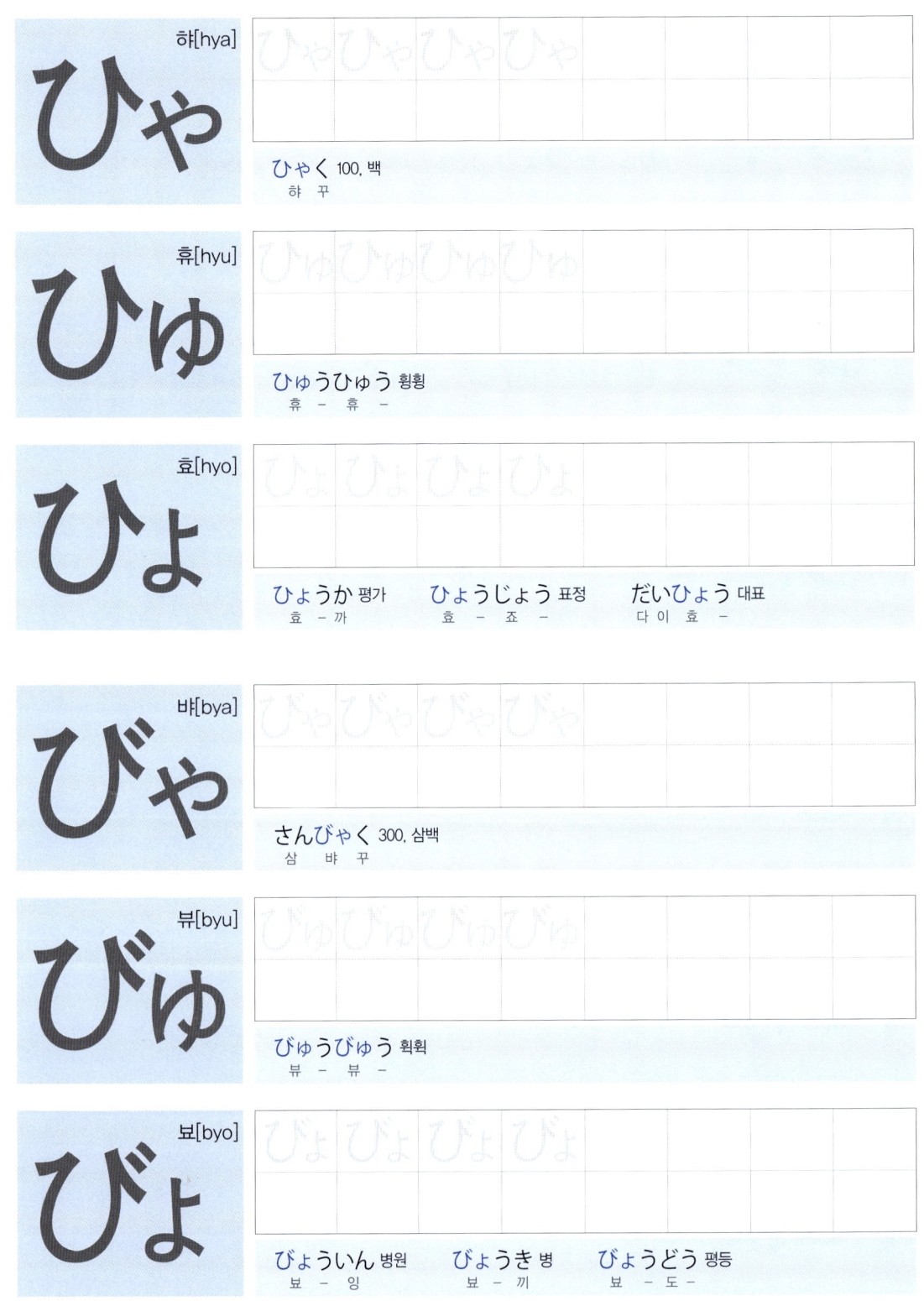

# 쓰기 연습_요음과 촉음

# ■ 쓰기 연습_요음과 촉음

# 발음 특강_촉음

「か、さ、た、ぱ」(카, 사, 타, 파)행 앞에 작게 쓰는 촉음「っ」는 우리말의 받침과 같은 역할을 합니다. 하지만 우리말 받침과는 달리 한 박자로 발음해야 합니다. 또한 촉음은 바로 뒤에 오는 글자의 영향을 받아 발음이 바뀝니다.

1. 「か」(카)행 앞에서는 [k]로 발음됩니다. 예 がっこう 학교
   각 꼬 -
2. 「さ」(사)행 앞에서는 [s]로 발음됩니다. 예 けっせき 결석
   켓 세 끼
3. 「た」(타)행 앞에서는 [t]로 발음됩니다. 예 きって 우표
   킷 떼
4. 「ぱ」(파)행 앞에서는 [p]로 발음됩니다. 예 きっぷ 표
   킵 뿌

가타카나

■ 순서대로 쓰면서 익히기

아[a]

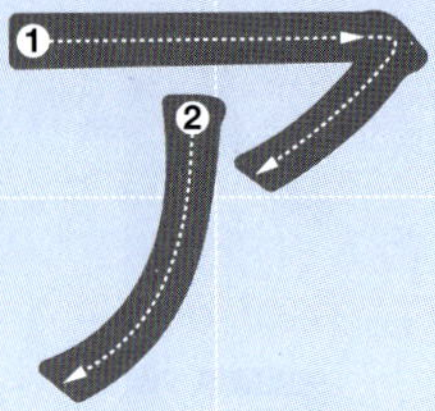

アイスクリーム 아이스크림
아 이 스 쿠 리 - 무

アップルパイ 애플파이
압 푸 루 파 이

アルバム 앨범
아 루 바 무

이[i]

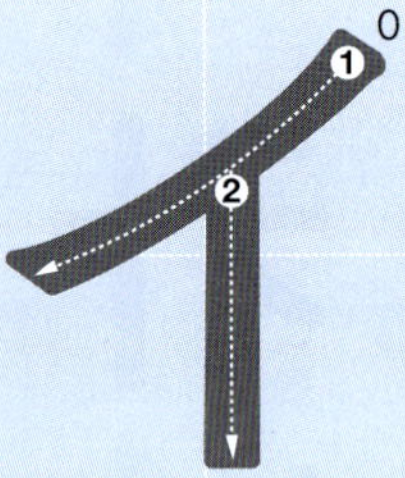

インク 잉크
잉 쿠

インターネット 인터넷
인 타 - 넷 토

ハイヒール 하이힐
하 이 히 - 루

우[u]

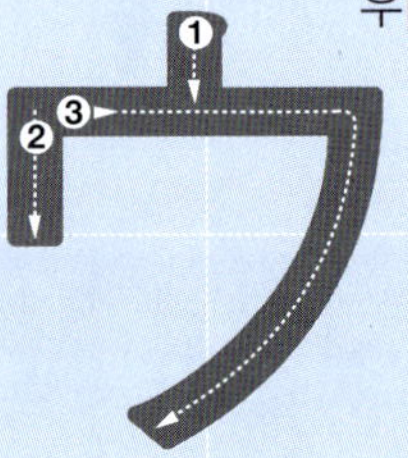

ウイスキー 위스키
우 이 스 키 -

ウイルス 바이러스
우 이 루 스

ウエスト 웨이스트, (의복의) 허리
우 에 스 토

에[e]

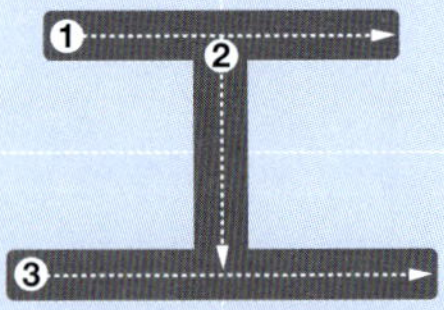

エスカレーター 에스컬레이터
에 스 카 레 - 타 -

エプロン 에이프런
에 푸 롱

エレベーター 엘리베이터
에 레 베 - 타 -

오[o]

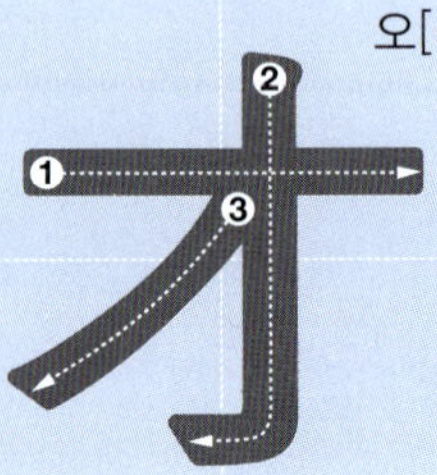

オアシス 오아시스
오 아 시 스

オートバイ 오토바이
오 - 토 바 이

オレンジ 오렌지
오 렌 지

■ 순서대로 쓰면서 익히기

**카[ka]**

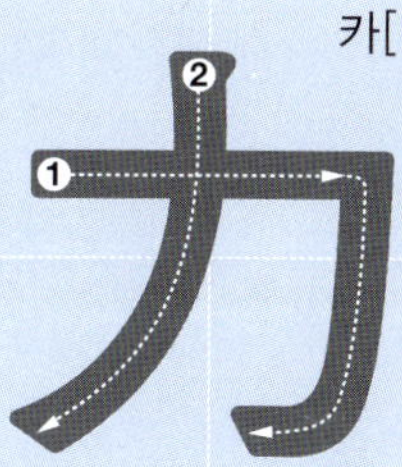

カフェ 카페
카 훼

カメラ 카메라
카 메 라

カレンダー 캘린더
카 렌 다 -

**키[ki]**

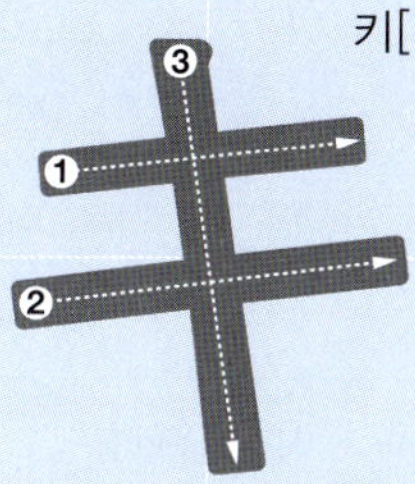

キー 열쇠
키 -

キッチン 키친
킷 칭

**쿠[ku]**

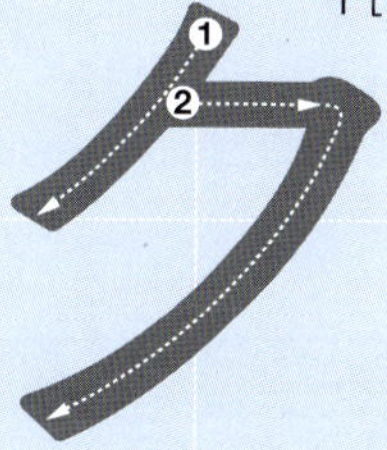

クッキー 쿠키
쿡 키 -

クッション 쿠션
쿳 숑

クリスマス 크리스마스
쿠 리 스 마 스

**케[ke]**

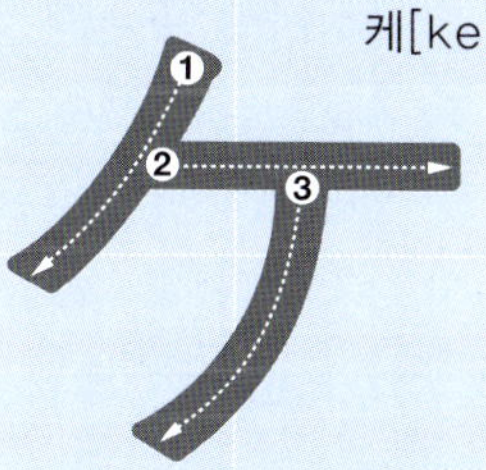

ケーキ 케이크
케 - 키

ケース 케이스
케 - 스

ケーブルカー 케이블카
케 - 부 루 카 -

**코[ko]**

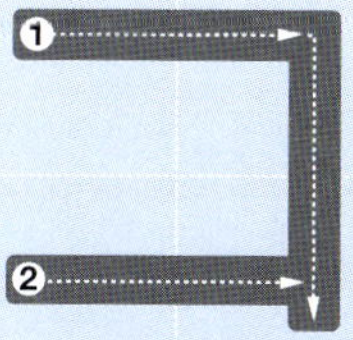

コインロッカー 코인로커
코 인 록 카 -

コート 코트
코 - 토

コーヒー 커피
코 - 히 -

## ■ 순서대로 쓰면서 익히기

**사[sa]** サ ー 十 サ サ サ サ サ サ

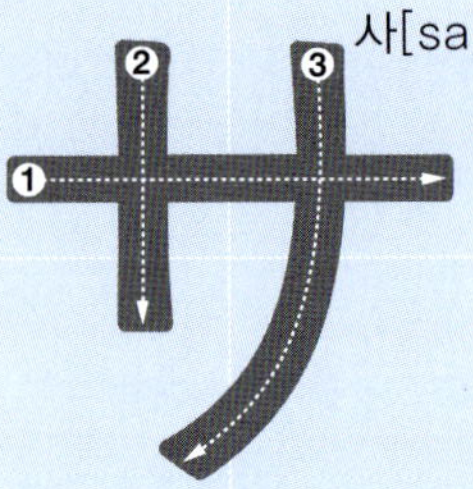

サッカー 축구  サラダ 샐러드  サンドイッチ 샌드위치
삭 카 -    사 라 다    산 도 잇 치

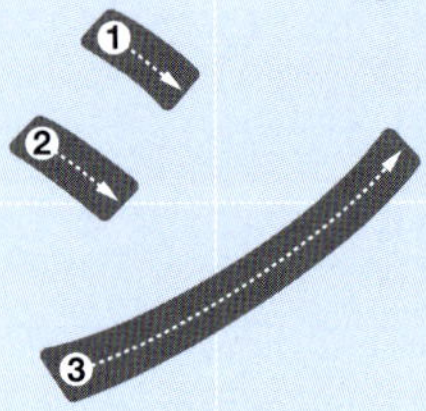

**시[shi]** シ ヽ ツ シ シ シ シ シ シ

シーソー 시소  シートベルト 안전벨트  シーフード 시푸드, 해산물
시 - 소 -   시 - 토 베 루 토   시 - 후 - 도

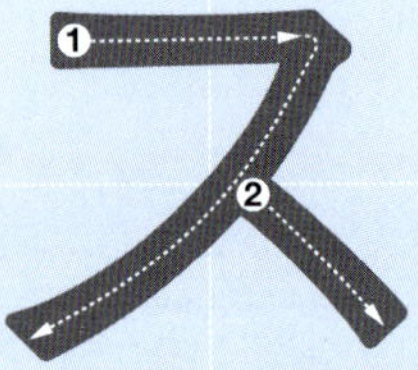

**스[su]** ス フ ス ス ス ス ス ス ス

スーツ 양복  スカート 스커트  スキー 스키
스 - 츠    스 카 - 토    스 키 -

**세[se]** セ ー セ セ セ セ セ セ

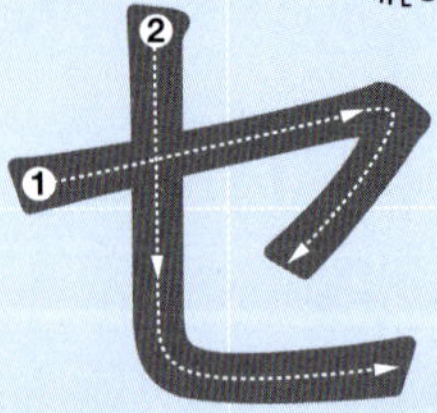

セーター 스웨터  セール 세일  セット 세트
세 - 타 -    세 - 루    셋 토

**소[so]** ソ ヽ ソ ソ ソ ソ ソ ソ

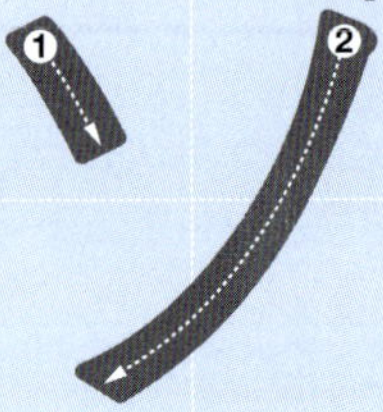

ソーセージ 소시지  ソファー 소파  ソフトクリーム 소프트아이스크림
소 - 세 - 지    소 화 -    소 후 토 쿠 리 - 무

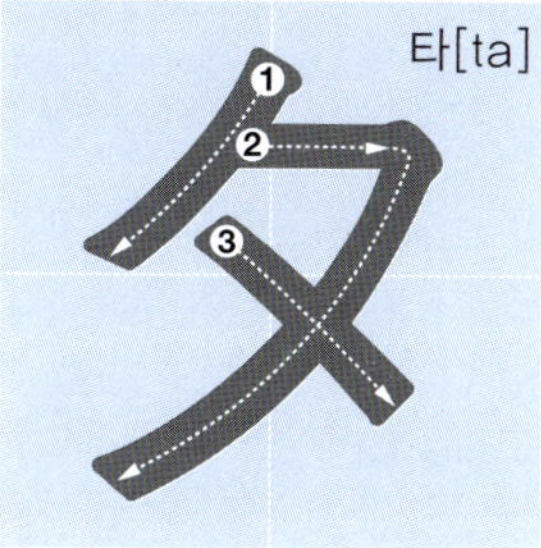

■ 순서대로 쓰면서 익히기

타[ta]

タ

ノ ク タ タ タ タ タ

タオル 타월
타 오 루

タクシー 택시
타 쿠 시 -

タバコ 담배
타 바 코

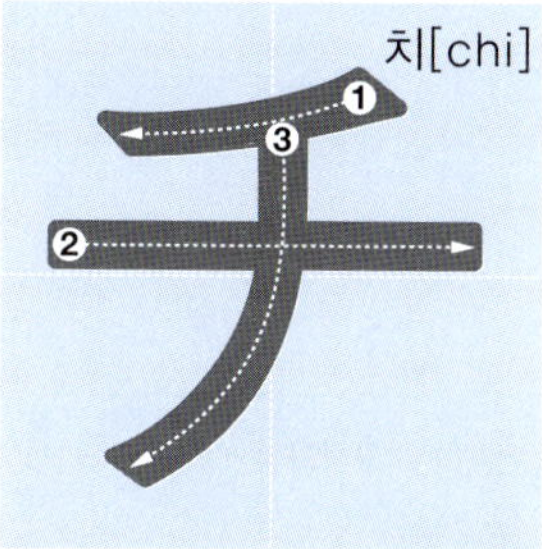

치[chi]

チ

一 二 チ チ チ チ チ

チーズ 치즈
치 - 즈

チキン 치킨
치 킹

チケット 티켓
치 켓 토

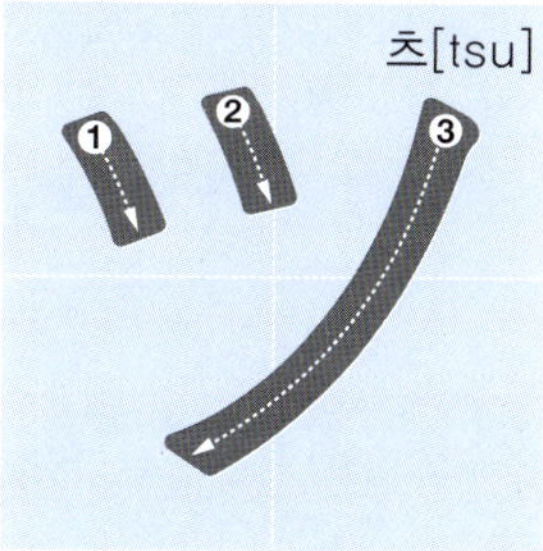

츠[tsu]

ツ

ヽ ヾ ツ ツ ツ ツ ツ

ツアー 투어
츠 아 -

ツインルーム 트윈룸
츠 인 루 - 무

ツナ 참치
츠 나

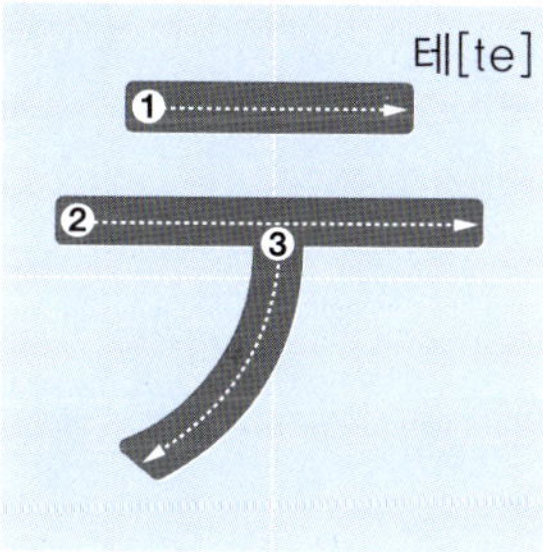

테[te]

テ

一 二 テ テ テ テ テ

テーブル 테이블
테 - 부 루

テスト 테스트
테 스 토

テレビ 텔레비젼 TV
테 레 비

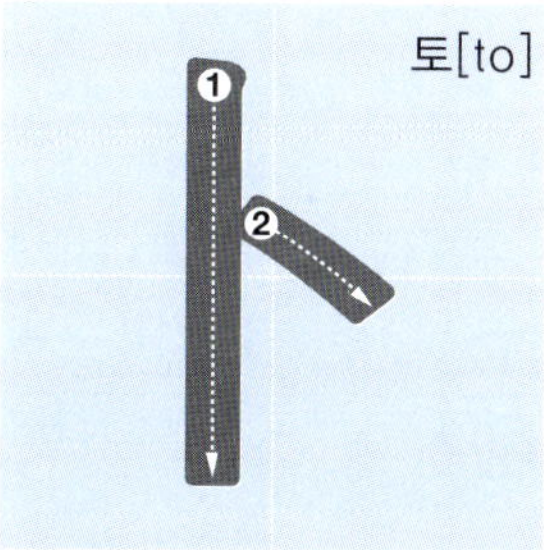

토[to]

ト

丨 ト ト ト ト ト ト

トースト 토스트
토 - 스 토

トマト 토마토
토 마 토

トランク 트렁크
토 랑 쿠

33

# 순서대로 쓰면서 익히기

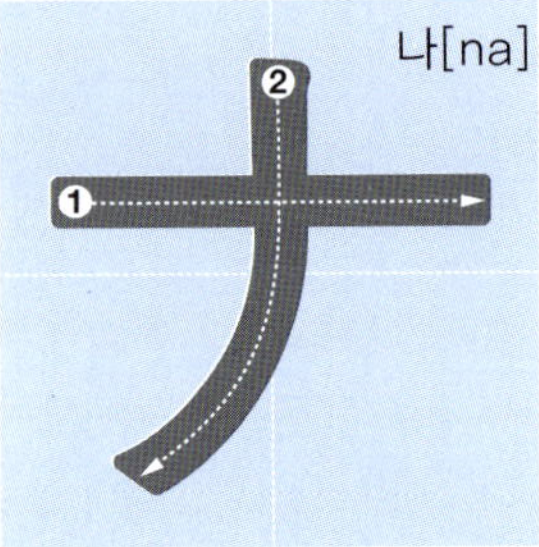

## ナ[na]

ナイフ 나이프
나 이 후

ナプキン 냅킨
나 푸 킹

アナウンサー 아나운서
아 나 운 사 -

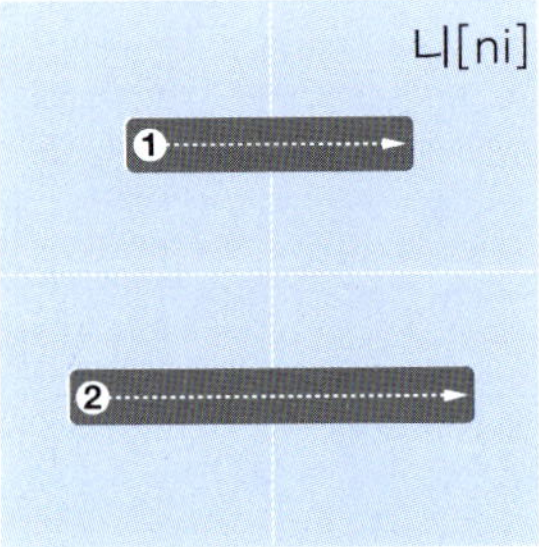

## ニ[ni]

ニックネーム 닉네임
닉 쿠 네 - 무

テニス 테니스
테 니 스

ハーモニカ 하모니카
하 - 모 니 카

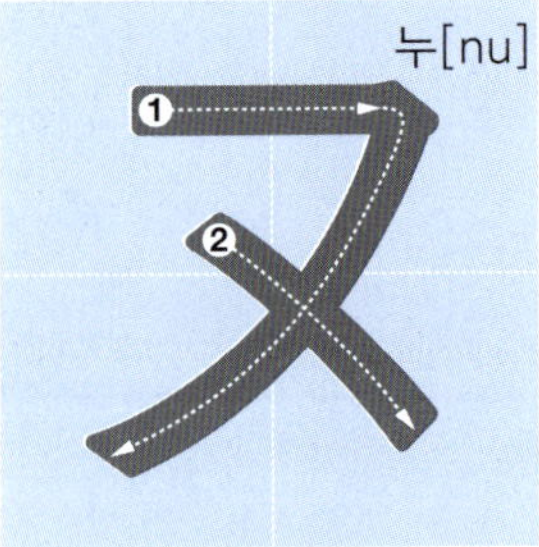

## ヌ[nu]

ヌードル 누들
누 - 도 루

カヌー 카누
카 누 -

## ネ[ne]

ネクタイ 넥타이
네 쿠 타 이

ネックレス 목걸이
넥 쿠 레 스

トンネル 터널
톤 네 루

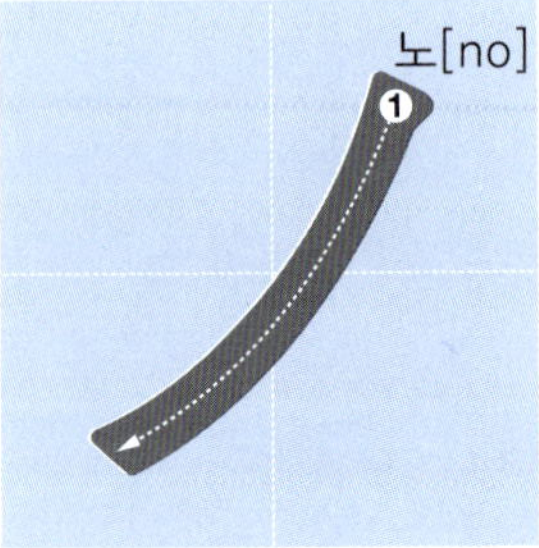

## ノ[no]

ノート 노트
노 - 토

ノートパソコン 노트북 컴퓨터
노 - 토 파 소 콩

ノック 노크
녹 쿠

■ 순서대로 쓰면서 익히기

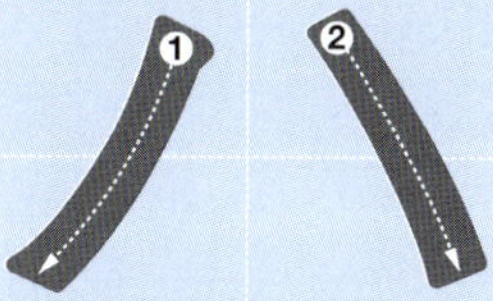

하[ha]

ハ

| ハンドバッグ 핸드백 | ハンドル 핸들 | ハンバーガー 햄버거 |
|---|---|---|
| 한 도 박 구 | 한 도루 | 함 바 가 - |

히[hi]

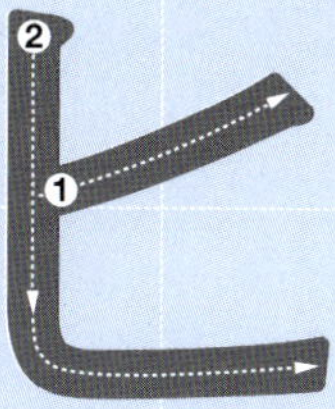

ヒ

| ヒーター 히터 | ヒーロー 히어로 | ヒント 힌트 |
|---|---|---|
| 히 - 타 - | 히 - 로 - | 힌 토 |

후[hu/fu]

フ

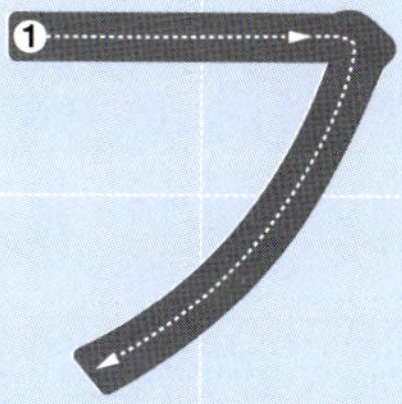

| フライドポテト 프라이드 포테이토 | フルーツ 프루트 | フロント 프런트 |
|---|---|---|
| 후라이도 포 테 토 | 후 루 - 츠 | 후 론 토 |

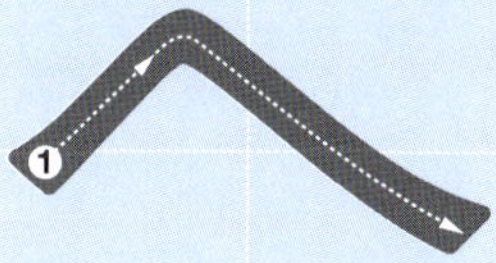

헤[he]

ヘ

| ヘッドホン 헤드폰 | ヘリコプター 헬리콥터 | ヘルメット 헬멧 |
|---|---|---|
| 헷 도 홍 | 헤 리 코 푸 타 - | 헤 루 멧 토 |

호[ho]

ホ

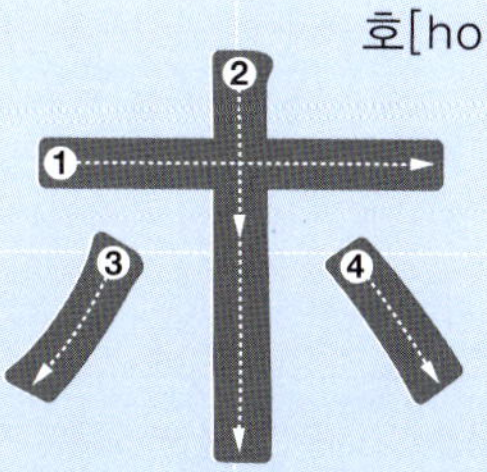

| ホームステイ 홈스테이 | ホットケーキ 핫케이크 | ホテル 호텔 |
|---|---|---|
| 호 - 무 스 테 - | 홋 토 케 - 키 | 호 테 루 |

■ 순서대로 쓰면서 익히기

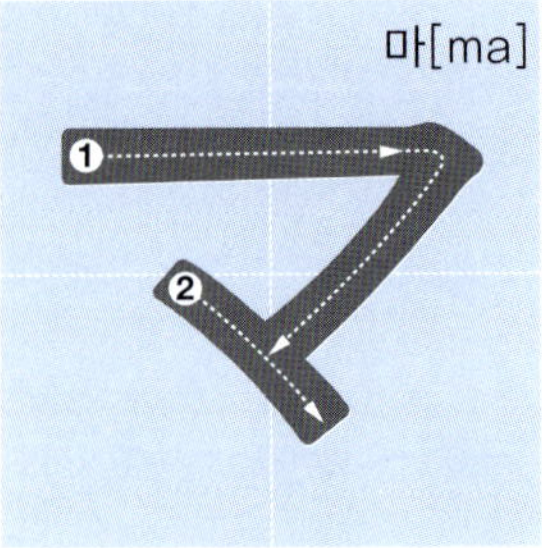

## マ [ma]

マイク 마이크
마 이 쿠

マフラー 머플러
마 후 라 -

マヨネーズ 마요네즈
마 요 네 - 즈

## ミ [mi]

ミキサー 믹서
미 키 사 -

ミニスカート 미니스커트
미 니 스 카 - 토

ミルク 우유
미 루 쿠

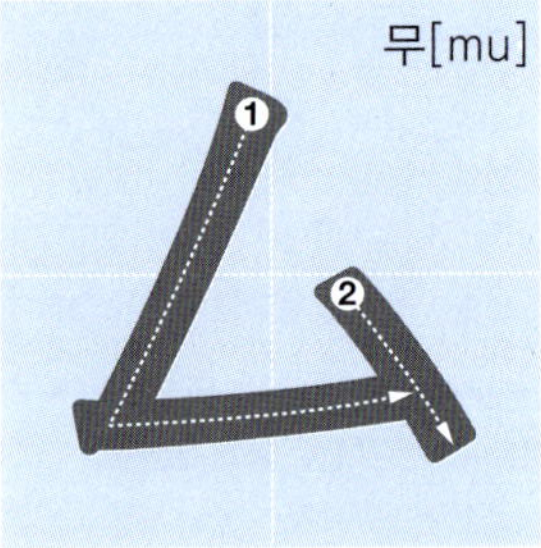

## ム [mu]

ムード 무드
무 - 도

ムービー 영화
무 - 비 -

ハネムーン 허니문
하 네 무 - 웅

## メ [me]

メダル 메달
메 다 루

メニュー 메뉴
메 뉴 -

メロン 멜론
메 롱

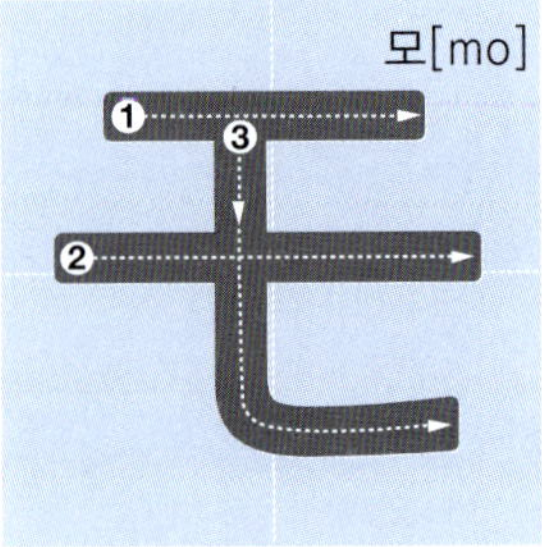

## モ [mo]

モーターボート 모터보트
모 - 타 - 보 - 토

モーニングコール 모닝콜
모 - 닝 구 코 - 루

モニター 모니터
모 니 타 -

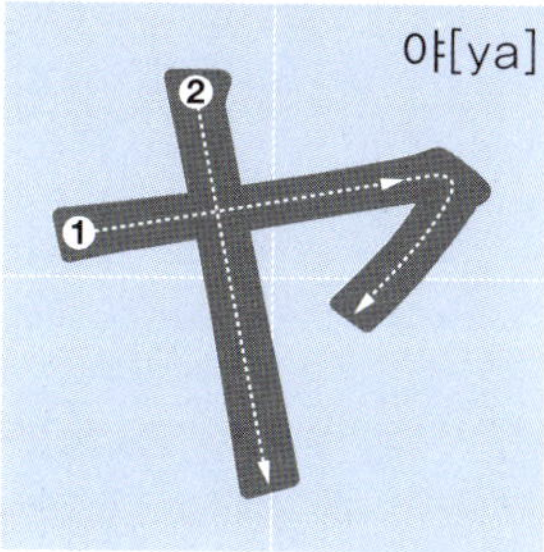

■ 순서대로 쓰면서 익히기

| 야[ya] | ヤ |
|---|---|

イヤホン 이어폰
이 야 홍

イヤリング 귀걸이
이 야 링 구

タイヤ 타이어
타 이 야

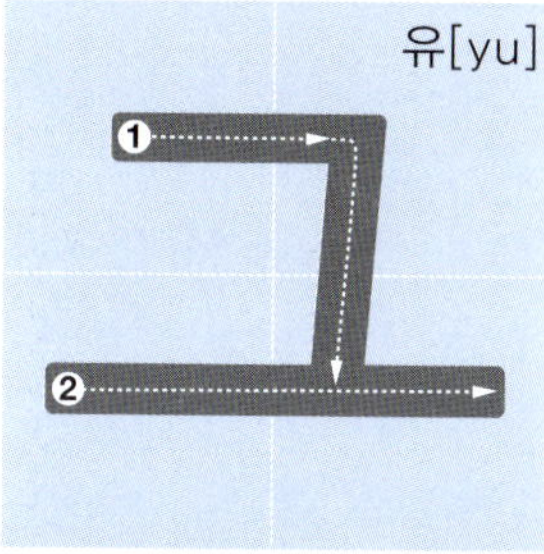

| 유[yu] | ユ |
|---|---|

ユースホステル 유스호스텔
유 - 스 호 스 테 루

ユーモア 유머
유 - 모 아

ユニホーム 유니폼
유 니 호 - 무

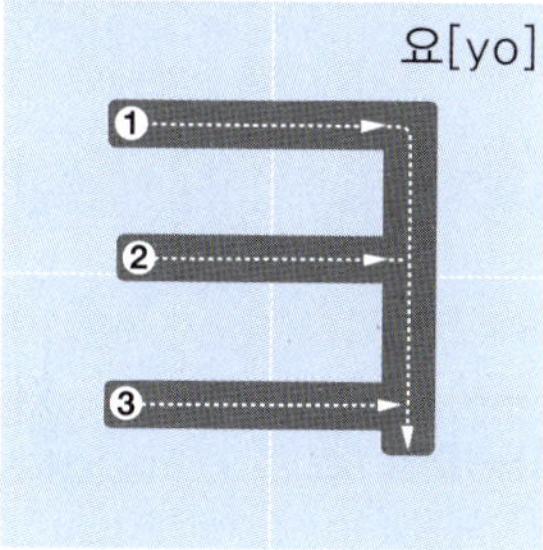

| 요[yo] | ヨ |
|---|---|

ヨーグルト 요구르트
요 - 구 루 토

ヨガ 요가
요 가

ヨット 요트
욧 토

## 혼동하기 쉬운 글자 3

*다음 글자들은 모양이 비슷해서 혼동하기 쉬우므로 잘 익혀 두세요.

37

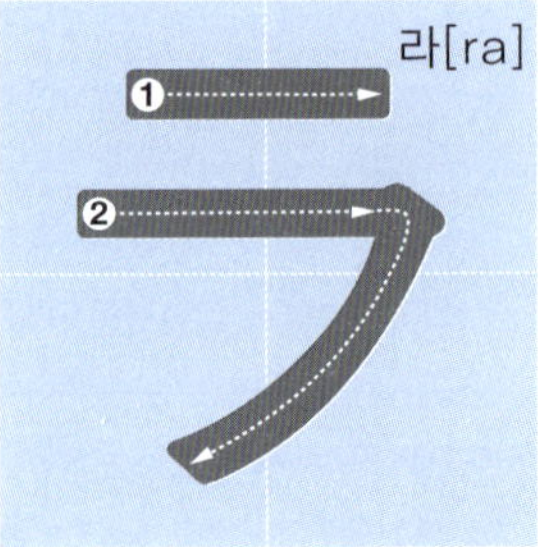

■ 순서대로 쓰면서 익히기

## ラ행

### ラ [ra]
ラーメン 라면 / 라 - 멩
ライター 라이터 / 라 이 타 -
ラグビー 럭비 / 라 구 비 -

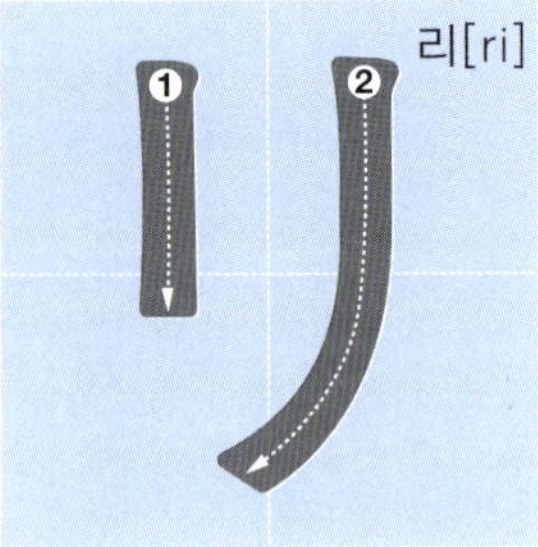

### リ [ri]
リーダー 리더 / 리 - 다 -
リズム 리듬 / 리 즈 무
リボン 리본 / 리 봉

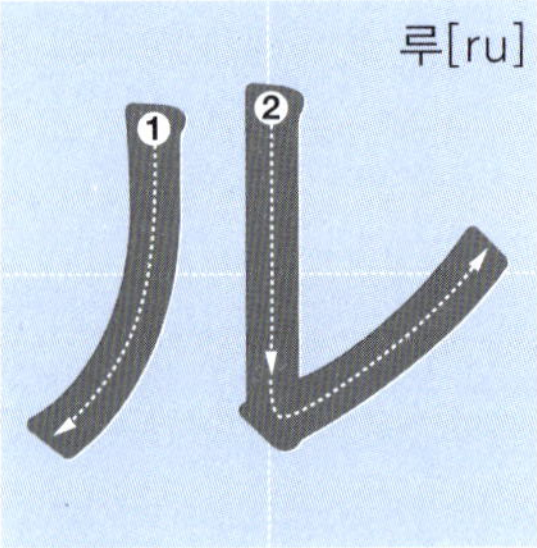

### ル [ru]
ルームメート 룸메이트 / 루 - 무 메 - 토
ルビー 루비 / 루 비 -
アルコール 알코올 / 아 루 코 - 루

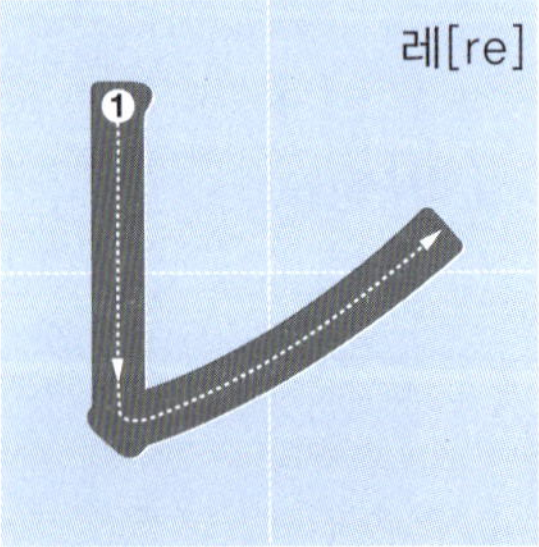

### レ [re]
レシピ 레시피 / 레 시 피
レタス 양상추 / 레 타 스
レモン 레몬 / 레 몽

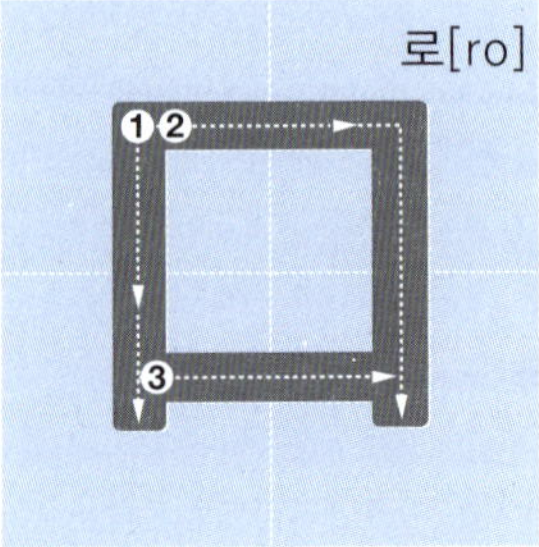

### ロ [ro]
ローション 로션 / 로 - 숑
ロールケーキ 롤케이크 / 로 - 루 케 - 키
ロビー 로비 / 로 비 -

38

■ 순서대로 쓰면서 익히기

## ワ 와[wa]

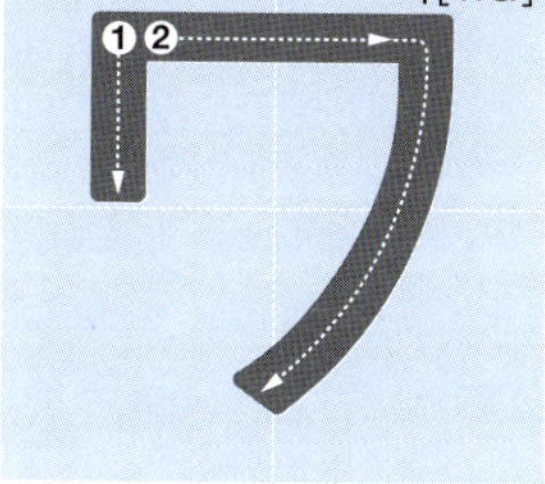

ワイシャツ 와이셔츠
와 이 샤 츠

ワイン 와인
와 잉

ワンピース 원피스
왐 피 ― 스

## ヲ 오[wo]

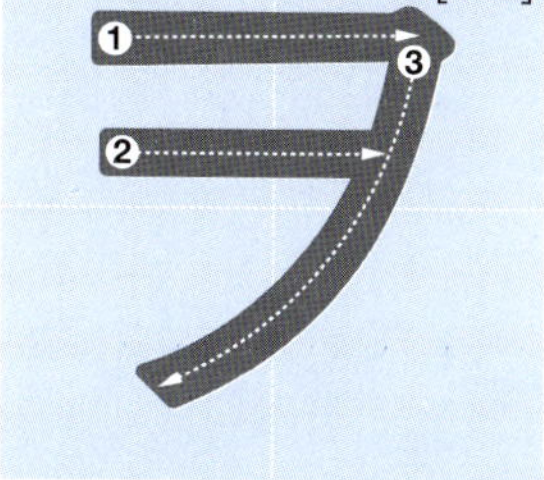

★ 우리말의 'ㅋ'처럼 쓰지 않도록 순서에 주의하세요.

## ン 응[n]

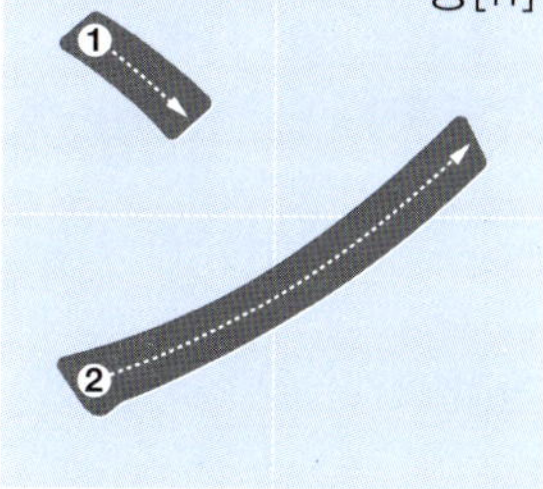

アイロン 다리미
아 이 롱

サーフィン 서핑
사 ― 휭

パン 빵
팡

## 혼동하기 쉬운 글자 4

*다음 글자들은 모양이 비슷해서 혼동하기 쉬우므로 잘 익혀 두세요.

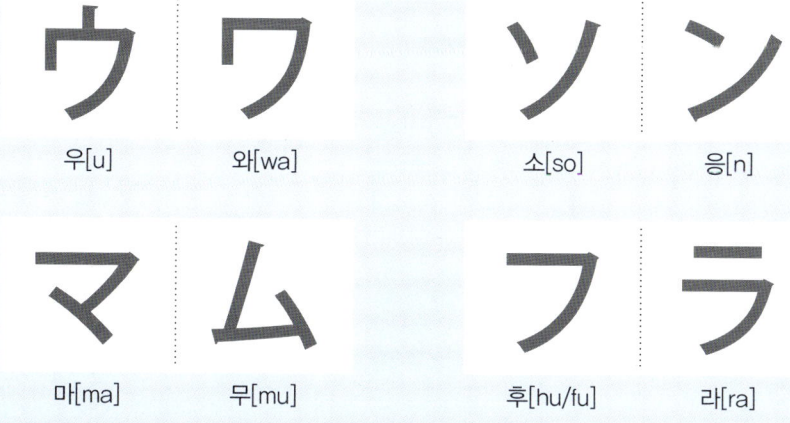

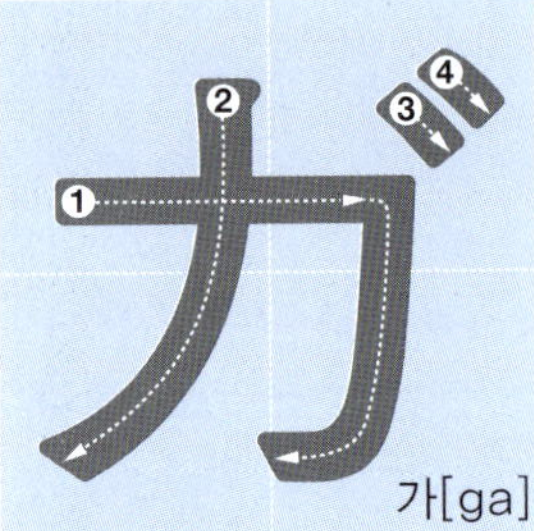

■ 순서대로 쓰면서 익히기 _ 탁음과 반탁음

가[ga]
フ カ ガ ガ ガ ガ ガ
ガイド 가이드  ガウン 가운  ガラス 유리
가 이 도    가 운     가 라 스

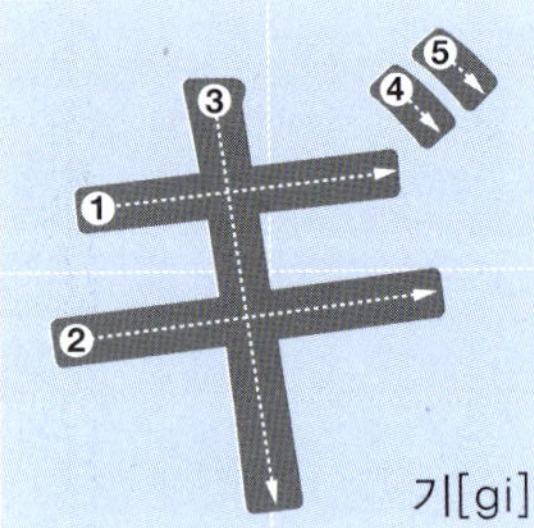

기[gi]
一 二 キ ギ ギ ギ ギ ギ
ギフト 선물   アレルギー 알레르기   ペンギン 펭귄
기 후 토    아 레 루 기 -         펭 깅

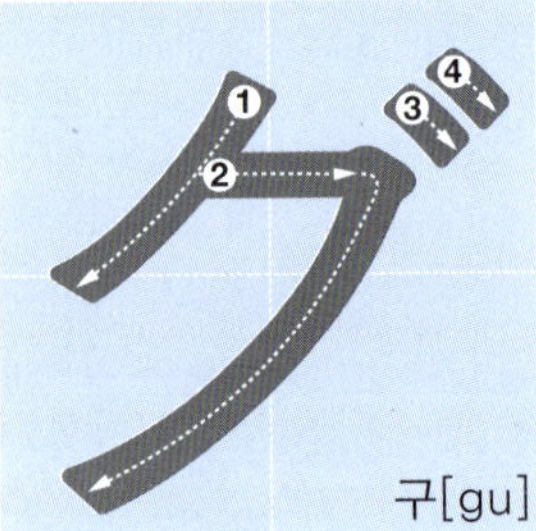

구[gu]
ノ ク グ グ グ グ グ
グラウンド 그라운드   グラス 글라스   グラフ 그래프
구 라 운 도         구 라 스       구 라 후

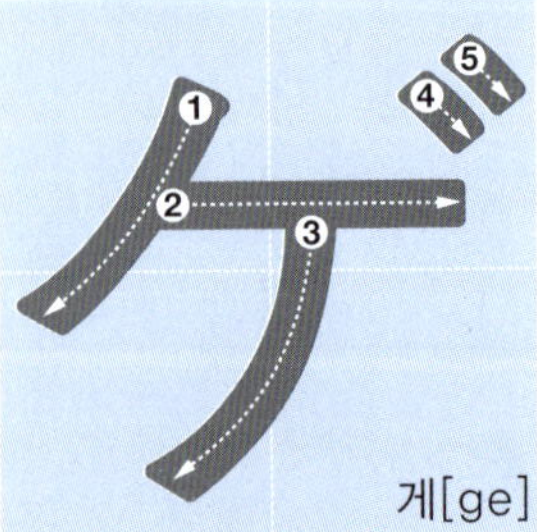

게[ge]
ノ ト ケ ケ ゲ ゲ ゲ ゲ
ゲート 게이트   ゲーム 게임   ゲスト 게스트
게 - 토        게 - 무      게 스 토

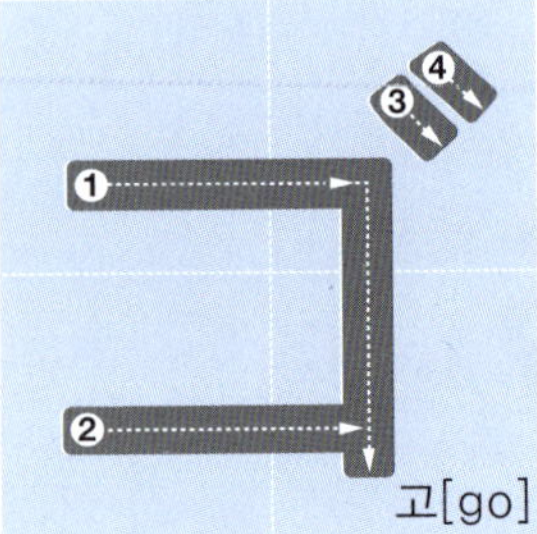

고[go]
フ コ ゴ ゴ ゴ ゴ ゴ
ゴールイン 골인   ゴリラ 고릴라   ゴルフ 골프
고 - 루 잉        고 리 라       고 루 후

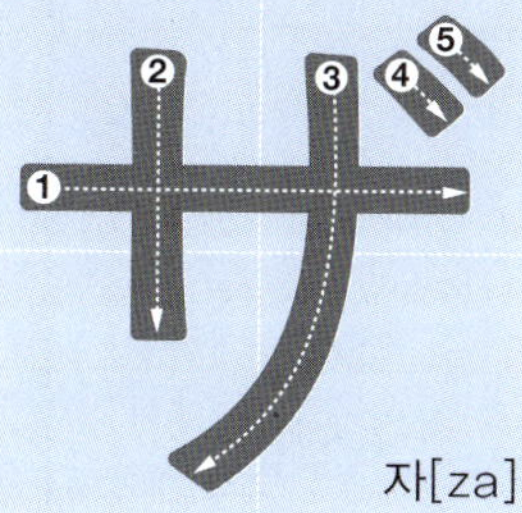

# 순서대로 쓰면서 익히기_탁음과 반탁음

## ザ 자[za]
一 十 サ ザ ザ ザ ザ ザ

**ザイル** 자일
자 이 루

**インフルエンザ** 인플루엔자, 독감
잉 후 루 엔 자

**ビザ** 비자
비 자

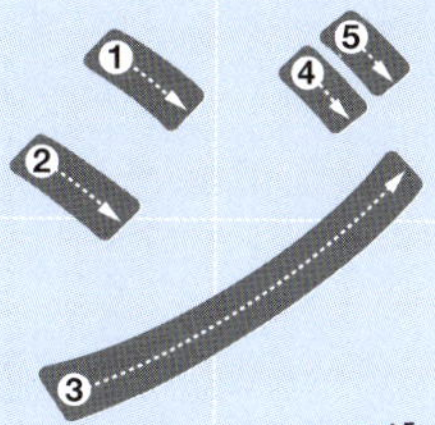

## ジ 지[zi]
` ´ シ ジ ジ ジ ジ ジ

**ジーンズ** 청바지
지 – 인 즈

**アジア** 아시아
아 지 아

**スタジオ** 스튜디오
스 타 지 오

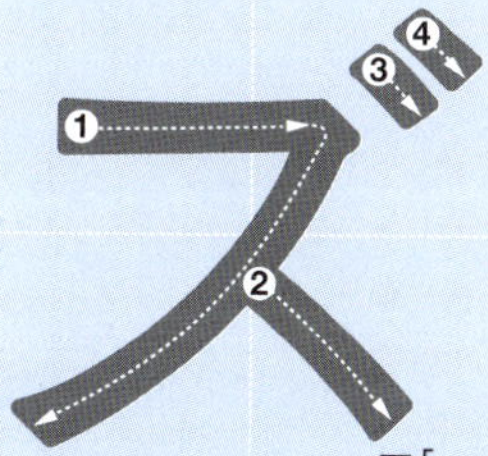

## ズ 즈[zu]
フ ス ズ ズ ズ ズ ズ

**グッズ** 상품
굿 즈

**コンタクトレンズ** 콘택트렌즈
콘 타쿠토 렌 즈

**ジャズ** 재즈
쟈 즈

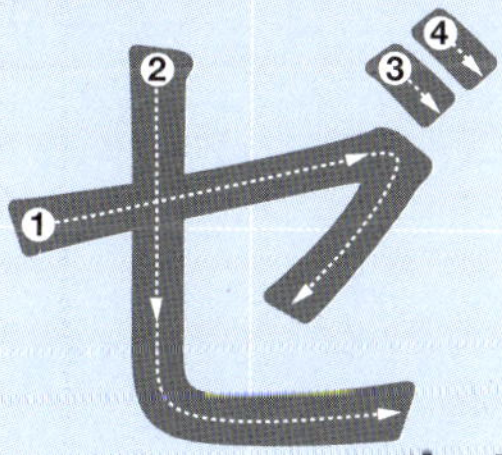

## ゼ 제[ze]
フ セ ゼ ゼ ゼ ゼ ゼ

**ゼリー** 젤리
제 리 –

**ゼロ** 제로
제 로

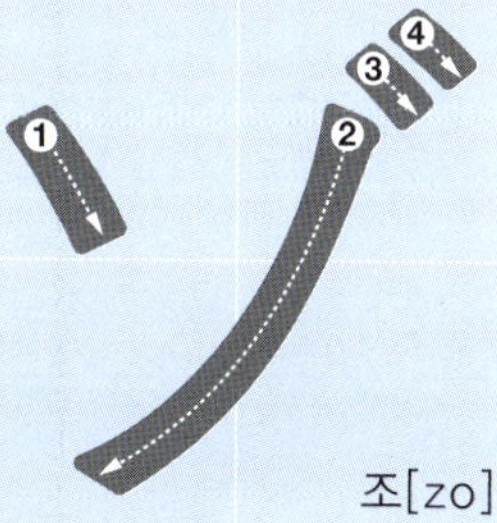

## ゾ 조[zo]
` ´ ソ ゾ ゾ ゾ ゾ ゾ

**オゾン** 오존
오 종

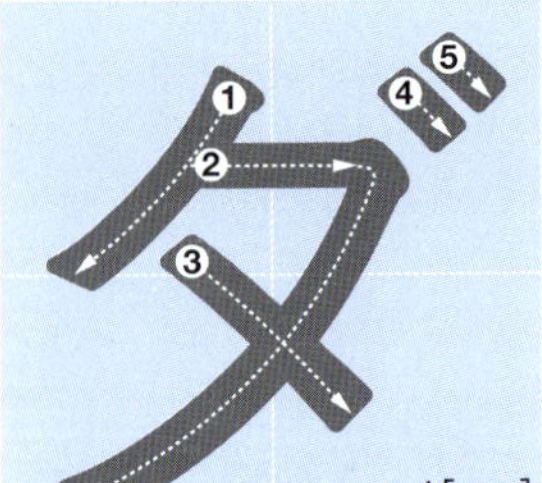

■ 순서대로 쓰면서 익히기_탁음과 반탁음

## ダ 다[da]

ノ ク タ ダ ダ ダ ダ ダ

ダイエット 다이어트
다 이 엣 토

ダイヤモンド 다이아몬드
다 이 야 몬 도

ダンス 댄스
단 스

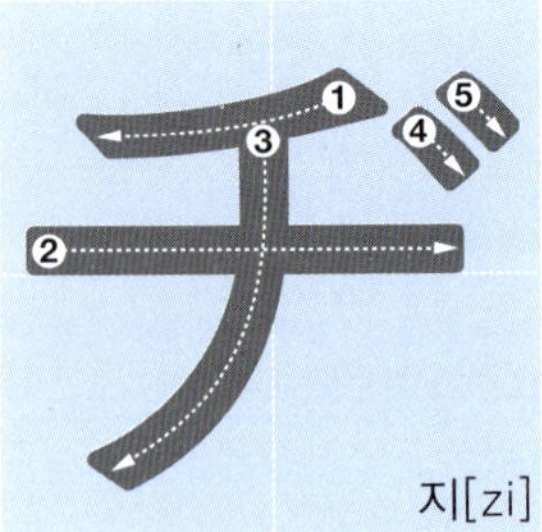

## ヂ 지[zi]

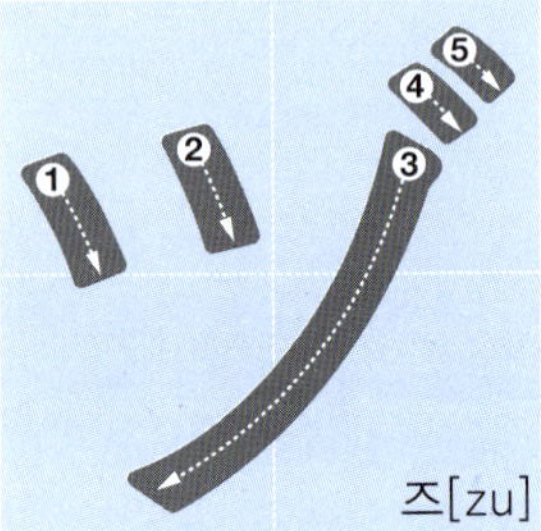

一 二 チ チ ヂ ヂ ヂ ヂ

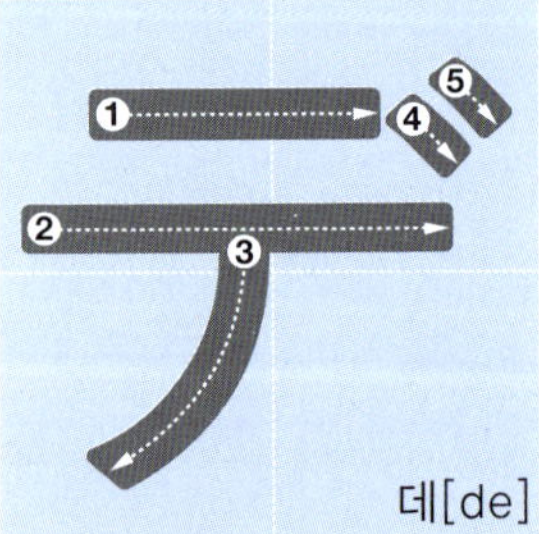

## ヅ 즈[zu]

ノ ツ ツ ヅ ヅ ヅ ヅ ヅ

## デ 데[de]

一 二 テ テ デ デ デ デ

デート 데이트
데 토

デザイン 디자인
데 자 잉

デパート 백화점
데 파 토

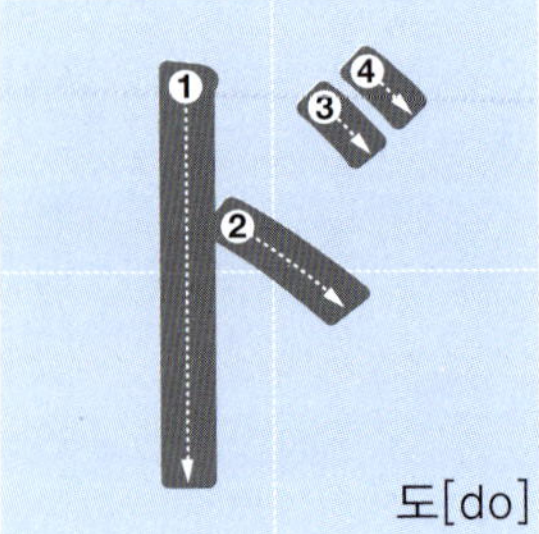

## ド 도[do]

I ト ド ド ド ド ド ド

ドア 문
도 아

ドラマ 드라마
도 라 마

ドレス 드레스
도 레 스

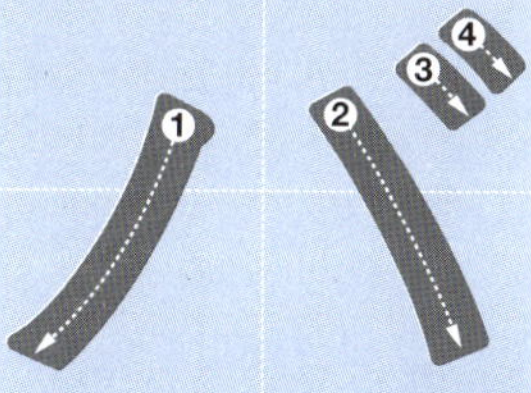

■ 순서대로 쓰면서 익히기_탁음과 반탁음

## 바[ba]

ノ ハ バ バ

バス 버스　バスケットボール 농구　バナナ 바나나
바스　　바 스 켓 토 보 — 루　　바 나 나

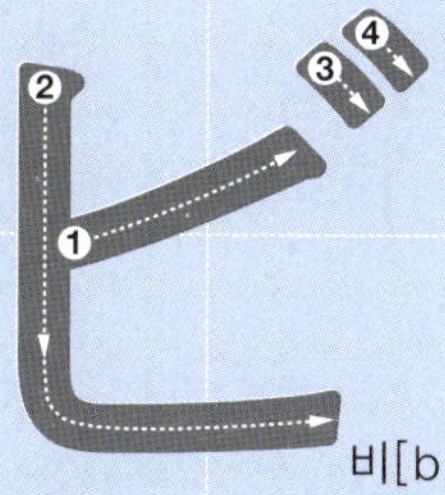

## 비[bi]

一 ヒ ビ ビ

ビール 맥주　ビニール 비닐　ビル 빌딩
비 — 루　　비 니 — 루　　비 루

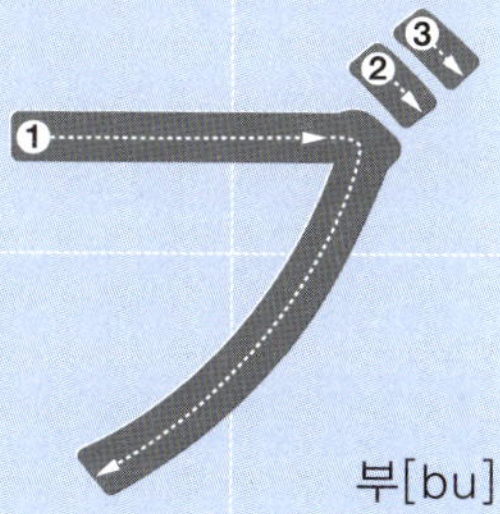

## 부[bu]

フ ブ ブ

ブーツ 부츠　ブルーベリー 블루베리　ブレーキ 브레이크
부 — 츠　　부 루 — 베 리 —　　부 레 — 키

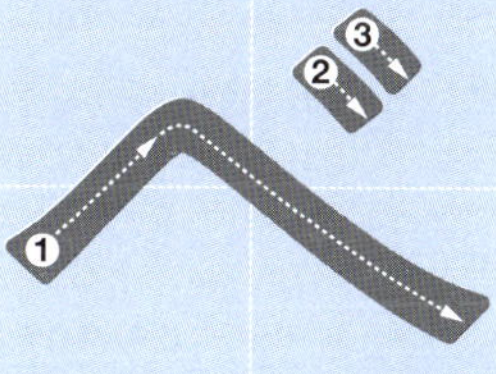

## 베[be]

へ べ べ

ベーコン 베이컨　ベッド 침대　ベルト 벨트
베 — 콩　　벳 도　　베 루 토

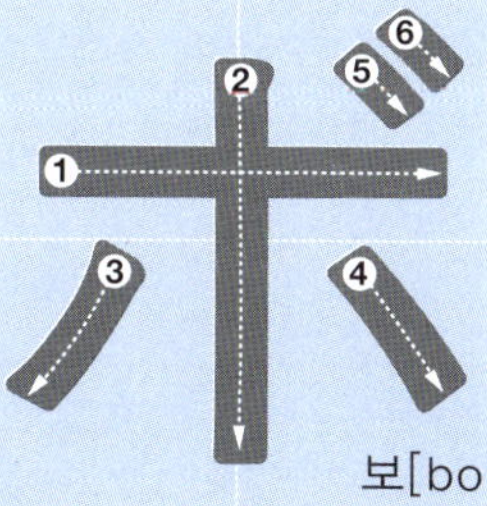

## 보[bo]

一 十 オ ホ ボ ボ

ボート 보트　ボーリング 볼링　ボール 공
보 — 토　　보 — 링 구　　보 — 루

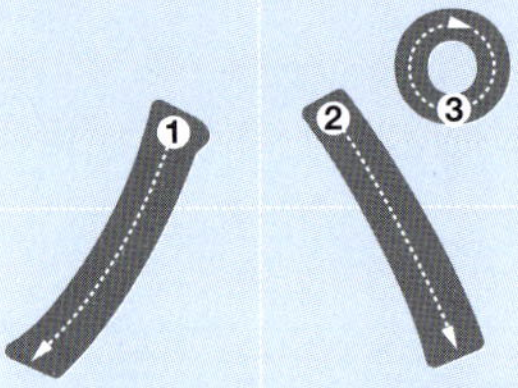

# 순서대로 쓰면서 익히기_탁음과 반탁음

**파[pa]**

ノ ハ パ パ パ パ パ

パーク 공원 / パ ー ク
パーティー 파티 / パ ー ティ ー
スーパー 슈퍼(마켓) / ス ー パ ー

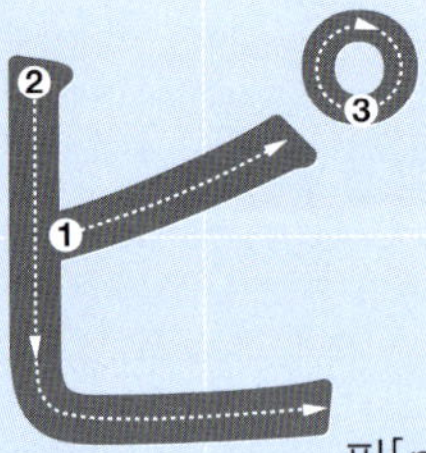

**피[pi]**

一 ヒ ピ ピ ピ ピ ピ

ピアノ 피아노 / ピ ア ノ
ピクニック 피크닉 / ピ ク ニッ ク
ピザ 피자 / ピ ザ

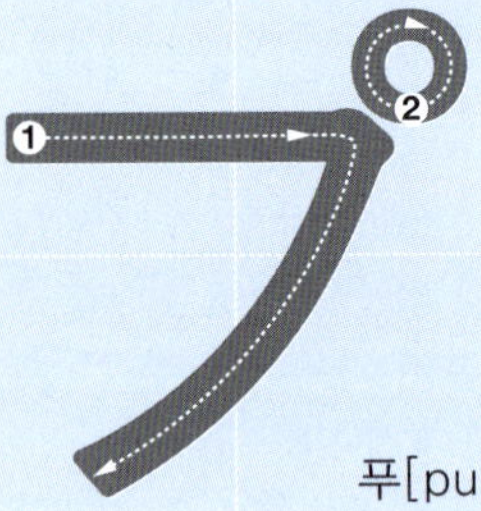

**푸[pu]**

フ プ プ プ プ プ プ

プレゼント 선물 / プ レ ゼ ン ト
スプーン 스푼 / ス プ ー ン
テープ 테이프 / テ ー プ

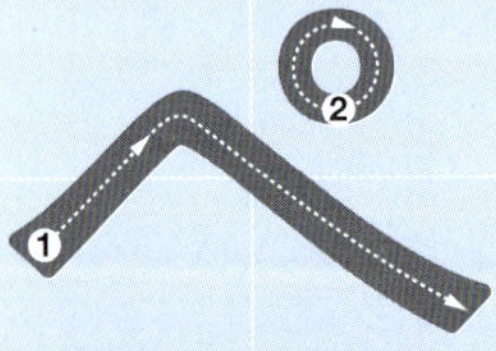

**페[pe]**

ペ ペ ペ ペ ペ ペ ペ

ペダル 페달 / ペ ダ ル
ペット 반려동물 / ペッ ト
ペン 펜 / ペ ン

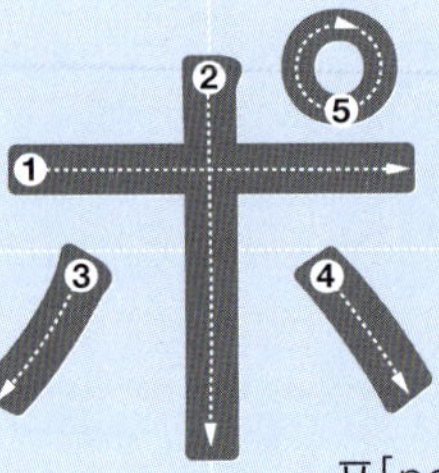

**포[po]**

一 十 オ ホ ポ ポ ポ ポ

ポケット 포켓 / ポ ケッ ト
ポスター 포스터 / ポ ス タ ー
スポーツ 스포츠 / ス ポ ー ツ

■ 쓰기 연습_요음과 촉음

■ 쓰기 연습_요음과 촉음

シャツ 셔츠　シューズ 신발　ショッピング 쇼핑　ジャム 잼　ジュース 주스　ジョギング 조깅
샤 츠　　　슈 - 즈　　숍 핑구　　　쟈 무　　쥬 - 스　　　죠 깅 구

# ■ 쓰기 연습_요음과 촉음

チャンス 찬스　チューブ 튜브　チョコレート 초콜릿　コニャック 코냑　ニュース 뉴스　エルニーニョ 엘니뇨
찬스　　　　츄－부　　　쵸코레－토　　　코냑쿠　　　뉴－스　　　에루니－뇨

■ 쓰기연습_요음과 촉음

ヒューズ 퓨즈   ヒューマン 휴먼   インタビュー 인터뷰   デビュー 데뷔
휴 - 즈          휴 - 망            인 타 뷰 -          데 뷰 -

■ 쓰기연습_요음과 촉음

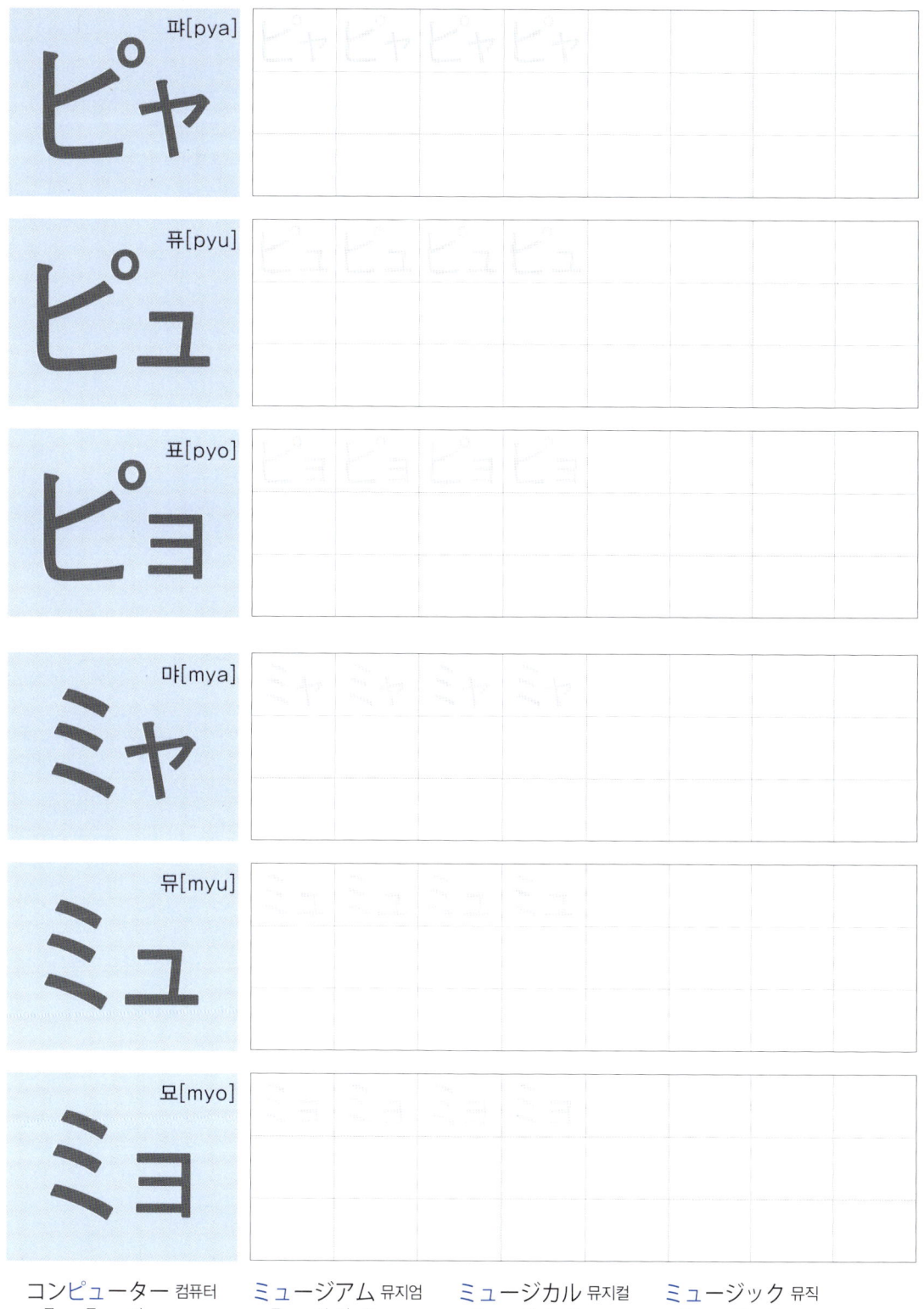

コンピューター 컴퓨터
콤 퓨 타 -

ミュージアム 뮤지엄
뮤 - 지아무

ミュージカル 뮤지컬
뮤 - 지카루

ミュージック 뮤직
뮤 - 직쿠

■ 쓰기연습_요음과 촉음

**リュックサック** 륙색
　륙　쿠　삭　쿠

**サッカー** 축구
　삭　카　ー

**ラッシュアワー** 러시아워
　랏　슈　아　와　ー

## 80개 쇼츠로 배우는
# 쇼츠 일본어
**초급회화** 　일본어 쓰기노트